講談社文庫

東京甘味食堂

若菜晃子

講談社

東京甘味食堂

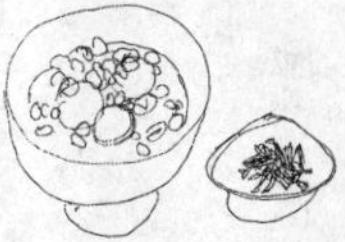

はじめに

私は本来、ひとりでお店に入って食事をするのが大の苦手である。外でひとりで食べるくらいなら、家に帰って適当に作って食べた方がいいと思ってしまうたちである。しかしそんな私でも気軽に入れるお店がある。それは甘味食堂である。甘味食堂とは、あんみつやおしるこなどの甘いものと、おいなりやおうどんなどの軽食と、どちらも置いているお店のことで、私が勝手にそう呼んでいるのである。

そういうお店はたいてい、お母さんと呼びたいような女の人が給仕をしてくれて、厨房ではおじいさんと呼びたいような白髪の男性が料理をしている。三角巾をかぶったおばあさんだったりもする。そういうお店では万事が穏やかである。あれこれ話しかけられたり、せかされたりしない。好きなようにほうっておいてくれる。ほうっておいてくれるといっても、それはこちらのようすをさりげなく察して、いいようにしておいてくれるのだ。

こうしたお店に入ってくる人たちはみな静かで落ち着いていて、話していたとしても小声で、誰も急いでお皿の上のものをかっこんだり、逆に気取ったり、大声で騒いだりしない。食後もくつろいで、湯飲みを持ってしばらく座っていたりする。そう、ちょっと家にいるような感じなのだ。

お店の味は総じて家庭的でやさしく、昔ふうの味付けである。メニューも、おうどんやおにぎりやみつまめやおしることいった昔懐かしいものばかりで、そこにちょっと、お店ならではのご自慢の味が顔をのぞかせている。

お勘定のときに、例えば道を聞いたりしても、親身になって教えてくれる。そのへんの裏紙かなにかに書いて渡してくれたりする。それだのに、お店の歴史を聞いたり、味を褒めたりすると「うちなんか、古いだけだから」と謙遜されたりする。

私はそういうお店をこよなく愛する。

東京甘味食堂
目次

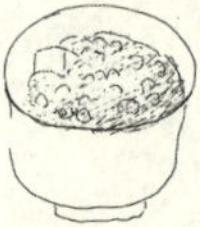

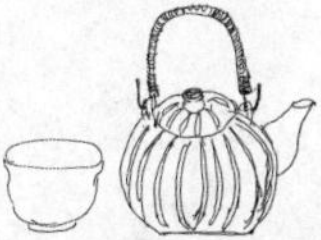

東京甘味食堂地図

足立区
甘味かどや
荒川区
花家
あづま家
葛飾区
松迺屋
とらや
台東区
浅草浪花家
花家
白根屋
新鶯亭
あんみつ みはし
墨田区
両国國技堂
江戸川区
マミー
代田区
江東区
甘味処由はら
深川伊勢屋平野店
よしだ屋
山長
中央区
初音
榮太樓喫茶室 雪月花
瓢たん
竹むら
天野屋
大丸やき茶房
寿々木
甘味おかめ

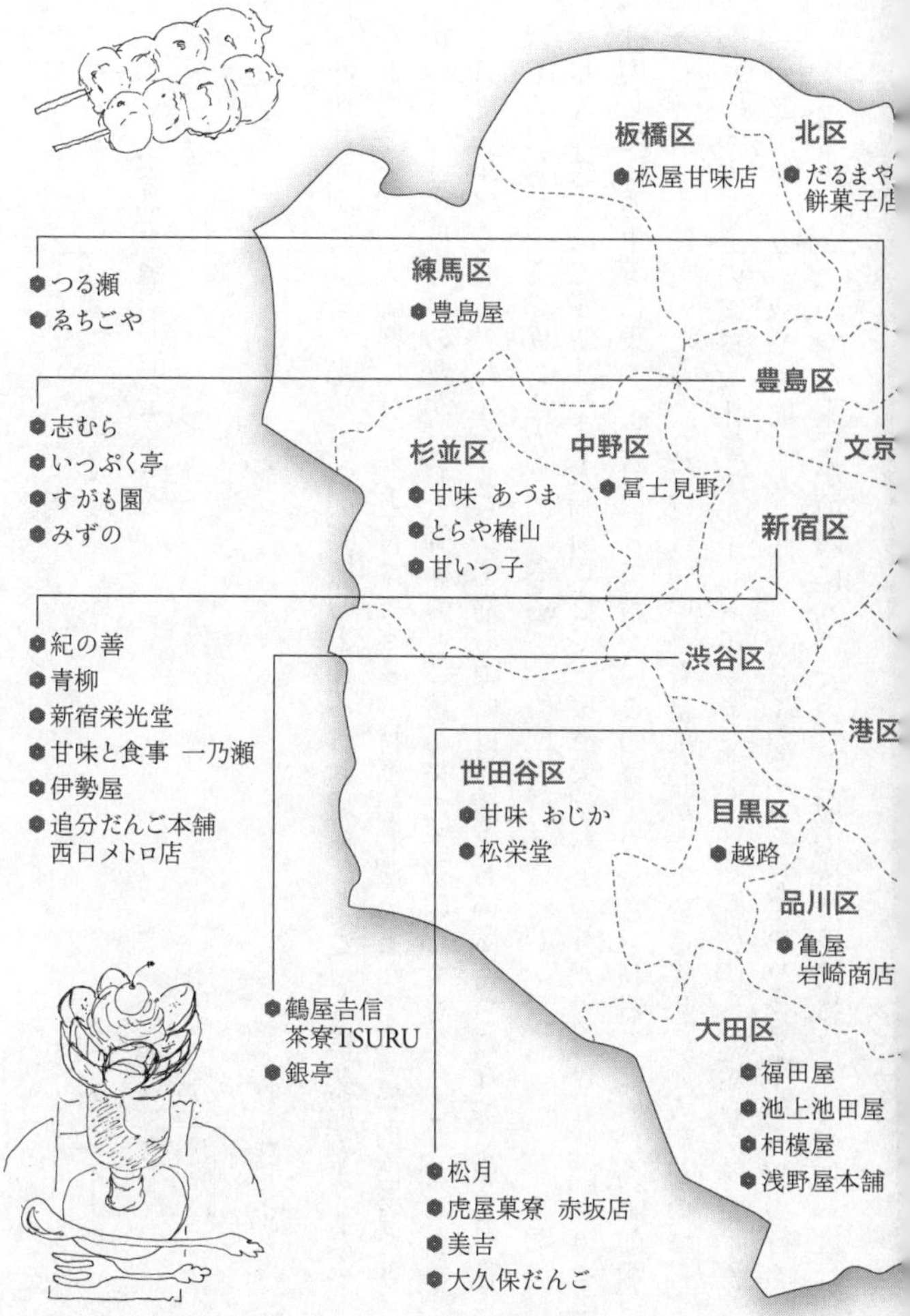

板橋区
松屋甘味店
北区
だるまや
餅菓子店
練馬区
豊島屋
つる瀬
ゑちごや
豊島区
志むら
いっぷく亭
すがも園
みずの
杉並区
甘味 あづま
とらや椿山
甘いっ子
中野区
冨士見野
文京
新宿区
紀の善
青柳
新宿栄光堂
甘味と食事 一乃瀬
伊勢屋
追分だんご本舗
西口メトロ店
渋谷区
港区
世田谷区
甘味 おじか
松栄堂
目黒区
越路
品川区
亀屋
岩崎商店
鶴屋吉信
茶寮TSURU
銀亭
大田区
福田屋
池上池田屋
相模屋
浅野屋本舗
松月
虎屋菓寮 赤坂店
美吉
大久保だんご

西新井 ● 甘味かどや

西新井大師にはよく来る。お大師様のところへお祓いに来る。なにか最近よくないなと思うと、お大師様に行こうと言って来る。特別信心深いとか、真言宗の信者だとかいうわけではないのだが、お大師様のところへ来てお祓いしてもらうと、なんとなく気持ちが軽くなる。お札をもらって帰る頃には、清々しい気持ちになっている。私はお大師様に来るのが好きだ。

お大師様へは、西新井から大師前駅まで、東武大師線というたったひと駅間だけを往復している単線に乗って三分ほどで着く。このローカルさもわるくない。大師前駅に着いたらどう行けばいいかも全部わかっている。駅は無人駅なので、そのまま改札をスルーして出るとすぐに露店が出ていて、七味だったり、豆や煎餅を売る店だったりするのを、ちらちら見ながら数歩行くと、いつのまにか境内に入っている。境内には季節によって、初春には

ウメが、初夏にはアヤメやフジが咲いていたりする。植木市が開かれているときもあって、そういうときは、好きな木で、持って帰れそうな大きさのがあると、枝についた値札を見たりする。

それから境内の一隅にある護摩受付に行って名前を書いて、お堂に上がっていく。堂内は広々とした畳敷きで、履き物を脱いで上がる。私と同じようにお祓いに来た人たちがご本尊と護摩壇を前に、思い思いの場所で、お護摩が始まるのを待っている。夏にはお堂に風が通って涼しく、ちょっと横になりたいような気持ちを起こさせる空間でもある。実際にお護摩の途中で居眠りしている人もいる。

お大師様の像は護摩壇の奥の帳《とばり》の向こうに安置されていて、帳は裏で自動で開け閉めできるようになっているのだが（見ていると、お護摩の途中でするすると音もなく帳が上がっていく）、あるとき故障したのか開かない日があって、お大師様を拝めずじまいだった。

今日はお護摩の前に『かどや』で腹ごしらえしていくことにして、駅からはいつもと違う出口に出た。いつも使っている道は裏参道で、『かどや』は表参道にあるのだ。表参道には大きな山門があって、参道沿いには草だ

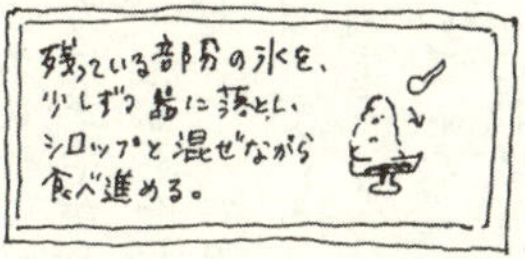
残っている部分の氷を、
少しずつ器に落とし、
シロップと混ぜながら
食べ進める。

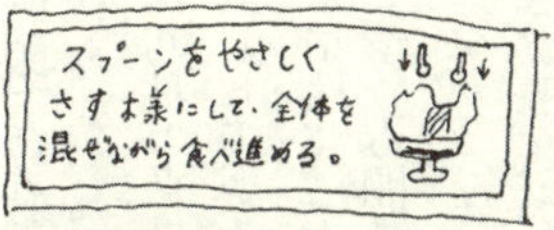
スプーンをやさしく
さす様にして、全体を
混ぜながら食べ進める。

んごの店や煎餅屋やだるま屋などが並んでいて、たいそうにぎやかである。

しかし今日は九月の平日だからか、お店はおおかた閉まっていて閑散としている。行けばのぞく人形焼屋も閉まっている（ただしここは午前中でたいがい売り切れて閉まる）。『かどや』も閉まっているかなと思ったが、開いていた。

これまでにも『かどや』の存在は知っていたのだが、お決まりの裏参道ルートからは少し遠回りなことや、古びた外観に気後れして入らずにいた。けれども今日初めて中に入ると、店内は広く、とても清潔で感じがいい。まだ暑いので、壁には氷メニューがいっぱい貼ってある。サインペンで書いた「氷の食べ方」が貼ってあるのもいい。ちょっとがたつくテーブルといい、鋲で留めた赤いビニールの椅子といい、ざくざくした氷を色のついた甘いシロップで食べるのに頃合いの感じである。小さなおばあさんがひとり、入ってすぐの席でラーメンを食べている。

元気のいい若い女の人がやってきて、お水のコップを置いて、注文を取ってくれる。氷にもかなりそそられたが、今日はお護摩の前にお昼を食べに来たので（ふつう

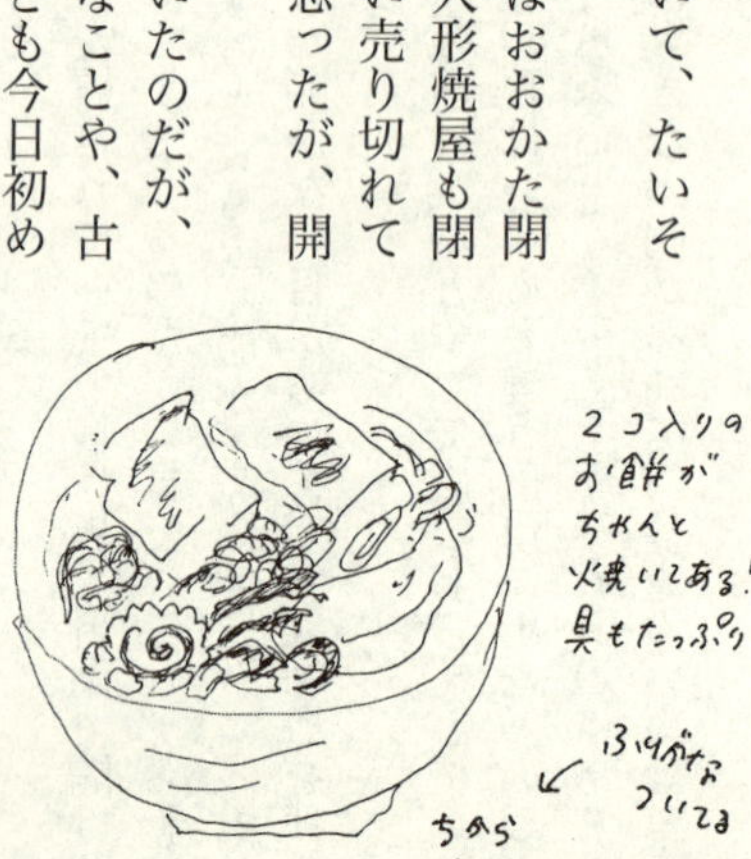
2コ入りの
お餅が
ちゃんと
焼いてある！
具もたっぷり
ふりがな
ついてる
ちから
力ラーメン

は逆だろうか?)、力ラーメンにする。

向こうで座っているおじさんにラーメンが来た。おじさんはハイとなにかを渡している。なんだろうと思ったが、このお店は明朗会計の代金引換制なのである。私もお金を出して机の上に置く。

やってきた力ラーメンは、焼いたお餅がふたつ入って、メンマやわかめも入って、なかなか豪華版である。味も油っぽくなく、さっぱりと家庭的である。続けてかき氷も頼んでしまう。

店の戸は全部開けっぱなしで、外を行く人たちがよく見える。みなこのあたりの人のようで、ふだん着姿で急ぎ足か自転車である。おそらく『かどや』のお客さんのなかには、私のような参拝客もいるだろうが、軽くなにかを食べに来る近所の人の方が多いことだろう。「こんにちは〜」と入ってきたお兄さんの声のかけ方も、知り合いのそれである。

以前、水戸の偕楽園に行ったとき、地元の人が、「梅の頃は観光客で大混雑するので、朝早くにひとっぱしり見に行くんですよ」と話してくれたことをふいに思い出す。こうした社寺や観光地は、休日やお祭りともなると、人々がよそから押し寄せてくるが、やがて喧噪は去り、日常の静けさが戻ってくると、

そこに暮らす人たちがひっそりとやってくる。

頼んだ氷あずきはざくざくではなく、ふわふわの氷の下に小豆が埋まっていて、上からもシロップがかかっていて、甘い甘いかき氷だった。

足が蚊に刺されてかゆい。かきながら店内の貼り紙を読む。さっきうつわを下げに来た三角巾のおばさんは、食堂は母の代からで六十年になります、メニューもラーメン、焼きそば、かき氷と、昔から同じなんですよと話していた。以前はこの店の前が大通りで、池袋行きのバス停もあって、お店でバスを待っていたお客さんが、来た来たと言って飛び乗ることもあったそうだ。「月日の経つのは早いからね」と、今はラーメンのおばあさんと話しているおばさんの声がこちらまで聞こえてくる。暇になったのか、厨房から男の人も出てきて、店の脇の勝手口にぼんやり立っている。

時計を見ると、そろそろお護摩の時間である。次は焼きそばにしてみよう。いずれまた来ることだし。私は立ち上がって『かどや』を出て、お大師様へ向かって歩いていった。

西日暮里 ● 花家

休日の日暮里界隈は観光客でひしめいている、ということを忘れていた。というより、日暮里が、谷中、根津、千駄木、通称谷根千《やねせん》と呼ばれる観光地の北端に位置することを忘れていた。それで、休日のお昼どきにふらふら日暮里へやってきて、歩道を覆う大変な人混みに圧倒されたのである。

それでも駅前のひなびた甘味食堂などに興味のある人はさほどいまいと高を括って、ふたつ仲よく並んでいる『花家』と『あづま家』と、どちらに先に入ろうかと、のんきにショーケースの前を行ったり来たりして吟味していると、「あら、こんなところに食堂があるわよ」とかなんとか、次々と観光客がやってきて、しまいには行列までできてしまった。甘味食堂で行列。初めての経験である。

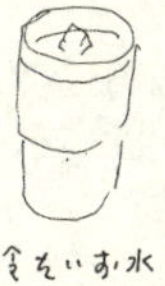

待つこと十分ほどでようやく入った『花家』は、超満員で大にぎわいである。甘味メインというよりは、ビールもカレーも定食も出す食

堂で、デザートにあんみつもかき氷もやっていますという形態である。夫と私は並んでいるときから目をつけていたギョウザライスを頼んだ。ギョウザだからねとビールも頼む。しばらく経って、ビールとお通しの枝豆が来た。

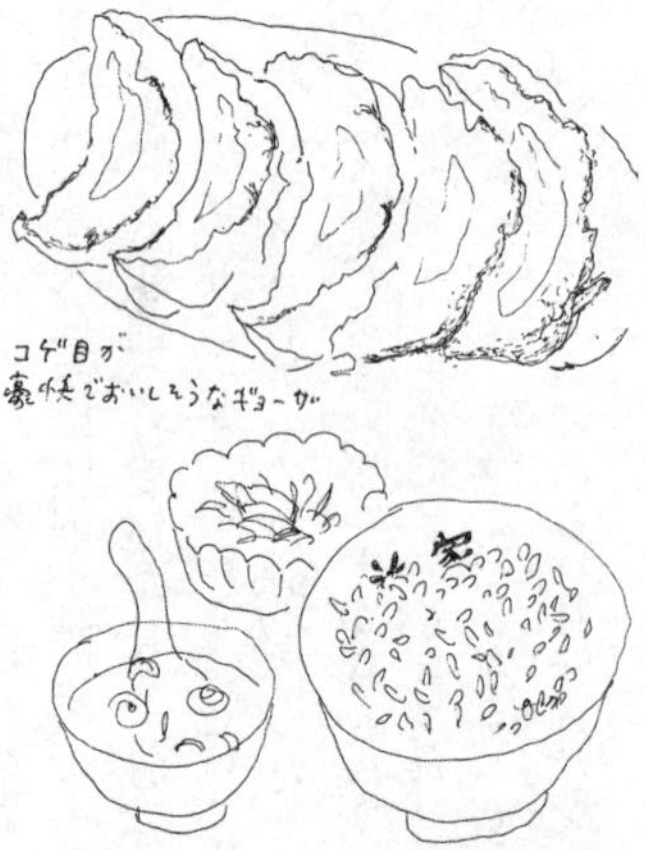

　細長い店内は、オレンジ色を基調にした、レトロで昭和っぽい内装である。通路を隔てた両側にテーブル席があって、その数はざっと四十席ほどだろうか、店内は痩せたおばさんと太ったおばさんのふたりで給仕していて、これがまたウソみたいな忙しさでおばさんたちを翻弄する。

　あっちでもこっちでも呼ばれるたびに、太ったおばさんは「ハイー」と、返事をしてそちらへ行く。痩せているおばさんはもはや目がうつろで、注文を確実にテーブルに届けることだけで精一杯だが、太ったおばさんは忙しくても元気を忘れず、笑顔で愛想よく、懸命に仕事をこなしている。

　私たちは奥まで見通せる入口のレジのそばに座っていたが、レジにはソフトクリームの機械が置いてあって、ソフトあんみつの注文が入ると、あんみつの入ったうつわを持ってやってきて、ソフトを上からかける。またその数がひとつやふたつではなくて、お盆いっぱいにあったりする。ソフトあんみつとはそんなに人気のあるメニューなのだろうか。おばさんがソフトと格闘している間にも、会計に来たお客が伝票がなかったとごねたりして、それにもつとめて冷静に対応する。「おばさん、自分を鼓舞し続けている」と夫が小さい声で言う。

お待たせしてすみませんと言う痩せたおばさんの小声とともにやってきたギョウザライスは、羽根付きのギョウザが巨大で、お皿からはみ出んばかりの勢いである。焦げ目も豪快で、みるからにおいしそうだ。かぶりつくと、皮は少し厚めだが中のあんが多い。多くのあんを包むために皮が厚めになっているようでもある。食べごたえがあって、味もいい。ニンニクが少なめなのもいい。これはたしかに自慢の一品である。ギョウザ好きの間では知られているのだろう、店頭での持ち帰りもあるほどである。一皿に五個のって、丼飯で、今日は夫のお皿から分けてもらっただけだが、これを完食するにはお腹が減っているときでないといかんなと、すでに次に来るときのことを考えている。

私はおとなしくあんみつを頼んだのだが、ギョウザの前にあんみつが来て、ビールとあんみつで妙な具合であった。厨房ではとにかくできたものから出しているのだ

娘と2人できているおばあさんが多い

ろう。あんみつは寒天をはじめ、具のどれもが大ぶりで、黒蜜もたっぷりで、フルーツもスイカにキウイ、パインにバナナにミカンと、もはや味の坩堝《るつぼ》である。大らかというか、ざっくりというか、そこに凝った感やこじゃれ感はどこにもない。そこがいい。ただもう気合である。

平日はきっと、こんなに混雑していることもないだろうし、もっと落ち着いた空間なのかもしれない。でもこうして休日に繁盛していることはとてもいいことだ。お客さんたちも夫婦や親子連れや仲よしグループが多くて、みなそれぞれにおしゃべりに興じていて、楽しそうだった。できればおばさんたちの仕事ももう少し楽だといいけど。

ひとつひとつの寒天が大きい
スイカ入り
あんみつのみつが甘い!! たっぷり!!

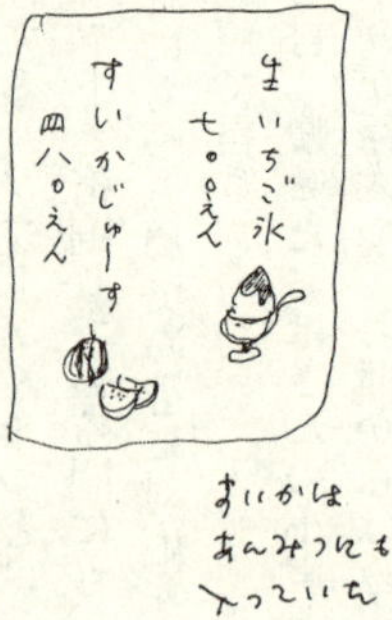
生いちご氷 七〇〇えん
すいかじゅーす 四八〇えん
すいかはあんみつにも入っていた

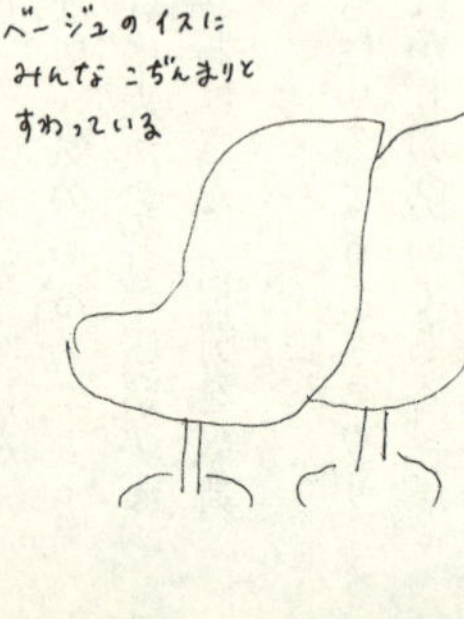
ベージュのイスにみんなこぢんまりとすわっている

西日暮里●あづま家

せっかくだからと、『花家』のお隣の『あづま家』にも突入する。こちらはにぎやかな食堂形式の『花家』よりもこぢんまりとして静かで、内装もメニューも喫茶店仕様である。なのになぜかメニューにギョウザはある。日替わりランチもある。これは単にお隣への対抗心なのか、それともこの界隈の飲食店はギョウザがないと許されないのか。不明である。これはもう私たちもギョウザを頼むしかない。

茶色いエプロンをかけたメガネのおばさんが、注文を取ってくれる。ギョウザとフルーツパフェを頼む。自分でもびっくりするほどアンバランスな注文をしてしまったが、おばさんは意に介することもなく、ギョウザとフルーツパフェですねと復唱して行ってしまう。

なぜパフェだったかというと、これもまた外のショーケースに、チョコレートパフェやフルーツパフェが高々と並んでいて、心惹かれたからだ。こんなにいろんなパフ

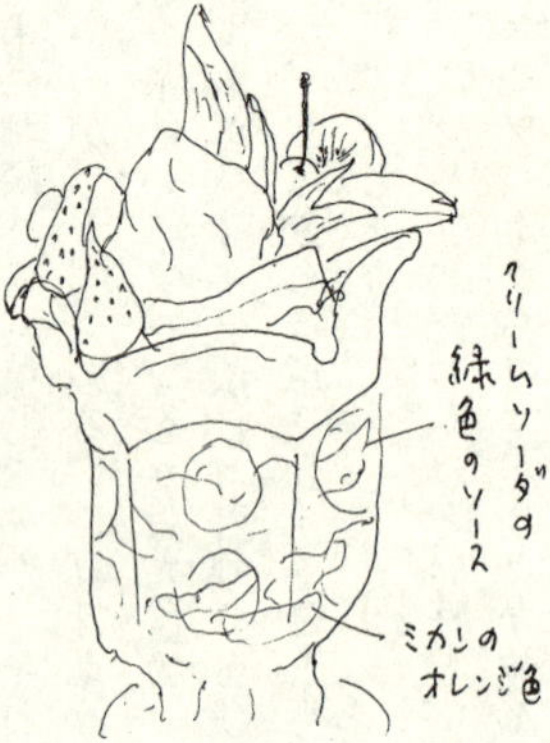
クリームソーダの
緑色のソース
ミカンの
オレンジ色

エがあるなんて、きっと昔からパフェ作りが得意な職人さんが厨房にいるにちがいない。いまどき昔ふうのパフェなんて、食べたくてもなかなか食べられない。食べられたとしてもそれは銀座千疋屋とか新宿タカノで二千円も三千円もするアルフォンソマンゴーとか博多あまおうとかをふんだんに使ったゴージャスなパフェで、もはや気軽に食べるパフェの値段ではない。だからふつうの喫茶店パフェは、あったときに食べておくというものだろう。

『あづま家』ではあんみつやみつまめなど和風メニューもおいているのだが、パフェを頼む人が断然多い。お隣の『花家』では甘味のいちばん人気はソフトあんみつだったが、こちらはパフェである。そして『花家』では、レジにあるソフトクリームの機械を使いに、作りかけのあんみつが通路を通っていったが、今度は作りかけのパフェが通路を通っていく。どちらの店も、夏になると道行く人に店頭でソフトクリームを販売しているのだろう。そしてソフトをのせたパフェは再び厨房に戻っていき、最後にさくらんぼやバナナなどがトッピングされた完成形が運ばれてくる。

　私の頼んだフルーツパフェは、イチゴもリンゴもバナナもメロンもキウイも、もちろんソフトものった、贅沢なパフェであったが、きわめつけはソースで、これが緑のクリームソーダ色である。そこに缶ミカンのオレンジ色が混ざって、全体にサイケ調の仕上がりであった。

お待ちかねのギョウザは、『花家』と同じく楕円のお皿からはみ出るほどの大きさで、いずれ劣らぬ迫力である。『花家』より皮は薄めで、具は細かく野菜の量が多い。喫茶店のギョウザとしては異色だが（存在がすでに異色だ）、充分すぎるほどのおいしさだ。

よく地方にはまんじゅうや佃煮やうどんといったその土地の名物があって、どの店でも同じものを作って、それぞれにしのぎを削っている町があって、私はそういう町を「ばっかりの町」と呼んでいるのだが、不思議とどの店も味が違って、そしてどの店にも必ずご贔屓《ひいき》がいる。きっとこの『花家』と『あづま家』にも、俺はあづま家だ、いや私は花家よ、と主張する常連がいたりするのだろう。先ほどから奥で居座ってだべっているおじさんなど、そのくちではないか。

私は奥のおじさんが気になったが、夫は横の中年夫婦が気になるらしく、ギョウザを食べながら、ち

パフェの下に敷いてある紙ナプキン
版ズレしたピンクと緑の2色刷の
バラの絵がかわいい

らちら見ている。いったいなにが起こったのやら。店を出てから、やっとしゃべれたというふうに、「あのおばさん、パフェの食べ方がすごい豪快だった」と言う。

「両手にスプーンとフォーク持って、めっちゃダイナミックに食べてた。最後にはグラスをわしづかみにして食べてた」

しかし、そのダイナミックさのなかにデリケートな一面があるという。スプーンにのせたものを、必ず一度手を止めて、じっと見てから、口に入れるのだ。きっと彼女はパフェを食べたのがひさしぶりで、よっぽど嬉しかったんだろう。

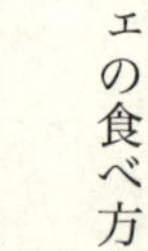
氷入りのお水

「旦那さんはチョコパフェだったんだけど、食べるのが遅くて、上のクリームを食べた頃に、奥さんは底まで全部食べ終えてた。それで旦那さんが食べてる間は、肘ついて横向いてた」

それは、人が食べてるのを見ると欲しくなるから、見ないようにしてたんだろう。

「そう、だから二回立って、外にメニュー見に行ってた。それで店の人にクリーム白玉が持ち帰りできるか聞いてたけど、クリームが溶けるからだめだって断られてた。旦那さんはそういう奥さんを無視して、自分が食べ終わった後、ふたり分のお金をテーブルに置いた。もうこれ以上食べてほしくないという意思表示で」

それでおばさんは？

「むっとしてた。夫婦の間に会話はひとこともなかった」

旦那も奥さんに好きなだけ食べさせてあげたらいいのに、と夫はおばさんに同情的だ。いや、旦那さんはもうこれ以上奥さんに太ってほしくないんだわ、と私は旦那さんに同情する。

右を向いても左を向いても、まったく甘味食堂というものは、片時も気の抜けない人間模様が展開しているのである。

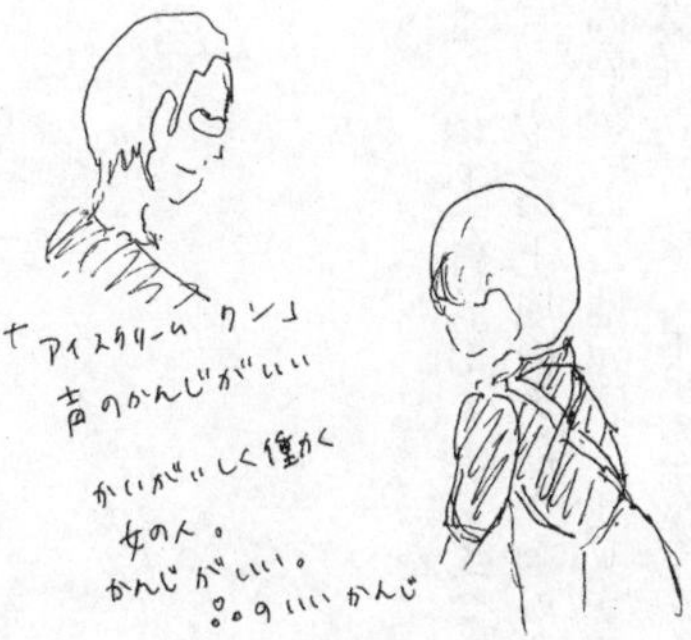
「アイスクリーム クン」
声のかんじがいい
かいがいしく働く
女の人。
かんじがいい。

立石●松酒屋

京成線には、聞いたことはあるけれども降りたことのない駅がたくさんある。曳舟、お花茶屋、青砥《あおと》。昔ながらの土地の名前がついた駅も多い。こうした古くからの町は甘味食堂現存度が高いが、逆に地元感が強すぎて、よそ者が行くには腰が引けるのも事実だ。なかでも最近立石は、東京のディープエリアとして人気があるようだが、私にはひとりで行く勇気がない。運よく立石には会社員時代の後輩が住んでいるので、案内役を頼んだ。

もう十四、五年立石に住んでいる彼女は大阪出身だが、すでに我が町といったふうに足どりも軽快だ。ここが行列のできるコロッケ屋さんで、ここが立ち食いのお寿司屋さん、と解説を交えながら歩いていく。おでん種やお惣菜を売る店も多い。アーケードのかかった商店街もあって、洋品店や花屋や果物屋が両側に並んでいる。この風景には見覚えがあると思うが、それは昭和四十年代から五十年代にかけて、私が生ま

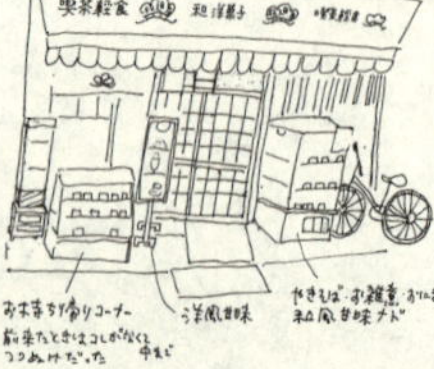

れ育った阪神間の西宮の、阪急西宮北口駅にあった商店街に似ているのである。人がすれ違えるくらいの狭い商店街で、うちでは市場と呼んでいたが、熱帯魚屋や惣菜屋や履物屋が軒を連ねるなかで、私は文房具店『さくらい』に行くのが楽しみだった。入口にはロシア風ケーキの『パルナス』があった。あの商店街も再開発でとっくにないだろうなと思う。すっかりきれいになって駅ビルが建っているんだろうけど、今さらそれを見るのが嫌で行っていない。私はあくまでも西宮北口の駅の裏にはあの市場があっていてほしいのである。その懐かしの市場を即座に思い出させるような商店街である。

　私はふらふらとそこに入っていきそうになったが、後輩はそのアーケードではなく、一本先の筋を曲がった。立石にある店ならなんでも知っていそうな勢いの彼女だが、『松迺《まつの》屋《や》』はディープすぎて入ったことがないという。たしかに店構えはかなりの年代物である。サンプルの蠟細工もいい感じにいかれている。おしるこ、白玉はもちろん、チョコレートパフェやプリンアラモード、おにぎり、焼きそば、スパゲティまで、なんでもありの堂々たる甘味喫茶である（店の庇にも書いてある）。年季入ってますね、どうですかと小声で話すが、ドアの横っちょは厨房まで続く土間で、声も筒抜けである。中からはテレビの音が聞こえてくる。とにかくこのような機会でないとね、せっかくですからと言いながら、意を決してドアから入る。

中には椅子とテーブルがざっと十セットくらいあり、壁や天井は黄ばんでいるけれども、清潔に保たれている。鼈甲の亀が飾ってある。熊の置き物もある。おじさんがひとり座ってテレビを見ていたが、いらっしゃいませと言って、立ち上がって厨房に行った。私たちは隅の席を選んで座った。そこは片側が畳敷きの作りつけの長椅子になっていて、畳がまたいい色である。

後輩は焼きそば、私はプリンアラモードにする。メニューには甘味食堂らしからぬビールやサワーもあるが、昼日中から立ち飲みが繁盛するここ立石では当然の品揃えかもしれない。

それから長い時間かかって、注文の品が出てきた。たぶん焼きそばは定番だろうけど、プリンアラモードを作るのはひさしぶりだったのではないだろうかと思わせる所要時間であった。でも生クリームやサクランボやミカンが丁寧に飾ってあって、一生懸命作ってくれたのが伝わってくる。私たちは焼きそばとプリンと水で二時間以上居座り、それでは次は彼女のおすすめの飲み屋に行こうと席を立った。おじさんはレジが壊れているからと嫌な顔ひとつせず少額の領収書を書いてくれ、創業は古いんですかという私たちの問いにも答えてくれた。

「うちは戦後すぐに露店でおしるこや甘いものを売り始めたんです。その頃は甘いだけで売れたでしょうからね。それからバラックになって、店を構えたのが昭和二十九年か三十年だったでしょうかね。だからこの建物も六十年近く経っているんですよ。建て直すのもままならないし、かといって維持するのも大変なんです」

ぜひこのままでと言うと、「それがね、難しいんですよ。今、駅の北口は再開発が進んでいて、南口も再開発準備組合ができているんです。この仲見世の土地は、宮城県の人が地主だったんですが、その人が税金を土地で物納したので、仲見世全体が自分たちの好きにできないんです。市からも再開発に協力してくれと言ってきていて……。なので、そのうちなくなると思います」と言う。思わず残念ですねと言うと、「でもしかたないですから」と淡々と返された。たしかに残念だと言うのは簡単だが、そこに住み、商売をしている人たちにとっては、自分ひとりではどうにもならないことだろうし、それぞれの生活もある。

「でもまあそう簡単にはいかないでしょうから、あと十年くらいは大丈夫だと思いますけど。せめてそれまでの間、この雰囲

気を楽しんでいって下さい」と、おじさんは言った。

店を出て、タイルの歩道を歩きながら思う。私がこうして古い甘味食堂を訪ねているのも、単にノスタルジーだけなのだろうか。失われゆくものを惜しんでいるだけなのだろうか。もちろんそれもあるだろうけれど、失われゆくものには、その時代のよさや、土地ならではの成り立ちや、長い年月が育んだ味わいや、店を続ける人々、支える人々の気持ちが感じられるからよいのであって、そうした目に見えない蓄積がある日突然一切合切《がっさい》なくなって、どの町もどの店も似たり寄ったりの顔になっていくのがおもしろくないと思う。東京の町も時を経て移り変わってきたのだから、再開発もいたしかたないことで、そうでなかったら東京にも江戸の町並みがそのままなきゃいけないんだけど、ごった煮的な活気ある町を愛する人もまた多いわけで、だからこそ今になってそういう町に人は集まるし、そうした町は生き残ってきたのではないだろうか。

横を歩いていた後輩はぽつりと「立石って大阪みたいでしょ」と言った。彼女の頭のなかでも、ふるさとの商店街が思い浮かんでいるのかもしれない。

柴又 ● とらや

柴又という町もまた、行こうと思わなければ行かない町である。渥美清主演、山田洋次監督の映画『男はつらいよ』で、日本中知らない人はいないと思われるほど有名な町であるが、そのくせ私などは、柴又が東京のどこにあって、何線に乗って行くのかもわからない。これでは架空の場所と同じではないか。いや、寅さんの柴又はあくまでも映画の舞台なのだし、本来的にはそういうものなのかもしれぬ。

それでも寅さんの実家は草だんご屋で、柴又に実在するお店をモデルにしていることくらいは、寅さんシリーズを観たことのない私でも知っている。

そして帝釈天があることも。帝釈天への参道には、草だんご屋の他にも、観光客相手に甘味と食事を出すお店がきっと何軒もあるにちがいない。M氏を誘って、今日も都内ショートトリップである。

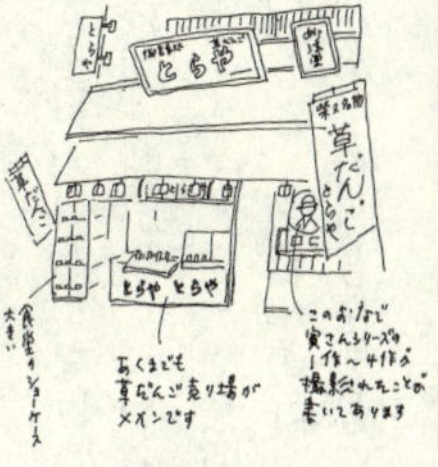

調べると、柴又駅は京成金町線にある。上野から成田空港へ向か

う京成本線の高砂で乗り換えるが、金町線は高砂、柴又、金町とわずか三つしか駅がなく、柴又のために作られたかのような線である。高砂で乗り換えて、停まっていた電車に座っていると、明らかに柴又観光が目的の中年夫婦しか乗ってこない。ちょっと、東武の大師線に似ているなと思う。川崎大師に行く大師線もこんなようだった。

光の差し込むのどかな支線でことこと行った柴又駅は、観光客でさぞや混み合っているものと思いきや、平日の午後とあってひっそ

りしていた。ホームに降りてまず目に飛び込んでくるのは、大小さまざまな草だんご屋の看板である。どうやら柴又は寅さんと草だんごの町らしい。私はよもぎの草だんごが正直少々苦手なのだが、これだけの数のお店があればなかには好みの味のお店もあるだろうと期待する。

駅前の寅さん像を見て、帝釈天の参道に入る。鰻屋が多く、本日の目的がなければ、ついこちらに入ってしまいそうな勢いのM氏である。参道は細く曲がりくねっていて、佃煮屋やだんご屋が並んでいる。しかし浅草ほどには大きくなく、さりとてさびれた感もなく、どことなく下町のかいがいしさと鷹揚さが同居した、頃合いの好もしさである。つきあたりにある帝釈天は参道に見合った大きさだが、山門もお堂も立

派で、ぽつりぽつりと立つ木々が大切にされている。もっと猥雑な場所を想像していたのだが、これは間違いであった。私たちはおみくじを引いたり、風雨に色褪せた境内図を眺めたりして、境内をぶらつき、脇の門から出て参道に戻った。

行きにも見ておいたのだが、お昼は『とらや』にする。『とらや』のとらは当然のことながら、寅さんのとらだろう。他のおだんご屋でも食事を出しているところはあるが、なかでは『とらや』がいちばん食堂っぽかった。

同じように考える人が多いのか、店内はほどよく混んでいた。簡素なテーブルに椅子で、お湯飲みもプラスチックで、ちょっと集会所みたいな雰囲気もある。そこでお客さんたちは静かに飲んだり食べたりしている。お店の人たちも静かで、用がないと隅に立っている。私たちはしゅうまいだのつけ麺だのビールの小瓶だのあめ湯だのとめちゃくちゃに頼んで、むしゃむしゃ食べた。つけ麺にのった玉子が花のかたちに切ってある。あめ湯はしょうがの味がする。最後に草だんごも頼んで食べた。薄い翡翠色で、よもぎよもぎしていなくて食べやすい。

「実家では、おばあちゃんの手作りのおやつといえば、サツマイモとお餅で作ったねりくりか、よもぎ餅でした」とM氏は話

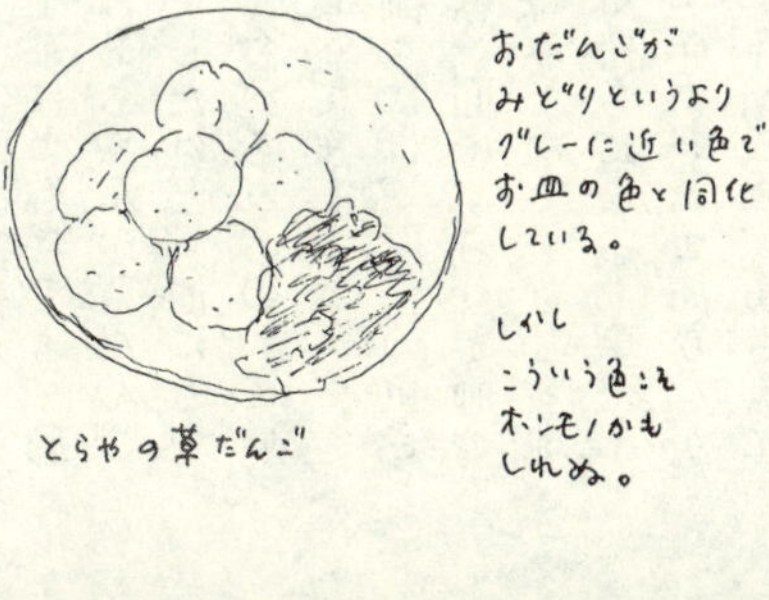
おだんごが
みどりというより
グレーに近い色で
お皿の色と同化
している。
しかし
こういう色こそ
ホンモノかも
しれぬ。
とらやの草だんご

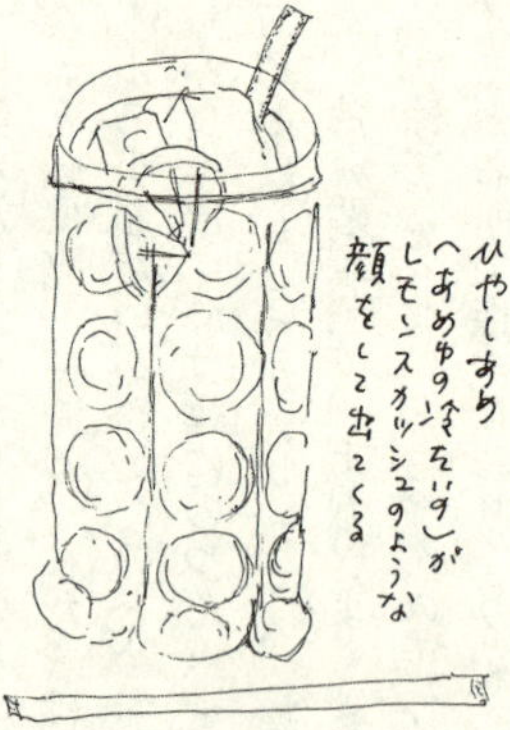

す。春になると近所の川の土手によもぎをよく摘みに行きました。うちのおばあちゃんの草だんごは、だんごっていうより草でしたけど。他にもつくしの佃煮とか、こんなもん食べられるのっていうような、そのへんの草を食べてましたねえ。

続いて入った『髙木屋老舗』には、歴代の寅さん収録時のモノクロ写真が壁一面にずらりと飾ってあった。それがちっとも嫌みでなく、むしろ地方の史料館にでも来て、史実を語る変色した写真を眺めている気持ちになる。草だんごを一皿だけ頼むが、お店の人は気持ちよく出してくれる。土瓶のお茶を注ぎながら、子どもの頃から寅さんが好きで、テレビでよく観ていたというM氏に、寅さんについて教えてもらう。

「寅さんはいつも旅に出ていて、柴又にふらりと帰ってくるところから始まるんです。みんなはよく帰ってきたって喜ぶんですけど、寅さんは必ず喧嘩していざこざを起こすんです。そこにマドンナが現われて、今度はうまくいきそうだなってときに、なにか問題が起きて、それで傷心の寅さんはまた旅に出るんです」

大まかなあらすじは毎回ざっとそんな感じです。へえ、なんかいいね。きっといつも同じなのがいいんだよね。変わってしまうことが多い世の中、なにも変わらないことがいいこともたくさんある。むしろ変わらないことの方が大事だったりするのだ。

『髙木屋老舗』の草だんごはしっかりと濃いよもぎ色である。さぞや草っぽいだろうと覚悟して口に入れると、よもぎの味はほんのりとするだけで、上にのったつぶあんとともに、上品な味わいだった。この味も、ずっと変わらずにきたのだろう。

M氏と私は、お茶の間で卓袱台《ちゃぶ》の前に座っている気分で、草だんごとお茶で他愛のないおしゃべりをした。まるで寅さんの映画みたいだ。

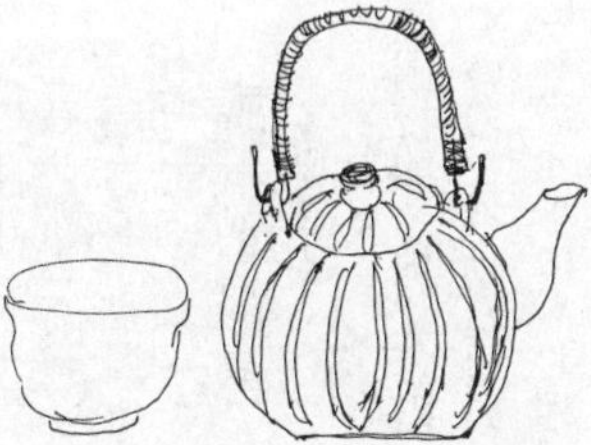

両国 ● 両国國技堂

両国は大相撲の町である。年に三度、本場所が行われる両国国技館を擁する町だから、町にはお相撲さんにあやかった名物やお店や広告が溢れている。不動産屋の幟《のぼり》にもお相撲さん、飲食店のシャッターにもお相撲さん、煎餅にもタオルにもお相撲さん。両国へ来ると、改めて大相撲は国技なのだなと気づかされる。両国駅前の通りには、お相撲さんの手形のブロンズが並んでおり、先頃亡くなられた九重親方（元千代の富士）の手形もある。私は大相撲には不案内だが、ウルフの全盛期を見て育った世代で、隠れファンでもあったので（ウルフのファンでない人などいるだろうか？）、期せずして手形を見つけ、若くして世を去った小さな大横綱に哀悼の意を捧げる。

さて甘味処の『國技堂』は、その手形の並ぶ駅前通りにある。お店の名前からして『國技堂』なのだから当然といえるが、お店のマーク

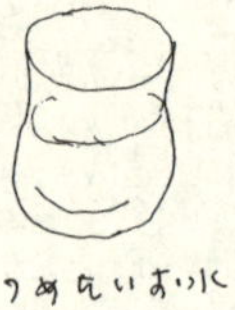

がすでにお相撲さんである。甘味処でお相撲さんがマークになっているのは、日本でもここだけではないだろうか。

店内は一階がお菓子売場、一階奥と二階が喫茶になっていて、お二階へどうぞと言われて上がっていくと、後ろから店員さんがやってきて、お水を出してくれて、ご注文が決まりましたらお呼び下さいと言い置いてまた下りていった。いい意味でほったらかしである。二階席には、甘味処には珍しく、仕切りで隔てられたカウンター席がある。女の人がひとりで来ても気後れせずに食事できるように配慮されていて、いいなと思う。

ゆっくりとお品書きを眺める。甘味はあんみつ、みつまめ、ぜんざい、だんごと定番だが、食事はお雑煮、きしめんに並んで、洋風メニューもあるのが目を引く。ごはんを挟んでカレーとハッシュドビーフが盛られた合い盛りなどというものもあって、「隠れた人気メニューです」とある。これにする。

甘味はなににしようとめくっていくと、おせんベアイスというのがあって、添えられた写真を見ると、

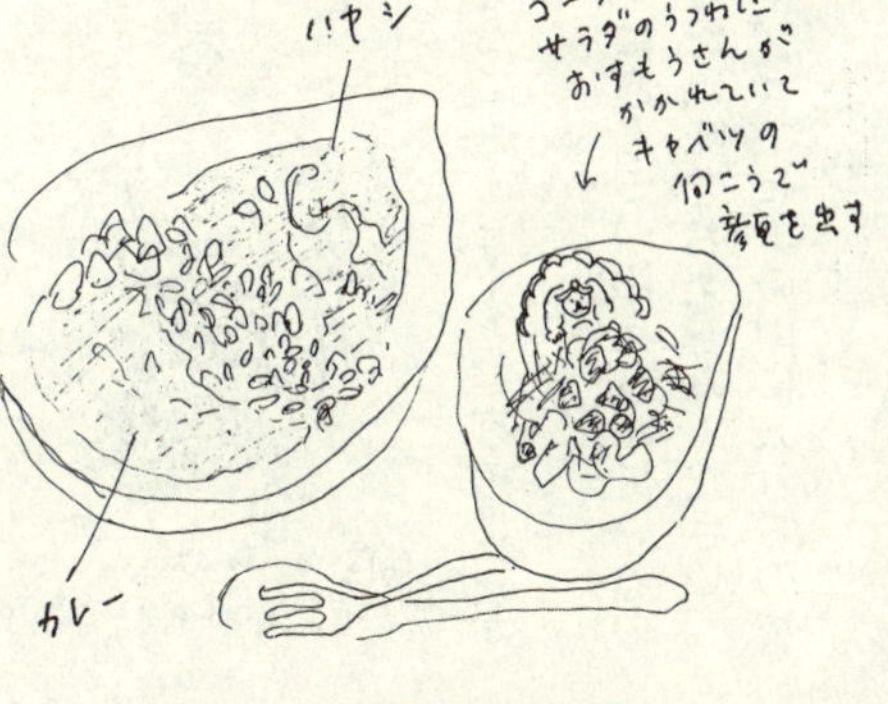
ハヤシ
カレー
コーン
サラダのうつわに
おすもうさんが
かかれていて
キャベツの
向こうで
顔を出す

ソフトクリームにお煎餅のかけらが混じっているものらしい。おせんべアイスというよりは、おせんべソフトだと思うのだが、語呂がいいからだろうか。それはともかくチョコとお煎餅といった、甘辛の取り合わせは意外に合うものだし、クランキーな食感もよさそうである。甘味はこれにしようと思い、さらに飲み物の欄を見ると、あんこコーヒーというのに目がとまった。

あんこコーヒーとは一体なんぞや。写真ではコーヒーにあんこが添えられているのだが、説明書きに「砂糖のかわりにあんこを混ぜて独特な風味をお楽しみください」とある。あんこをコーヒーのおともに食べるのではなく、コーヒーの中に入れるのである。

どうも『國技堂』は、いっぷう変わったひねり技がお好きなようである。テレビで大相撲中継を見ていて、土俵際で見たこともない技が出て、解説者がこれは○○ですね、などと感に堪えない声で説明する技のような。正攻法ではなくある種のフェイント。いや、それができるのも勝負強い一人前の力士の証拠だろう。しかし、あんここーヒー（決してあんコーヒーではない）、これはかなりの大技、いや奇技ではあるまいか。先ほど隣の席に座った女の人ふたり組も「えっ、あんこコーヒーってなに」と、絶句していた。

合い盛りはルウが濃厚でおいしく、おせんべアイスはお煎餅がかけらというより粉状でもう少しパンチが欲しかったが、注目はなんといってもあんこコーヒーである。階下から上がってきた店員さんは、あんこコーヒーですと慣れたようすでテーブルに置いて、下りていった。頼んだ以上はチャレンジである。あんこをスプーンで半分ほどすくってカップに入れ、まずは混ぜずに飲んでみる。……思ったよりいける。コーヒーの苦みとあんの甘みが案外と合うのである。ぐるぐるとかき混ぜるよりも、次第に溶けゆくあんの、そこはかとない甘みを感じるのがよく、添えられたあんも心もち少なめに入れた方が、コーヒーの味が生きるように思う。残ったあんはもちろんそのまま全部食べるのが礼儀だ。

しかしこの奇抜なメニューはどうやって生まれたのだろうか。

ある日、コーヒーに間違ってあんこを落としてしまった社長、もったいないからと飲んでみるとこれが意外なおいしさ、「よしっ、これをウチの看板メニューにしよ

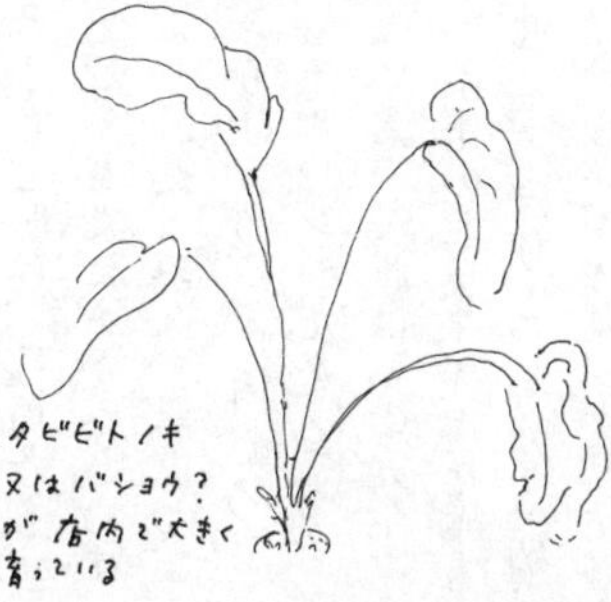
タビビトノキ
又はバショウ？
が店内で大きく
育っている

う!」と叫び、社員たちが「えっ社長、マジですか、えーやめときましょうよ」などと反対したにもかかわらず、社長は「いや、これはいける!」と強引に言い張り、論より証拠とみなで試飲してみると……「あっ社長、これ案外いけますよ!」と賛同の声が上がり、「そうだろ? おまえたち、既成概念にとらわれてちゃだめだよ、何事もチャレンジだよ」「……」。

いえ、これは私の完全なる想像です。

階下のお菓子売場に下りると、あられにあんこを挟んだ名物「あんこあられ」の他、「ねばりごし」なる納豆おかきなども売られており、既存にはない、オリジナリティーとチャレンジ精神溢れるお菓子がいくつも並んでいる。やはりお相撲と同じで、前へ前へ、出ることが大事ですね。

一之江●マミー

名前に惹かれる店である。名前に惹かれて一之江までやってきた。一之江という駅もまた初めて降りる駅である。都営新宿線の駅で江戸川区にあり、江戸川を越えれば千葉県である。

『マミー』は駅から七、八分歩いたところにある。私は地図を見ながら、慎重に店に向かった。

すぐに新中川に架かる瑞江大橋を渡る。ふだんの生活圏には川がないので、橋の上からの眺めがもの珍しい。空は広々として青く、川面は夏の光を受けて青白く輝いている。河岸には小船がたくさん停めてある。毎日こうして川を眺め、橋を渡る生活も、それはそれでいいだろうなあと思う。一日のうちで一度でも、広やかな風景に接すると、気持ちがはればれとするのではないだろうか。会社からの帰り道など、夜風が心地よいのではないだろうか。雨の日や寒い日は大変だろうけど。それでも日によって変化する自然を肌で感じることだろうと思う。

そんなことを思いながら、橋を渡り、角で曲がり、街路樹の植わったまっすぐの道を歩いていくと、コンクリート塀の向こうに看板が置いてあって、それに『マミー』と書いてあるのが見えた。その見え方が、ちっちゃな子が塀から半分だけ顔を出してこちらを見ているようなのである。なんだか楽しい気持ちになって、ドアを開けると、誰もいない店内のカウンターの中で小柄なおばさんがひとり立ってこちらを見ていた。

急に緊張して、コンニチハと挨拶して隅の席に座る。看板に甘味喫茶とあったとおり、『マミー』の軽食メニューは洋食である。同行の夫はカレーを、私はナポリタンを頼む。お水のグラスを持って注文を取りにきたおばさんは、「ナポリタンは時間がかかりますけど、いいですか」と私に聞いた。大丈夫、親切なおばさんのようである。

ぱたんぱたんと冷蔵庫を開け閉めする音がして、トントントンとまな板で野菜を切る音がして、ジャジャーッとフライパンで炒める音がした。同時にカタカタとお鍋のふたを取ったり閉めたりする音もして、まずカレーが出てきた。カレーを食べ終わる

頃、「お待たせしました」とナポリが出てきた。細めのパスタに炒めたハムとピーマンとタマネギとマッシュルームがケチャップにたっぷりからんで、夫がナポリが正解だったかもと言う。

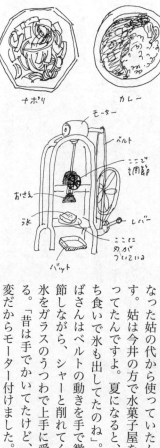

私たちは隅の席で静かに食事をしていたが、食後にかき氷を頼んだあたりから空気が変わってきた。おばさんはぱたんと冷凍庫を開けて氷の塊を取り出すと、カウンターの隅にあるかき氷機に置いて、奥へシロップを取りに行った。そのかき氷機がみるからに年代物なのである。

カレー

ナポリ

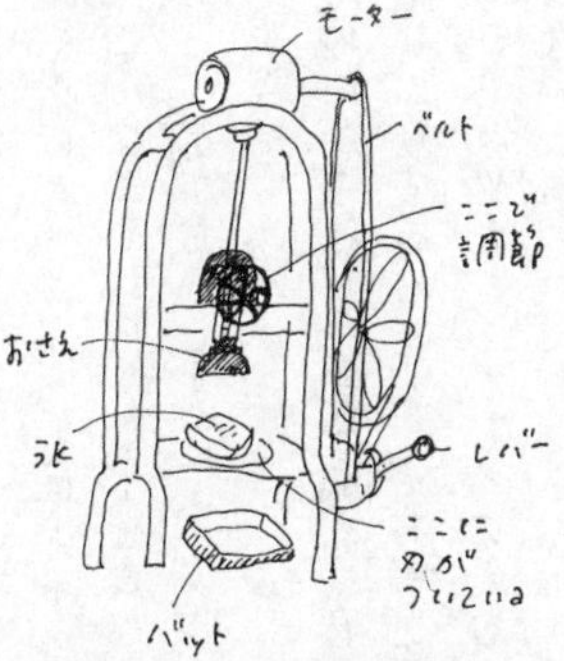
モーター
ベルト
ここで調節
おさえ
氷
レバー
ここに刃がついている
バット

「これ？　五年前に九十九で亡くなった姑の代から使っていたんです。姑は今井の方で水菓子屋をやってたんですよ。夏になると、立ち食いで氷も出してたのね」。おばさんはベルトの動きを手で微調節しながら、シャーと削れてくる氷をガラスのうつわで上手に受ける。「昔は手でかいてたけど、大変だからモーター付けました。で

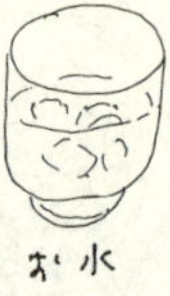

も今は替え刃もなくなっちゃって、困ってるのよ」

すぐ溶けちゃうからと持ってきてくれた氷は、とにかくやわらかい。こんなにやわらかな氷を食べたことがあっただろうか。口当たりがやさしく上品である。水がおいしすぎて、ブルーハワイなどという人工味のシロップを選んだことを悔やむ。

話をするおばさんの口からは、今井や瑞江や春江などの地名が次々に登場し、完全に地元の人相手の話しぶりである。そりゃあ一之江まで電車に乗って甘味を食べに来る人もいないだろうから当然だ。しかしそのたびに、返答が曖昧になる私たちがどうやら近在の人間ではないと気づいたおばさんは、それとなくこのあたりのことを教えてくれた。

「このへんは昔は農家ばかりで、周りじゅう畑や田圃だったんですよ。この店の前の道路も、もとは川だったんです。うちの主人なんか、子どもの頃よく泳いだって言ってました。初めは川にふたをして通れるようにしただけだったんだけど、その後地下に土管を入れて水を通して、上を舗装したんです。今じゃ全然わかんないけど」

おそらく江戸川からの支流がここにも流れていたのだろう。昔の東京は鉄道ではなく水運が発達していたから、物も人も船で運ばれていて、小さな川沿いには人が暮らし、商店もあったのだろう。ここでは川のある生活が当たり前で、一之江も瑞江も春江も水を表わす言葉である。
この通りも商店街だったんだけど、みんな年をとってやめてしまってねとおばさんは話す。駅から離れた場所にぽつりとある古い商店には、こうしてたいてい昔の暮らしの名残がある。なにも知らずにやってきたけれど、土地の人と話していると、見知らぬ町の現在と過去が交錯して、空間と時間を二重に旅する気分だ。以前は遠くに火葬場の煙突が見えていたという『マミー』の窓から今見えるのは、対岸の消防署とマンションである。

気になっていた店名の由来を聞くと、「うちはもともと牛乳屋だから。私が喫茶店を始めるときに保健所で屋号をつけた方がいいって言われて、スガ（おばさんの名字だろう）で良いわって言ったんだけど、ちゃんとつけろって言うから、じゃあ『マミー』でいいですって言ったの」と明快である。おばさんはさばけた感じの人だが、端々に相手を気遣う心が感じられて、このあたりの人のお人柄なのかと思う。

店を出てから、外にある森永乳業の自販機を見ると「マミー」があったので、記念に一個買った。そしてもとは川だった道路の上を歩いて、川を渡って、駅に戻った。

犬だろうか
クマだろうか

門前仲町●甘味処由はら

門前仲町は地下鉄の駅名にもなっているので、地名としては知っているのだが、その実、門前仲町とはどういう場所かをよく知らない。東京に住んでいても、学校や会社があるとか、友人が住んでいるとか、買い物でよく訪れるといった理由がないと、まったく縁がない町というのもある。門前仲町は私にとってそういう町である。

待ち合わせた友人と会う前に時間があったので、近くを流れる川のほとりまで行ってみた。川には黒船橋という勇ましい名前の橋がかかっている。川縁は桜並木の遊歩道になっていて、小さな船着き場もある。この川は隅田川に流れ込む川で、このあたりではこうした細い川がいくつも隅田川にそそいでいるようである。

いつも思うのだが、川のある町はどことなくゆったりしてみえる。川という、自然な水の流れが、しらずしらずのうちに人の心を穏やか

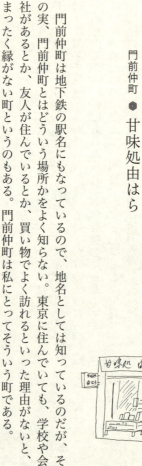

になごませるのだろうか。門前仲町にもそうした空気が流れている。こうして訪れる者も、山や川や海といった、その土地に古くからある風土にわずかでも触れると、それだけで親しみをもって知り合えたような気がするものだ。

私は駅に戻り、友人と会って、富岡八幡宮に向かって歩き始めた。昼下がりの二時なので、大通りから一本裏に入った通りには地元の人しかいない。ジャンパーを着て自転車にまたがったおじさんや、玄関から道路にはみ出た鉢植の世話をするおばさんなどである。風はまだ冷たいが、日差しは暖かい三月、人々の表情もどことなくほころんでいる。木々に囲まれた昔ふうの児童公園があって、子どもたちが遊んでいる声が響いている。公園の先を曲がると、深川不動尊の門前に出た。富岡八幡宮があるのは知っていたが、その横にお不動様がおられるのは知らなかったので、こちらもお参りしていく。

お不動様はちょうどお護摩の時間らしく、人々で混雑していたが、八幡様は人影もなく静かで、鳩が地面をついている。午後の光が木々の葉を透かして明るい影をつくっている。

お参りしてお札など見た後、鳥居をくぐって出ようとすると、かたわらに、深川めしと書かれた看板があった。見ると背の高い木立のたもとに古い構えの小さな店が建っている。ふうん、境内にこんなお店があるんだ、と眺める。そして、深川めしってこのへんのものなんだ、と地元の人が聞いたら怒り出しそうなことを、友人とふたりで小声で話す。お店は夕方五時からで、まだやっていない。

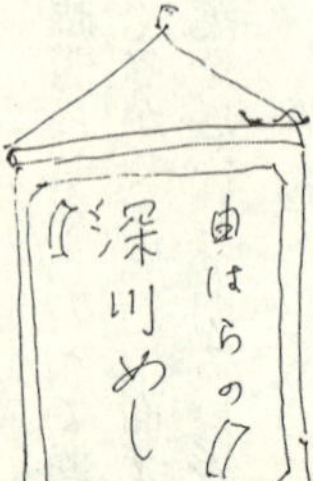

深川めしなんて、私は駅弁でしか食べたことがない。駅弁の深川めしは、アサリの炊き込みごはんの上にハゼの甘露煮がのっていて、なすときゅうりのお漬物が添えてあるだけで、他の豪勢なお弁当類とは明らかに違っているのだが、その質素な感じに味わいがあって、東京から新幹線で朝早く出かけるときはいつも買ってしまう。駅弁も昨今は贅沢で、品数豊富に、彩りよく、複雑妙味をめざすものが多いが、もっと質素で、倹約で、単純で、昔からこういうもの食べてたんだなというような駅弁もあっていいと思う。そういうものが好きな人、そういうもので軽く済ませたい人、でもどこかふだんの食事とは違う味を食べたい人も案外多いと思う。だから駅弁売場に深川めしを見つけると、ほっとする。

鳥居を出て商店街に入ってすぐのところにあった『由《ゆ》はら』にも、甘味にまじって

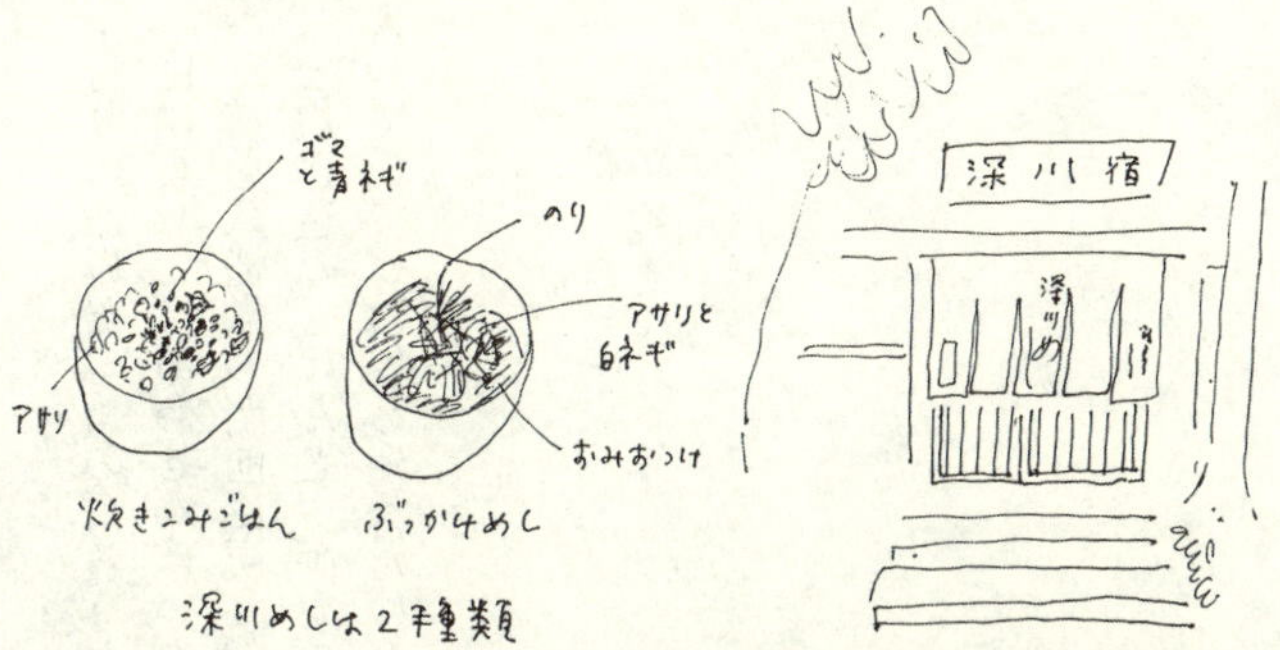

深川めしがあった。他の店では鰻が入っているような重箱に入っている。やっぱり深川めしなんだ、と友人と小声で話す。

「深川めしはアサリが入っているごはんのことをいうんです。だから店によって、味も作り方もそれぞれ違うんですよ。うちは炊き込みごはんですけど」

と、白髪にブルーのカーディガンがお似合いのお店のおばあさんが教えてくれる。

お店に置いてあった説明書きによると、深川めしにはぶっかけめしと炊き込みごはんがあるそうだ。ぶっかけめしは、ごはんにアサリの味噌汁をかけたもので、江戸の頃、深川浦の砂州を漁場としていた漁師のまかない飯として、屋台や一膳飯屋で出されていたという。一方、炊き込みごはんは、新鮮なアサリを炊き込んだ家庭料理として近隣の家々で広がったものだそうだ。深川浦とは今の永代、佐賀のあたりで、今日、橋の上からのぞいた川辺も、昔は潮干狩りの漁場だったのだろうかと思う。

『由はら』ではあわぜんざいを食べた後、もう店じまいだったので、私たちは暗くなった道を八幡様の門前に戻り、ぼんやりあかりを灯していた小さな店で、ぶっかけめしと炊き込みごはんと、両方の深川めしを食べて帰った。どちらもアサリがどっさり入っていて、おいしかった。今度『由はら』でも食べてみたい。

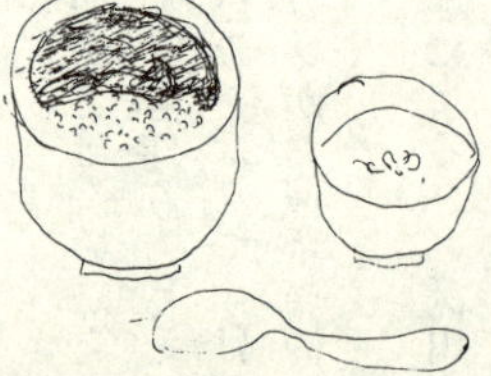

清澄白河 ● 深川伊勢屋平野店

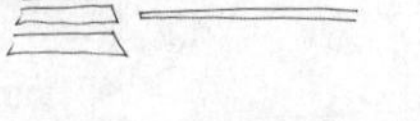

店の前まで来ると、「本日の定食 揚げたて!! アジフライ ピーマンフライ イカフライ780円」と手書きのホワイトボードが立てかけてあった。それを見ただけで、これにしようと決める。中に入ると、おじいさんやお兄さんや子連れの若いお母さんや夫婦連れといった、あらゆる年代の人たちが座っていた。

私は空いている席に座り、決心が変わらぬうちに日替わり定食を頼んだ。頼んでから置いてあったメニューを開いてみると、さまざまなセットがある。いずれも半らーめんに、チャーハンやおむすびやカレーなどがつくセットである。地元らしく深川めしがつくセットもある。他はおむすびセットなどと直接的な呼び名なのに、深川めしだけは芭蕉庵セットという雅な名前に格上げされている。

これも地元愛だろうか。よい子セットというのもあって、半らーめんにジュース、アイスクリームである。

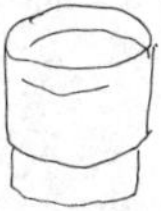

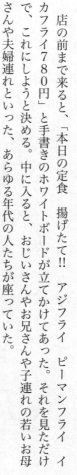

さて私の前には日替わりの定食が来た。まずフライののったお皿が来て、続いてごはんとおつゆと小鉢とお漬物のお盆が来る。いただきますと手を合わせてから、まずおみおつけ……と思いきや、それはお椀に入った中華スープであった。ネギとわかめがいっぱいでおいしい。最初にイカリングを食べる。イカリング、何年ぶりだろうか。イカリングはイカが上手に切れたためしがないけど、切れるかな。次にごはんを食べる。次はキャベツ。千切りのキャベツがおいしい。ここはトンカツもやっているのだろうか、さっぱりとしたトンカツ屋さんのキャベツの味がする。キャベツの脇にたっぷり盛られたポテトサラダもおいしい。本丸のアジフライを半分に切って、食べる。うん、さっくり揚がっていておいしい。再びごはん。ふだんソースは使わないんだけど、さっきお店の人がわざわざ持ってきてくれたから、少しかけようか。でもフライはどれも揚げたてで、ソースをかけなくても充分おいしい。小鉢はゼンマイとこんにゃくとにんじんと油揚げの煮物で、これはまたおばあちゃんの味だね。しば漬けもひさしぶりだよ。あーなんか、おいしいなあ。

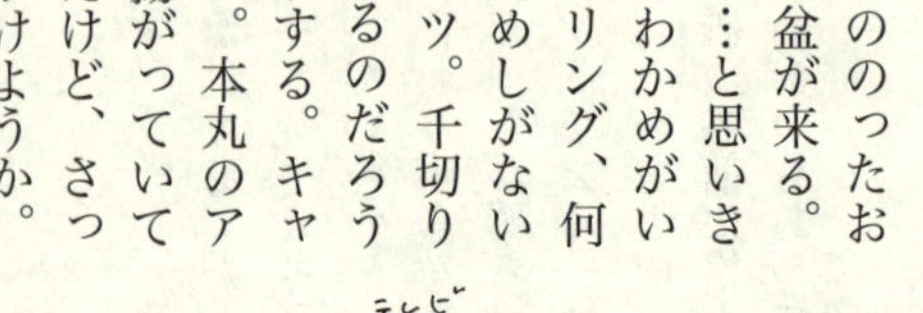

お店の人が、「お冷やありますか」と聞きに来てくれる。「まだあります」と私。奥

の席では、「おまたせしましたー」の声に続いて、「あ、ありがとう。いただきます！」とおじさんが言う。厨房からはジャーッと水音。カタカタカタと食器のふれ合う音。テレビでは料理番組。後ろの席の女の子は待っている間も食べている間も元気いっぱいで、「ねえ、ひとりだけに秘密教えてあげる。じゃんけんで決めていいよ！」と叫んでいる。秘密ってなんだろう。お店の人は女の子に「よい子のアイス、もう持ってこようか？」と聞いている。

イカリングのふたつめを食べる。ごはんはあと少ししかない。ピーマン食べて、ゼンマイ食べて、お皿に残ったのはポテサラ。最後に残すのはいつもいちばん好きなものなんだよね。

奥からは、さっきのいただきますのおじさんの「ごちそうさまでした！」が聞こえる。入口近くで、ずっと座っていたおじいさんが、読んでいた雑誌を棚にしまって出ていった。

「ありがとうーございましたー」

この平野町の『伊勢屋』は、早稲田の『伊勢屋』の先代のご主人が修業した『深川伊勢屋』の支店である。庶民的なメニューといい、地元の人が集うようすといい、お店のおばさんの親切な感じといい、ざっくばらんな雰囲気が、どことなく早稲田

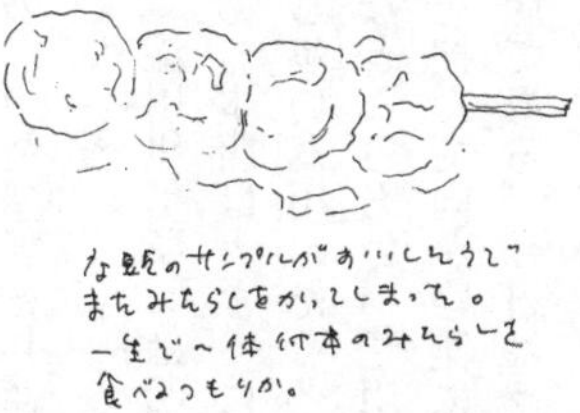
な鋭のサンプルがおいしそうで
またみたらしをかってしまった。
一生で一体何本のみたらしを
食べるつもりか。

の『伊勢屋』と共通している。ひとりで来ていた若いサラリーマンなんて、うたた寝していた。

『深川伊勢屋』は明治四十年創業で、百年以上経つ老舗である。門前仲町の商店街にある本店は大きくにぎやかだが、ここ平野店は門前仲町駅からも清澄白河駅からも少し歩いた川のたもとにあって、隣は公民館で、静かで小さくゆったりしている。そんなところもいい。用がなければ来ないような場所だけれども、例えば花の頃に、道路を挟んで向かい側にある清澄庭園に来るとか、近くに来たときはふらりと寄りたいお店である。今日はランチの定食に突進したが、もちろんあんみつもみつまめもおしるこもおいている。

工場は平野店のすぐそばにあって、そこから本店にもお菓子やお惣菜を運んでいくそうだ。私は売店で「深川もち」というあんころもちをお三時に買って、清澄庭園のもくもくと盛り上がった木々の緑を眺めながら、駅に向かった。

55　清澄白河　深川伊勢屋平野店

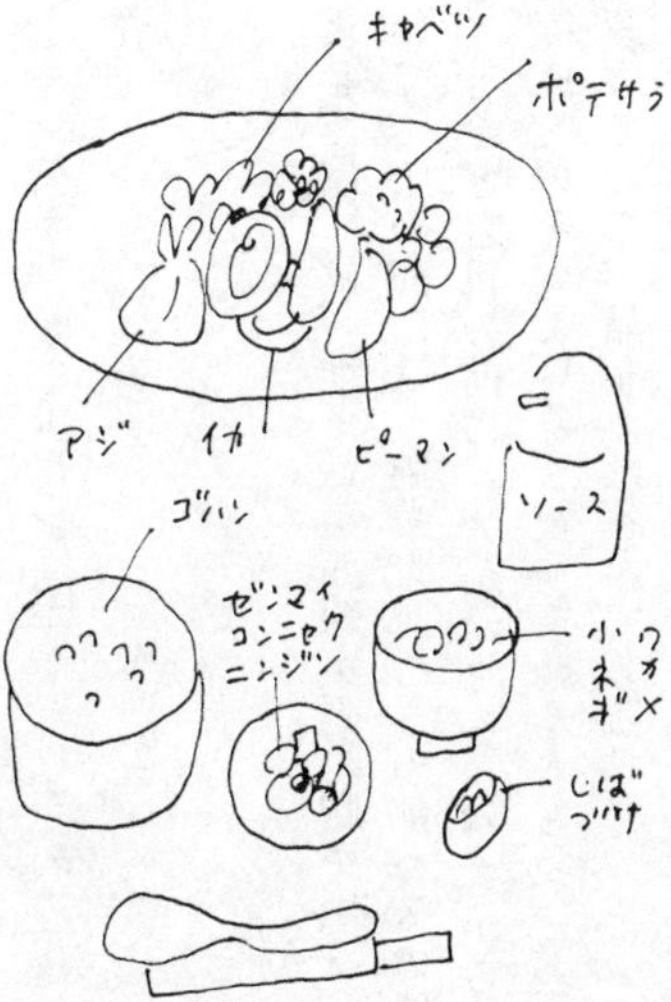
キャベツ
ポテサラ
アジ
イカ
ピーマン
ソース
ゴハン
ゼンマイ
コンニャク
ニンジン
小ネギ
ワカメ
しばづけ

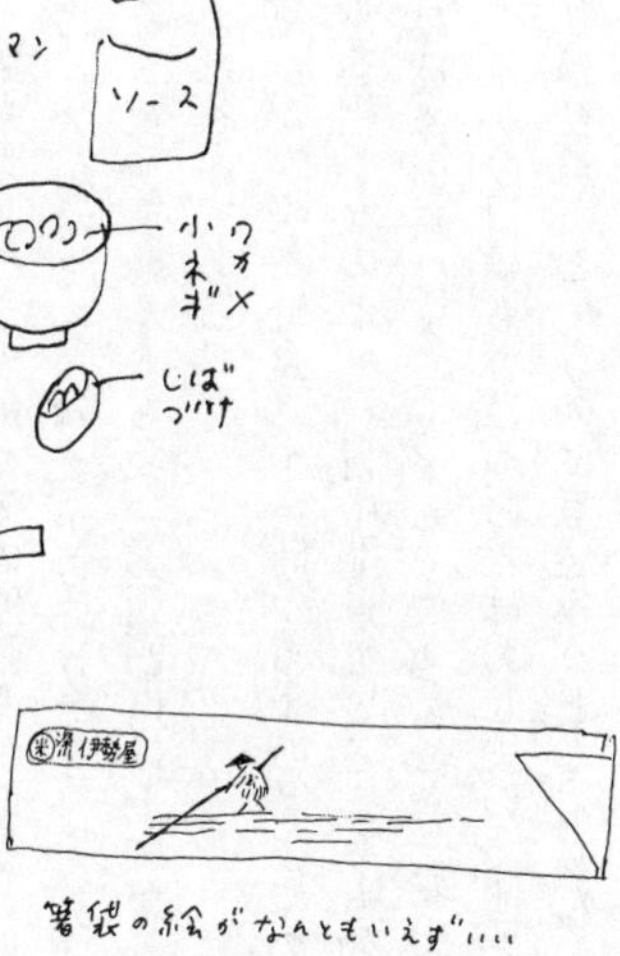
深川伊勢屋
箸袋の絵がなんともいえず……

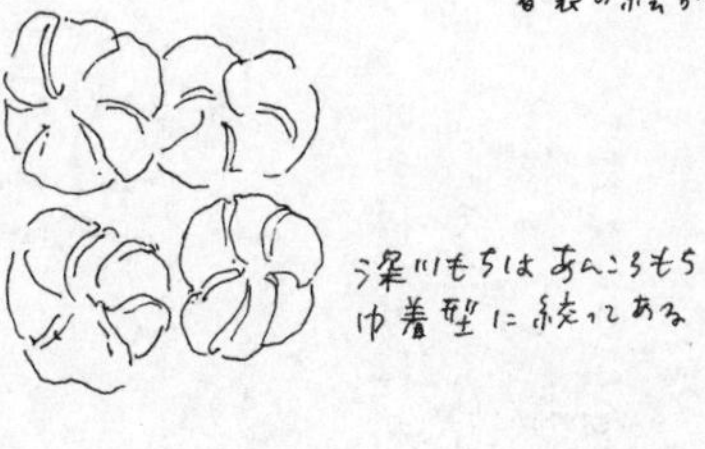
深川もちはあんころもち
巾着型に絞ってある

東陽町 ● よしだ屋

『よしだ屋』は、地下鉄東西線東陽町駅を出たすぐの場所にある。四つ目通りに面していて、店の前には、錦糸町駅行きの都バスの停留所がある。外を向いて座っていると、ときどき目の前にバスが停まる。バスから降りてきた人の多くは、『よしだ屋』の売店をのぞいていく。買っていく人も多い。店頭には上生菓子からおいなりさんまで置いていて、品揃えは多彩である。

売店の品揃えは豊富だが、喫茶軽食は十一時から十四時までのランチタイムしか開いていない。近隣の常連相手なのか、一日中開けているよりも効率がいいのだろう。

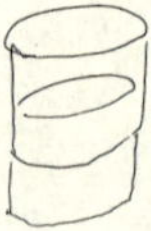

本日飛び込みの私はメニューをとくと見て、夏季限定のひやむぎにする。ところが今日はもうひやむぎはおしまいですと言われてしまい、動揺した私は初夏だというのに煮込みうどんにした。

頼んでから、さっき売店ののし餅がおいしそうだなと思ったのに、煮

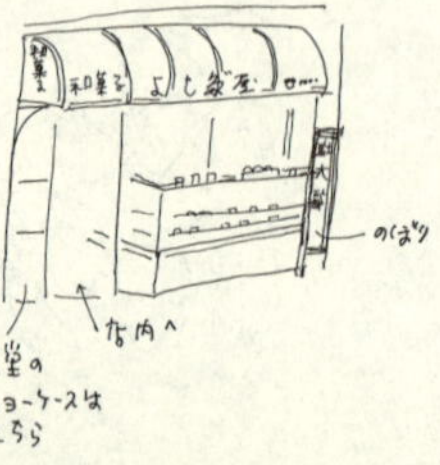

昔のおせんべい入れに
袋入りのおせんべい
が入っている

込みうどんを頼んでしまったことを後悔した。なぜ、餅入りラーメンやあべかわにしなかったのだろう。おいしいお餅を食べるグッドチャンスだったのに。

　するとやってきた煮込みうどんには、私の気持ちを知ってか知らでか（知っているはずがないが）ちゃーんとお餅がのっかっていた。お餅は少しあぶってあり、白いお布団のようで、うどんの上にふんわり寝そべっている。ネギやシイタケも入って、おあげの下には半熟の玉子が隠れている。おうどんも食べごたえのある量である。お出汁は濃いめだが、人の手で作られた味がする。初夏というのに、煮込みうどんがこんなにおいしい。

　私は満ち足りた気持ちでレンゲを置き、ぼんやりと外を眺める。停留所にバスがやってきて、時間調整なのか、しばらく停まっている。見慣れた都バスの、ベージュに緑とオレンジの車体である。

　売店の電話が鳴って、お店の人が受話器を取った。しばらく話してから奥の厨房に、日野さん、明日の朝までにきんぴら作れますかと聞きに行った。厨房の日野さんからは、できないという返事が聞こえてきたが、お店の人は

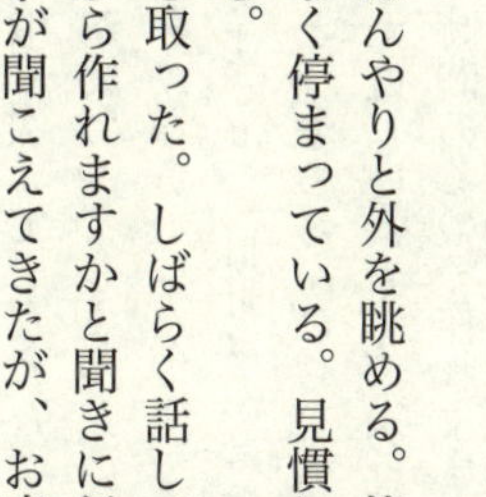
けっこう
ハッキリ
ものを言う

そのまま電話を取り次いでしまった。

「今日でスープが終わってしまったので、明日は朝からスープを作らなきゃならないんです。なのできんぴらを作るのは無理です」と、日野さんははっきり言っている。電話の主はどうやらきんぴらを大至急作ってほしいらしい。日野さんはしばらく先方の話を聞いた後、「明後日なら、まだ時間あるので作れます」と答えた。できないことはきっぱり断るが、代案を受け入れることにもまた柔軟である。日野さんはおそらくパート勤務の女性だと思われたが、店主か、責任者と思われる人にも一歩も引かない態度が立派である。

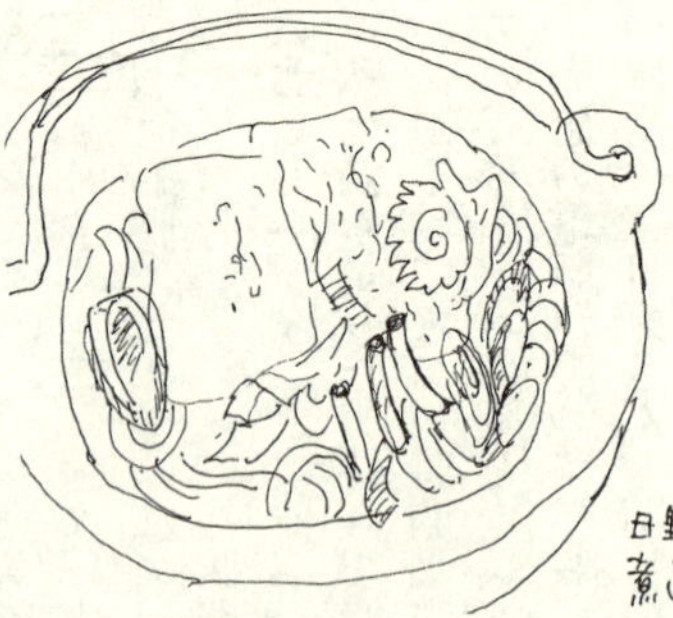

日野さんの煮込うどん

いったい日野さんとはどういう人だろうか。私はなんとなく、見てみたくなった。しかし私の座っている位置からは厨房が見えない。そこでお手洗に立つふりをして奥の厨房をちらりと見ると、ガス台に向かっている女の人がひとりいて、日野さんは意外や腰の曲がったおばあさんであった。声の張りから、もう少し若い方をイメージしていた私は驚き、それから、日野さん、いいぞと思った。そして、今のような雇用不安の時代に、日野さんのような物怖じしない人を積極的に雇っているきんぴら店主

(かどうか知らないが)も、いいぞと思った。

『よしだ屋』は深川界隈で展開するチェーン店で、どのお店も比較的年輩の女の人が働いていて、それがまた居心地のよい空間をつくっているのである。私は清澄白河の本店にも行ったことがあるが、こちらもおそろいの黄色いエプロンをした女の人が数人働いていた。

本店に行った日は、朝から忙しくて夕方までなにも食べておらず、とにかくごはんが食べたかった。ところがようやく座ってメニューを見ると、甘味だけでごはん類はない。軽食があるのは東陽町店だけなのである。お腹が減りすぎていて甘いものは食べたいと思えず、「あのう、ごはん類はないですか」と弱々しく聞くと、お店の人が困ったように、「メニューにはないんですけど、店頭で売っているおこわ類ならここ

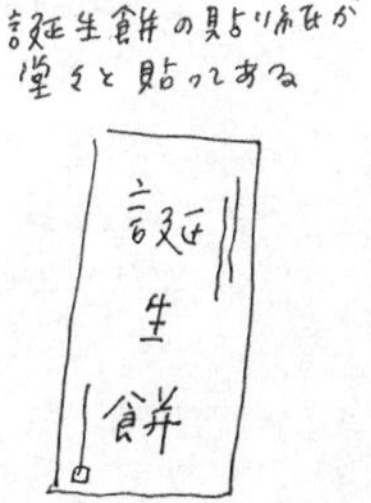
誕生餅の貼り紙が
堂々と貼ってある
誕生餅

よしだ屋のねりきりは
季節ごとに変わって
ゆきます　こまめん

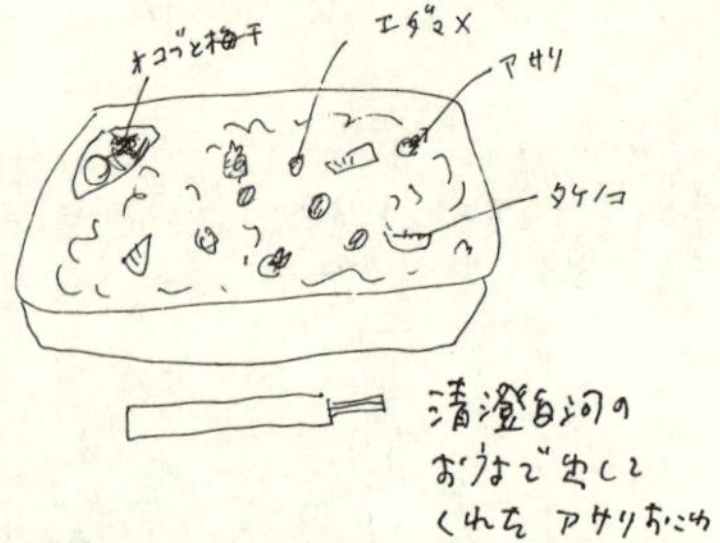
オコゲと梅干
エダマメ
アサリ
タケノコ
清澄白河の
おうなで出して
くれた アサリおこわ

で食べていただけます」と言ってくれた。私は深川名物であるあさりおこわを買い、お店の人の「チンしましょうか」という言葉に甘えて温めてもらった。パック入りのおこわなのに、きちんと四角いお盆にのせてお箸をつけて持ってきてくれる。『よしだ屋』の女の人たちはきっと家に帰れば主婦なのだろう。いつも家族に細やかな気遣いをしてくれる、お母さんのやさしさだ。

今日は東陽町で日野さんの餅入り煮込みうどんを食べた私は、帰りがけに店頭でのし餅と季節の上生菓子を買った。黄色いエプロンのお店の人は包みを渡しながら、「お忘れ物はないですか」と、にこにこしながら聞いてくれた。私がにやにやしながらノートにお餅の絵を描いたり、ぼんやりバスを眺めたりしていたのを見ていてくれたらしい。

亀戸 ● 山長

亀戸はなんといっても亀戸天神が有名だが、亀戸駅から天神様へ向かう蔵前通り沿いには、香取神社という、創建から千三百五十年経つ古い神社がある。その存在を知ったのは、門前に『山長』があったからである。

駅から天神様まで歩いていく道すがらに、和菓子を売る売店と食堂のサンプルが目に入って、おや、こんなところにも甘味食堂がと気がついたのである。よく見ると、お店の脇には大きな鳥居が建っていて、奥に向かって参道になっている。『山長』は香取神社の参道入口にある門前の茶屋なのであった。

お店に入り、お藤見（ゆかしい言葉である）セットというのがあったので頼むが、天神様の境内のフジの季節はもう終わっているのでおしまいなんです、と、白い上っ張りを着たおじさんは申し訳なさそうな顔をして言う。このおじさんはたれ目でみるからに人のよさそうな

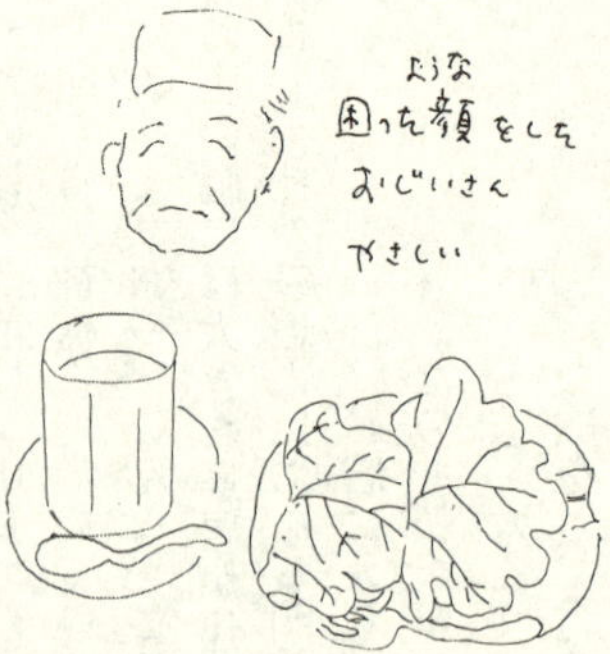

顔で、私たちが入っていったときから、ちょっと困ったような笑みを浮かべて席に案内してくれて、注文を取る間合いにも気を遣ってくれていた。私はこういう控えめな感じの人が好きである。

お藤見セットのおだんごは、緑の季節にふさわしくずんだあんだったので、残念ではあるが、そういうことなら全然かまわない。それではと、こいのぼりセットにする。こちらは柏餅ふたつと飲み物のセットである。柏餅は、こしとつぶとみそのうちの、つぶとみそにした。白みそで作られたみそあんの柏餅は、比較的西日本に多いように思うがどうだろう。いずれにせよ置いているお店はかぎられるので、みそあんがあると特にみそ好きというわけでもないのに、つい頼む。夫は中華そばと悩んでつけ焼きにする。

注文した後、席を立ってお店の飾り棚を見にいくと、大きな人形ケースの中に、亀戸天神のうそかえ行事で授与される木彫りのウソが大小並んでいた。そのうちの何羽かが倒れたままになっている。どうしようかと迷ったが、手を伸ばして倒れていたウソを立て直す。すると、そのうちの一羽がじっとこちらを横目で見る。うそかえ行事のウソはひとつひとつ人の手で描かれているせいか人間くさく、それがまた長年置いてあるものほどそうで、愛着を呼ぶのだ。この店のウソはみんな年季が入っている。
やってきたつけ焼きは、海苔で巻かれたお醤油餅で、お皿いっぱいに三つのっていた。しっかりした歯ごたえなのにやわらかい。家庭ではふつう、四角いお餅を焼いてお醤油をつけて海苔で巻くが、角が固かったり、焼きすぎたりしてうまくいかない。第一こんなにお醤油がお餅になじまない。ところが、お店のものはお餅がやわらかく、お醤油がよくなじんで、すべてが一体化している。きっとこれは、つきたてのお餅にお醤油をつけてから焼くのがコツなのだろう。だから磯辺餅ではなく、つけ焼き。

そこへ、たれ目のおじさんとは別の、短髪のきりっとした顔立ちをした、いかにも職人ふうのおじさんがやってきて、「餅、固くなってないですか」と聞いてくれる。全然固くありません、とってもやわらかくておいしいですと答えると、「そうですか、ありがとうございます」と笑顔で言って、奥へ入っていった。私はこういう気性のさっぱりした人も好きである。

柏餅も、あんよりお餅にボリュームがあって、どうやら『山長』ではお餅に力を入れているらしい。やはり神様の門

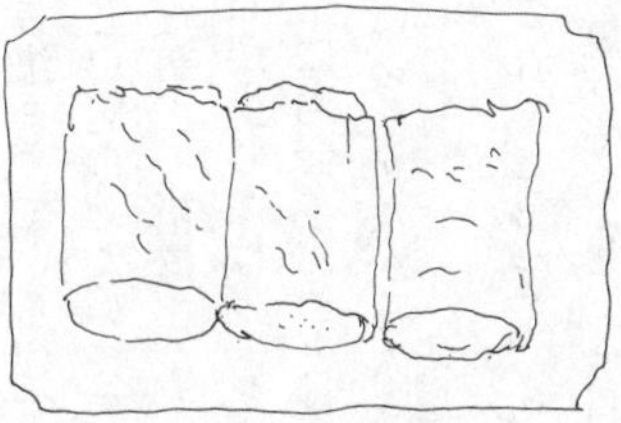
洋皿にのってきたつけ焼き。いい色!!!

前だからだろうか。神様へのお供え物は御神酒とお餅と古代から決まっているのである。お餅のようにシンプルで素材のよしあしが出るものがおいしい店は、たいていなんでもおいしいものだ。柏餅ふたつですっかり夕ごはん代わりだが、一緒に頼んだ昆布茶がまたおいしい。昆布だしの味が利いていて、とろろ昆布が少しだけ入っている。昆布茶はもともと好きだが、こんなに手のかかった昆布茶に出会ったことはない。第一昆布茶を出している店がない。今どき昆布茶をこんなにありがたがる人もないか。

すると、先ほどの職人風のおじさんが通りすがりに突然、「これ」と言って、私たちのテーブルの上になにかを押しやった。見ると亀の形のどら焼きである。「今日中に食べてもらえるようだったら」と、ちょっと照れたように言う。表に〈福分け〉と書いてあって、なにか行事のときに配ったお裾分けのようである。私たちはここに来る前に、亀戸天神の池でぷうかりぷうかり浮いている亀を眺めたばかりだったので、嬉しくなってありがたくいただく。

職人風のおじさんはそのまま店頭で、顔の高さのガラス戸を開けて、道行く人を眺めている。時折知り合いが通るのか、「こんちは」とか「おっ」とか、短く挨拶を交わしている。「やっと少し涼しくなったね」とも言っている。そして後は黙って外を眺めている。

お店はいたって静かで、ラジオや演歌なども流していない。夕方のためか、私たち以外誰もいない。厨房の冷蔵庫が突然、ブーンン……と音を立てる。

私たちはお店を出た後、香取神社まで歩いていった。境内は清浄な空気に満ちていて、いかにも千年前から神様がおいでになるたたずまいである。暗くなりかけた参道を戻ってくると、たれ目のおじさんが、店の外に出してあった「柏餅」の幟をしまっているところだった。

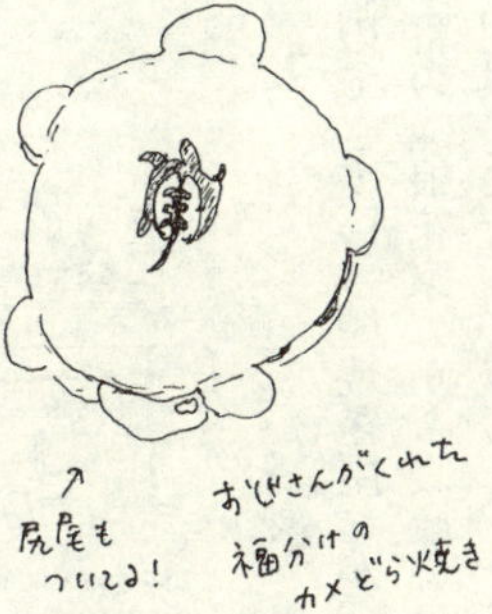
尻尾もついてる！
おじさんがくれた
福分けの
カメどら焼き

浅草●

浅草浪花家

黒が基調の浪花家

麻布十番の『浪花家』は、いつ見ても店の外まで行列のできている鯛焼き屋だが、同じ「浪花家」の名のつく店が浅草にもあって、麻布十番の『浪花家』から暖簾分けされた店だという。こちらも行列かもしれないと思い、朝早くに行ってみると、まだ行列はできていなかった。

麻布十番は鯛焼きのみだが、浅草には鯛焼き以外にもいろいろなメニューがある。お腹がすいていたので、喜んで軽い食事をしようと思うが、「食事メニューは秋までお休みです」と但し書きが貼ってある。なんと。そこにはミートソースうどんとか、いなりもちとか、魅力的なB級メニューが並んでいて、食べてみたかったのだがしかたない。食事がお休み中なのは、どうやらかき氷の注文で忙しいからのようである。昨今のかき氷ブームもあり、『浅草浪花家』はかき氷の超人気店である。その証拠に、見回すとわずか十席ほどの店内にいるのは

全員十代から二十代の若者たち。どこの店がなんのブームになっているかもよく知らずにこのこやってきてすみません。

せっかくなので、かき氷メニューから名前の美しさで「あさやけ」を選ぶ。あさやけだって、どんなかき氷なんだろう。あさやけといえば、思い浮かぶのは夏山のあさやけである。夜が明ける頃の、朝の光が入ってくる前の、天と地の境、空と山の境はうっすらと赤みを帯びて、その赤い色が少しずつ見る間に広がり、それまで暗い夜の色を残していた空が淡い青に変わり、やがて溶けるように白っぽく明けていく……。

しばらくしてやってきた「あさやけ」は、思っていた以上に私のあさやけのイメージに近い色をしていた。あさやけの色はいちごシロップとミルクで表現していて、こんもりと白い氷にうっすらとピンクとも朱ともつかぬ色がにじんでいる。美しい色である。そして氷山のてっぺんにはいちごと半円のあんこがのり、これはさしずめ朝の太陽だろうか。私としてはバニラアイスの方がイメージにより近いが、そこは食べものですので。味優先で。

氷は山のごとく盛り上がっているので、用心しいしいスプーンですくう。かき氷を食べるとき、誰しも緊張する一瞬であろう。どさっと、表層雪崩が起きませんように。無事にす

あんこ
はみだし
タイヤキというのを はじめて
よくみました。
うろこが こっています

くいとり、口に入れると、すっと溶ける軽い口当たり。そこにいちごの酸味がほどよく、ミルクの割合も絶妙である。小豆も甘すぎず、思いのほかいちごによく合う。氷の中にも小豆が入っていて、これはたとえていうと、山の雪の下の土かしら。

あさやけを堪能しながら、周囲の若者たちの頼んでいるものはなんだろうとうかがい見ると、フルーツがてっぺんに刺さったタワーのごときかき氷が次々と運ばれてくる。隣のテーブルは中国人の若者グループで、タワーの写真を撮りまくった後は、みなでひとつの氷をつついている。斜め後ろの席の二十代女子ふたりも、ひとりが宇治で、ひとりがタワー（正式には「みるくといろんなフルーツ」）である。あれがこの店のいちばん人気のようだ。

お店は十席ほどで、丸椅子に小机が並び、ごく簡素でちょっと居酒屋仕様でもあり、全体にアジアっぽい、ゆるい空気が漂っている。本来は鯛焼きという対面販売の店であることもあって、入口は開け放してある。

タイやインドネシアやマレーシアの町角には、入口にドアも壁もなく、中で誰かなにを食べているのか丸見えの店が当たり前のようにあるが、あんな感じである。暑い日中には年若い店番だけが人待ち顔で丸椅子に座っていたり、夕暮れどきには仕事帰りの人々がこうこうと点いた蛍光灯の下でにぎやかにごはんを食べていたり、そうした情景がまた町の食堂らしく、好もしいのである。浅草は下町だからか、人にも店に

書いているうちに
まん中がボスッとかん没した!

赤いリンゴと黄色リンゴのウサギが二わ!!
ウサギの目はキウイだよ!
ミカンや
キウイや
パイン

も内と外の温度差がなく、地続き感が強い。今度はかき氷以外の季節に来て、B級メニューもぜひ食べてみたい。夕方のほうがより開放的で、よりアジアっぽいかもしれない。

店を出がけに置いてある雑誌を見ると、かき氷の人気店として『浪花家』は掲載されていた。鯛焼きといい、かき氷といい、やはり味がいいと人気が出るのだろう。店の前にはすでに行列ができていて、同じ行列でも、浅草はかき氷の行列であった。

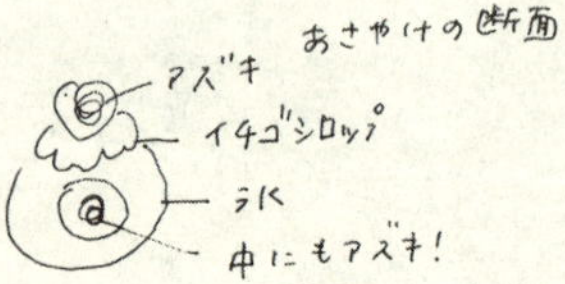

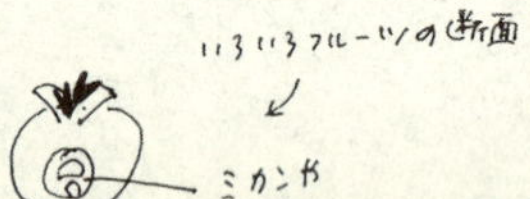

田原町●花家

『花家』は一皿三百円の焼きそばが食べられる焼きそば屋である。地下鉄銀座線の田原町駅の、浅草に向かっていちばん前の改札を出て、階段を上がったすぐにある。焼きそばの他にもおにぎりやおいなりや海苔巻があるが、甘味はないし（コーラはある）、食堂というよりは焼きそば屋なのだが、『花家』を知ってからは、田原町で降りると必ず寄ってしまうほど、『花家』が好きだ。甘味食堂ではないのだが、この際大目にみていただきたい。

田原町は台所用品を商うかっぱ橋の道具街で知られていて、欲しい道具を買いに来ることはあっても、それ以外にはそう用事のある町ではないし、焼きそばを食べるためにだけ地下鉄に乗ることもないので、田原町に来るとなると、まず最初に『花家』に寄る。寄るためにお腹もすかせていく。

階段を上がってすぐにあるお店は、店頭が調理場になっていて、鉄板

の上に作り置きの焼きそばが山盛りになっていることもあるし、鉄板だけがしーんとしていることもある。歩道からそのまま店内に入ると、おばちゃんがやってきて、「焼きそば？」と聞く。

今日はふたりなので、ふた皿頼む。鉄板から、焼きそばをじゃーっと温めている音が聞こえてくる。店の壁にはいろいろなものが貼ってある。手書きの「焼そば」の紙。製麺所やソース会社の名前が入った鏡。エルビス・プレスリーがコーラを飲んでいるカレンダー。羽子板。武者小路実篤の額。混沌である。あっという間におばちゃんが焼きそばを持ってやってくる。

「七味くらいしか出せないけど？」

「あ、はい、いいです。いらないです」

「そお？」

こんもり盛られたほかほかの焼きそばの上に、青のりがたっぷりのってよい香りがする。麺は細めで、味はどちらかというと薄味で、それがよいのである。濃い味が好きな人には、机にソースがのっている。焼きそばの下からはキャベツが顔を出すが、全体に具は少なく、あくまでもメインは焼きそばで、それもよいのである。焼きそばは麺をこそ食べるものであって、野菜や肉がたっぷり入ったものがよければ家で作ればいいし、違うメニューを頼めばいい。焼きそばはあくまでも麺を食べたい人のものだと思う。そして『花家』の三百円の焼きそばはその気持ちを満足させてくれる。

私たちの後から来て、焼きそばを注文し、すぐに食べ終わったおじさんが千円札を出すと、おばちゃんはおつりを渡しながら「はい、七百万円！」と、古典的な対応を欠かさない。

すわるとなり
「やきそば?」
「あっはい」
青のりたっぷり　よい香り

歩道から地続きの『花家』に扉はなく、外の空気がそのまま店内に入り込んでくる。そこに内と外の境はない。おばちゃんは常連さんがやってくると、長々と立ち話をしている。

「○○ちゃんはどうしてる」

「春からもう中学生だよ」

「子どもは少しみないうちに大きくなるからね」

「そうさ、こっちは最近、頭がこんにゃくになっちゃって」

「こんにゃくならいいよ、中が詰まってるから」

常連さんが立ち去ると、こちらへ戻ってきて、店内を見回している私たちを奇妙に思ったのか、「なんか変わったところがあるかい」と言う。

「いえ、鏡がいっぱいあるなと思って」

「昔はお店の開店祝いに鏡を贈ったのよ、店が広く見えるでしょ？」

へえ、そういうことなんだ。お店は昭和初期からやっていて、七十年近く経つそうだ。

「焼きそばの麺は児玉製麺所の麺なんですか」

「なんで知ってんの」

「いや、鏡にも、麺を入れる木箱にも、児玉製麺って書いてあるから」

「そうなのよ、前はね。でも児玉製麺所つぶれちゃったのよ」

「そうなんですか」

「木箱ももっともらっとけばよかった。古いのは角が丸くなって手にやさしいのよ」

おばさん、いいこと言う。

「たくさんもらっといて、ネットで売ればよかった。今はなにが売れるかわかんないもんね、女子高生の制服が売れる時代だから」

あんなこと言ってるけど、店内は調理場も机も床も、もちろん鏡も、どこもぴっかぴかで、こぎれいに整頓してある。おばちゃん几帳面できれい好きなんだわ。

では本日はこのへんで。おばちゃん、また来るわ。

75　田原町　花家

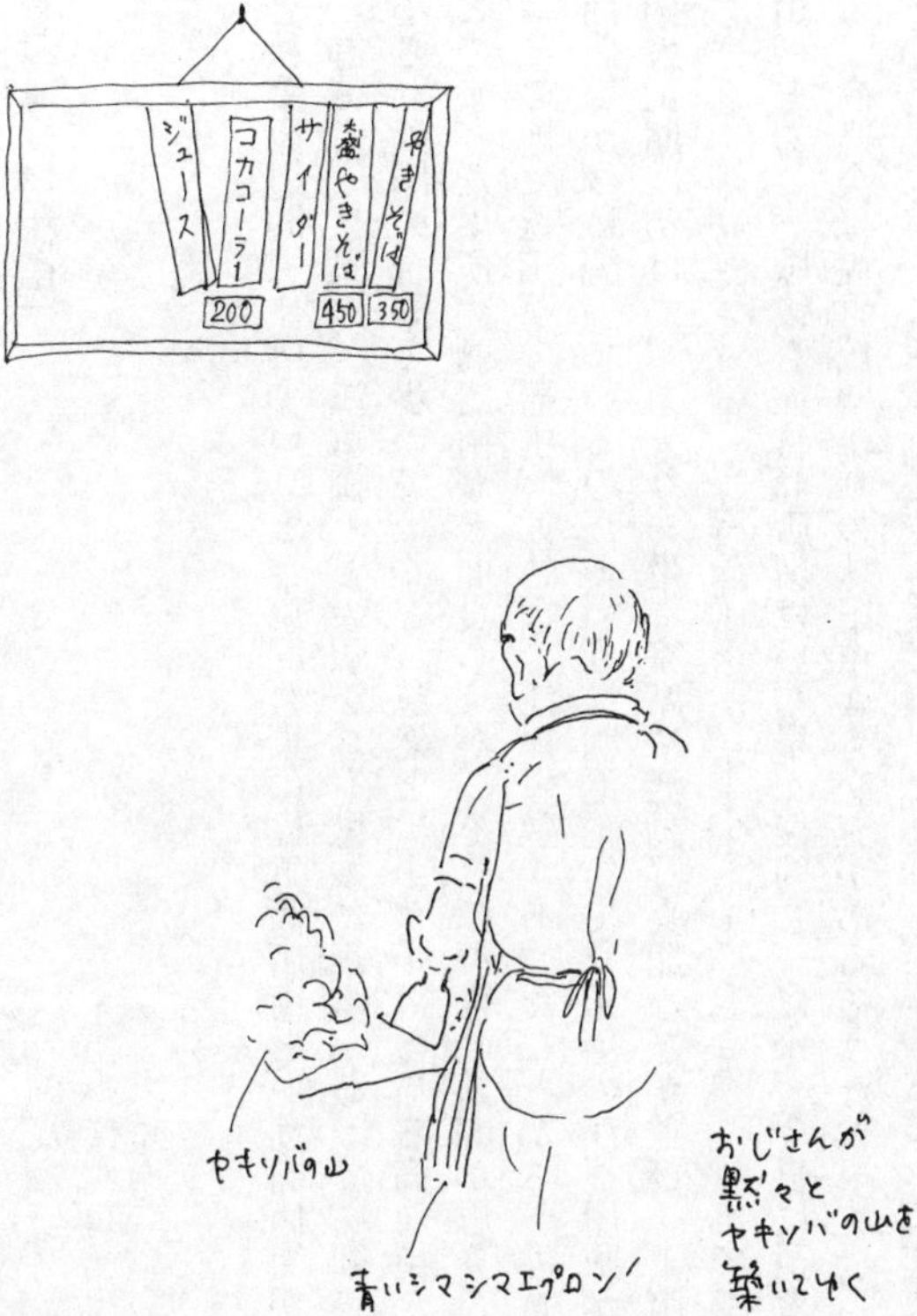
やきそば
大盛やきそば
サイダー
コカコーラ
ジュース
200
450
350
ヤキソバの山
青いシマシマエプロン
おじさんが
黙々と
ヤキソバの山を
築いてゆく

佐竹 ● 白根屋

御徒町と秋葉原の間、住所でいうと台東区台東に佐竹商店街という商店街がある。御徒町、新御徒町、秋葉原、浅草橋、どの駅からも微妙に距離があって、細長い問屋のビルや小さな公園の合間を歩いていくと、忽然とアーケードのある商店街が現われる。なぜこのような場所に商店街がと面食らうが、それは現代の人間が思うことで、江戸の頃はこの地に秋田藩の藩主、佐竹氏の江戸屋敷があったことから、佐竹の名前を冠した商店街が今に続いているのだという。明治維新で秋田藩の江戸屋敷がなくなった後は、大正期にかけて、あたり一帯に寄席や活動写真館などが並び、下町の三大商店街として名を馳せたそうだ。佐竹商店街のホームページでは、「日本で二番目に古い商店街」とある。戦後も佐竹商店街はいち早く復興し、以来、今日に至るまで継続している。商店会は佐竹氏ゆかりの秋田市とも交流があるそうだ。

しかしながら現在は、どこか地方のさびしげな商店街を思わせるたたずまいであ

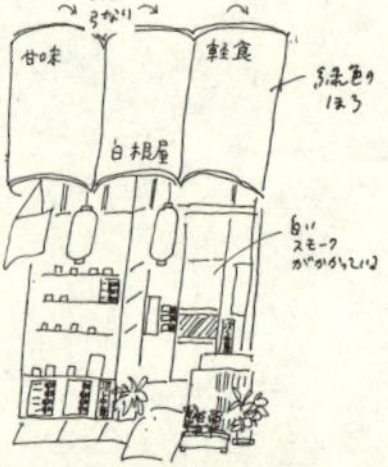

る。そして私はそうした商店街が好きである。そうした商店街にこそ、私の好きなお店は息づいている。

『白根屋』も期待に違わず、ひっそりと小さな食堂であった。中に入ると、まず目に入ったのは、細長い店の奥に向かって一列に並んだテーブルに、ひとりずつ座ったおじさんたちの背中であった。店の奥の天井近くにテレビが据え付けてあって、それを眺めるかたちで、おじさんたちは座っているのである。おじさんは手前から、角刈りの白髪のおじいさん、営業マン風の背の高いサラリーマン、メガネをかけたおじさんだった。その三人が、めいめいラーメンや定食を食べ、合間にテレビを見上げたりしているのである。そしてテレビの下には、もうひとつテーブルがあって、その脇にお店のおばさんが立っていた。

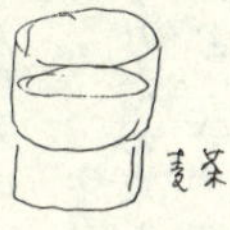

私は三人のおじさんを横から眺められる位置のテーブルに座り、五百円のランチセットを頼んだ。食事に甘味がついた、一石二鳥のセットである。するとおばさんはお店の時計を見て、「もう終わりです」と言った。ランチは二時までで、実は私はそれに気づいていたのだが、まだ二時五分だったので、大目にみて「いいわよ」と言ってくれることを期待していたのであった。そっけないおばさんの対応に、次の一手を考えていなかった私は、慌てて壁のメニューを何往復も見て、焼きうどんとあ

んみつを頼んだ。そしてお冷やを飲んでおじさんたちを見た。

白髪のおじいさんはもう食べ終わって一服している。のっぽさんはまだ食事中で、時折手を止めてテレビを見上げながら、食事を楽しむようにゆっくり食べている。メガネおじさんはがさがさと新聞を広げて読み始めていた。やがておじいさんはやっこらせと立ち上がり、「ごちそうさん」と言って入口のレジに向かった。おばさんが奥から出てきて、お勘定をする。

「毎日暑いですね」

「こたえるね。もう早くあちら側にいこうと思ってね」

「そんな、まだまだですよ」

二言三言話すと、おじいさんは出ていった。おばさんは私の焼きうどんを持ってきて、去り際に「黒みつ？　白みつ？」と、つっけんどんに聞く。不意を突かれて私は一瞬考え、「白みつで」と答える。やはり一見《いちげん》さんだからだろうか、おばさんの対応に冷ややかなものを感じる。

しかしそれもいたしかたないだろう。ここは常連さんたちのサンクチュアリなのだから。おばさんは絶妙な気を配って、しばし羽を休めている鳥たちをいたわり、守っている管理人なのである。私のようにどこから飛んできたかわからない、見慣れぬ輩は要注意なのである。

おじさんがまたひとり入ってきて、私の座っていた長テーブルの一角に座った。いかにも慣れた風情で（そして見覚えのない私が座っているのに少し驚いた表情をみせ、またすぐ平静に戻り）、置いてあった新聞を読み始めた。私は焼きうどんを食べ始めた。太めの麺がよく炒めてあって、味つけも濃すぎず、具の彩りもバランスもよく、至極おいしい。あっという間に食べてしまう。おかわりしたい気分である。これは昼食に食べるというより、小腹が空いたときに頼むメニューなのだろう。そのあたりの判断が一見さんには難しいところである。

これはカレーラーメン
カレーの色が黄色い

食事が済んだ後もゆっくりしていたのっぽのおじさんが立ち上がり、レジに向かった。ところがおじさんはレジで細かいのを出そうとして、違うコインを出してしまった。

「ああこれ、駐車場用のコインだった」

「そういうものがあるんですか」

「そうなんです、ごめんね、これでお願いします」

おばさんはやさしくおじさんを送り出す。私は隣のおじさんの野菜炒めを横目で見つつ、あんみつを食べた。白みつより黒みつの方がよかったかな、いややっぱりかき氷にすればよかったかなどと、くよくよした。なにかこう、この楽園では私ひとり異端で、うまく周りにとけ込めていない。常連の鳥たちの群れは干渉もしない代わりに無関心である。いやむしろ、はぐれ鳥はさっさと出ていけ、と思われてもいるような。

私はしおしおとレジへ向かった。おばさんが奥からやってきた。無論、私になぞ声をかけてくれないだろう。おばさんはお勘定をしながら私の顔を見ずに言った。

「ランチは二時までですから、次は二時までにいらして下さい」

「はい、そうします」

ありがとうございましたという声を背に受けながら、私は外に出た。午後の商店街に涼しい風が吹いている。おじさんたちのようにしげしげではないけれども、近くに来たらまた寄ろうと思った。ちょっと疲れたときに。羽を休めに。百年以上も前からここにある、この商店街の、あの店に。

上野●新鶯亭

上野といえばパンダ、パンダといえば上野である。しかし昨今ではパンダといえば和歌山の白浜に変容しつつあるようである。白浜のアドベンチャーワールドではパンダの繁殖が盛んで、いまやパンダのお株は白浜に奪われたかのようにみえる。が、ある一定の年齢以上の人には、いまだにパンダといえば上野ではないだろうか。日本に最初にランランとカンカンがやってきたのは、日中国交正常化直後の一九七二年十一月、友好親善の印として贈られたパンダは一大ブームを巻き起こした。当時幼かった私もパンダが大好きで、祖父母と家族とでパンダを見に上野に来たし、クリスマスには父がパンダのぬいぐるみをくれた。日本で初めての子パンダ、トントンが生まれたのも上野で、私はそのポスターも持っている。大きな声ではいわないが、大人になった今もパンダは好きである。

そんなわけで、現在の上野周辺はパンダブームもなく、いたって静か

である。上野が注目されるのは桜のお花見の時期くらいだろうか。しかし桜の時期以外は、日本人よりも外国人観光客の姿がめだつ。彼らは上野になにを見に来ているのだろうか？　パンダだろうか？　それとも西郷さんだろうか？　それとも寛永寺？　日本人のなかで、上野の寛永寺がなんのお寺かわかっている人が、はたしてどれだけいるだろうか？

　上野動物園の入口から少し歩いたところに、木立に隠れるようにして建つ『新鷺亭』にもその片鱗はうかがわれた。置いてあるメニューは日本語だが、外国人向けに、英語でメニューを説明したイラスト付きの紙が貼ってある。

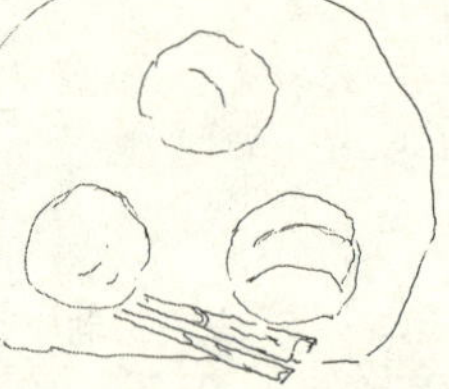

　お店の名物はおでんと鷺団子だが、おでんは「Japanese stew」である。なるほど、おでんも煮物だから、シチューといえるかもしれぬ。このお店のおでんはこんにゃく、がんも、昆布の他に、はんぺん、ちくわ、大角と練り物主体で、「neri-mono=fish cakes」とある。フィッシュケーキとはうまくいったものだ。

　続けて、「When you're hungry, Odenn is recommended. You can really enjoy the taste of Japan.」とある。日本人はおでんをつまみにビールを傾けるのが好きで(日本語で「お一人様一本まで」と但し書きあり)、こういう味を気軽に楽しんでいることが外国人にわかってもらえたら、なんだか嬉しいではないか。

片や鶯団子の方は「Japanese dumpling」である。「It's delicious.」いかにも。白あん、抹茶あん、小豆のこしあんをジャムと表しているのにやや違和感があるが、豆を煮てつぶしたものだし、ジャムといえばジャムだ。どのおだんごも作りたてでやわらかく、それぞれの豆の味がきちんとして、おいしいおだんごである。これなら外国人も食べて納得ではないだろうか。

『新鶯亭』は大正四年創業で、上野公園では老舗中の老舗だろう。料金は席で先払いで、こうしたところも外国流でいい。窓から見える木立の緑もよく、店内をお茶屋風にしているのもご愛敬である。以前は戸外に置いた床几《しょうぎ》で食事ができたのだろう。

すっかりいい気分になった私は、動物園の入口近くにある『桜木亭』のパンダ支店で名物パンダ焼きを買って帰ることにした。パンダの形をしたカステラ焼で、軽い口当たりがおいしい。レトロなパッケージもかわいく、パンダ好きにはたまらない感じだ。

動物園の閉園時間で、お店も店じまいのようすである。私は焦って六個入りの袋をつかんで、おじさんにお勘定を頼んだ。「五百十円だから、十円あると嬉し

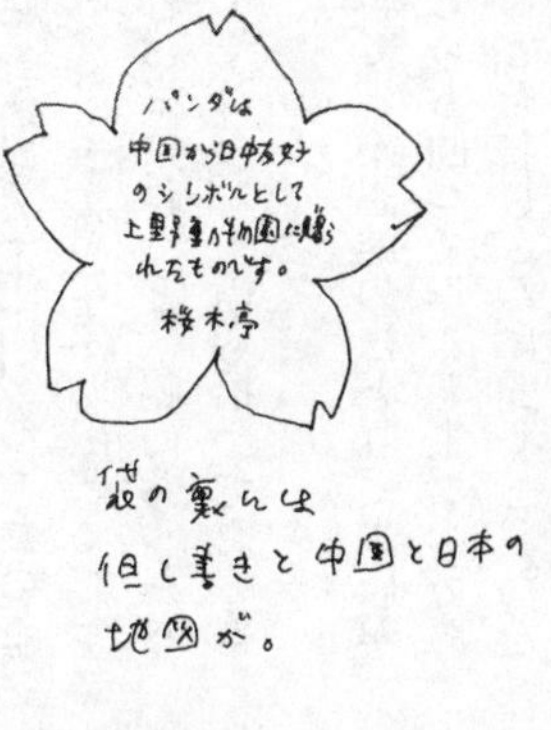
パンダは
中国から日中友好
のシンボルとして
上野動物園に贈ら
れたものです。
桜木亭
袋の裏には
但し書きと中国と日本の
地図が。

い」と言われて、さっき拾った十円があったのを(たまたま道に落ちていた!)急に思い出して渡すと、おじさんは「これおまけね」と、脇にあったパンダ焼きを二個渡してくれた。十円も拾っておくものである。

『桜木亭』は二軒あって、不忍池のほとりに本店があるのだが、今日そちらも回ってみると工事中であった。ついでにそのことをおじさんに聞くと、なんと閉店したという。

「ここのパンダ支店は昭和二十年からで、あんたが生まれる前からあるんですよ。パンダ焼きもうんと昔からあったんだ」

「でもパンダが来たのは昭和四十年代ですよね」

「そう。だからパンダが来る前からパンダ焼きはあったの。きっとパンダが来日するというので、創業者が先見の明で始めたんじゃないかな」

今は全自動の機械焼きだけど、昔は鯛焼きを焼くような金型を使って、手焼きだったそうだ。

「ところで実は」と、おじさんが改まって言うので何事かと思ったら、本店に続き、パンダ支店もあと数日で閉店だという。二〇二〇年の東京オリンピック開催で上野公園一帯も大規模改修が決まり、『桜木亭』は都保有の土地を借りているので、立ち退きせざるを得ないのだ。

「これもなにかのご縁だから、いつまでも話していたいけど、店じまいしないと」と言われたので、私はたった今会ったばかりの人なのに別れがたく思い、「またどこかでご縁がありましたら」とお辞儀をしたら、「ええ、またご縁がありましたら」とおじさんもお辞儀をされた。

『桜木亭』は、閉店のお知らせの張り紙もなにもしていなかった。ただひっそりと立ち去っていくつもりなのだろう。こうしてまた、上野から懐かしい名物がなくなっていく。

上野●あんみつ みはし

上野の『みはし』は、私が高校生だった頃にも来たことがあるお店である。創業は昭和二十三年、上野公園入口の交差点近くにあるのも昔どおりである。『みはし』の店名は、このあたりの旧町名からつけられたそうだ。お店の外観も内装も新しく変わってはいたが、清潔感があって、感じがよいのはいささかも変わっていない。

繁華街の中心で、しかも日曜日でもあったので、店内は満席で、そんな日にひとり客で恐縮するが、お店の人はやさしく、おばあさんふたり連れの横のいっとう奥の席に案内してくれた。

お給仕はみんな若い娘さんで（娘さんという表現がぴったりである）、彼女たちが着ている制服がいい。紺のワンピースで、二重の白い襟がついていて、襟元には飾りボタンが三つ。袖は少し提灯袖《ちょうちん》（今はパフスリーブというのか）になっていて、後ろはジッパーである。そして

膝までの黒い靴下を履き、頭には白い三角巾をかぶっている。なんともレトロな制服を着たお嬢さんたちが、若々しく、きびきびとした動きでお給仕してくれる。こんな制服だったら、私も学生時代にここでアルバイトしたかったなあと思う。

でもその当時の私は、制服がかわいいとかかわいくないということに興味がなかったし、そういうことにこだわるのをちょっと小馬鹿にしているようなところもあった。もっと大事なことがあるじゃんというような。だから私の高校時代は部活命で、大学生になって私服になっても、女の子らしいおしゃれに無頓着だった。そもそも小学生のときから制服で、制服を着ることが学校に通う子どもとして当たり前の生活だったので、飽き飽きしていたのかもしれない。

今になって、あの年頃はああいう清楚な格好が似合うし、かわいいなと思うけれども、かといって今の年齢であの格好をしたら痛々しいだけで表に出られない。あんな服が似合うときにもっと着ておけばよかったとつくづく思う。まったく残念なことだ。その年代でないとできないことというのは確実にある。しかしそのときには気がつかないこともあるものだ。

肝心の注文は、季節ごとに変わるフルーツあ

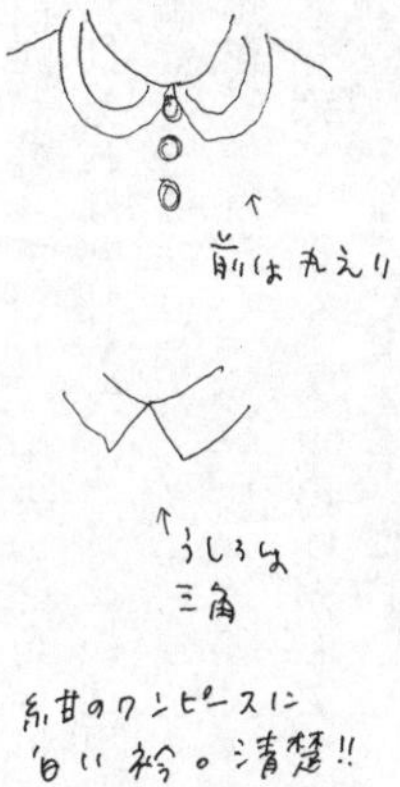

んみつで、秋なので巨峰がのっていた。中央の四角い形のすべらかなこしあんはそれほど甘くなく、甘いのは黒蜜で、自分で甘さを調節できるようになっている。フルーツはひとつひとつが新鮮で冷たくておいしい。寒天はくさみなく、赤えんどうはほどよく固く豆の味がして、こしあんは絶妙にとろけ、いずれもまことにおいしいが、求肥《ぎゅうひ》がことのほか美味である。たいてい彩り重視、お情け程度に入っていて、固いばかりの求肥だが、ここお店で作っていることがわかる、米粉の餅のふくよかな味わいである。

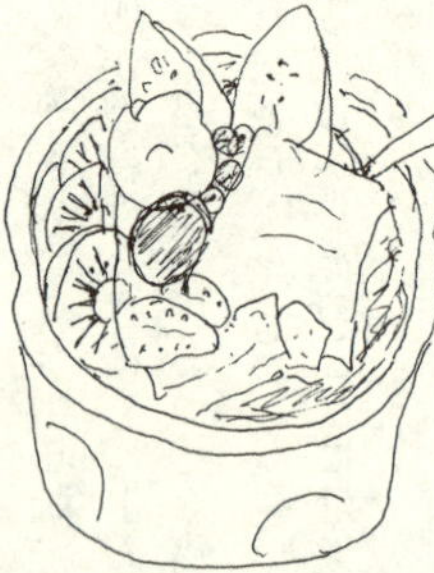

の求肥はやわらかで味もよい。

こうしてどれもがおいしいと思える味を作り続けるのはとても難しいことだろう。お店のパンフレットには、あんの小豆、寒天の天草、蜜の黒砂糖など、それぞれの素材のこだわりが書いてあって、その基本に忠実な、生真面目ともいえる姿勢が、この味とお店の雰囲気を作り出しているのだなと思う。空になったうつわも、すずやかな白地に藍色で季節の花々が描かれ、お店の清潔感はこんなところにも表われている。

紺のワンピースの娘さんたちは言葉遣いも美しい。「失礼いたします」「お茶お注ぎしますか」「お待たせいたしました」。注文がなかなか決まらず謝るおばあさんにも

89　上野　あんみつ みはし

「そんな、とんでもありません」とやさしく労ってくれる。

つい先頃まで、私も紺の提灯袖のワンピースを着て、いつまでも学生気分でいられるような気がしていたのだが、あんみつの中身ひとつひとつを吟味してはうんぬんといい、制服姿の娘さんがかわいいなどといい出す時点で、すでにアウトである。そのうち孫のような年の彼女たちに労られる日も遠くない。

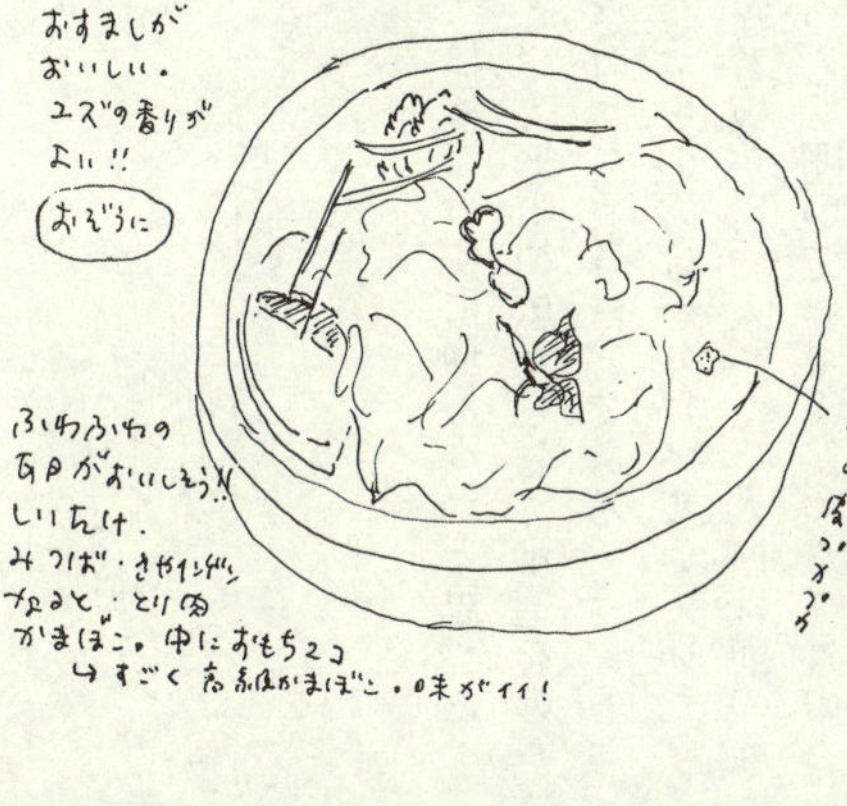

人形町 ● 初音

今日は一日中歩き回って疲れていたので、『初音』にも寄らずに帰ろうかと思ったのだが、それでも足を引きずるようにしてやってきた。人形町の広々とした歩道をのろのろと歩く歩みも遅いらしく、後ろから人に抜かされてしまうほどである。初音どのへんだったかなと思いながら、看板を探して上の方ばかり見て歩いていたら、突如『初音』と書かれた大きな看板が目に入った。入口は前のとおり小さくて、暖簾がかかっている。開いていてよかった。外のサンプルを見ると、あんもちや筑前くずきりと、他店にはないものがあって、特にバナナパフェに心奪われる。店頭のお土産も見る。あんと白いお餅が入った五人前のおしるこの箱がある。これはやはり近くの明治座の楽屋土産か。

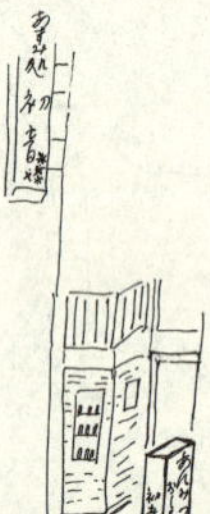

ともかく中に入る。寒い日だったので、温かいものが食べたく

て、お品書きを改めて見ると温めんがあって、それにする。なぜ疲れると私はおそうめんが食べたくなるのだろうか。

　私はひとり暮らしの頃から、おそうめんばかり食べてきた。おそうめんはいつでも買い置きがあって、今でも疲れた日や料理を作るのが億劫な日は、必ずといっていいほどおそうめんである。茹でるだけで簡単だし、麺が細いのですぐに茹だる。お腹ぺこぺこで倒れそうになって帰ってきても、お湯さえ沸けば一瞬でできる。めんつゆは柚子酢とお醤油を混ぜたので適当に食べてしまう。おそうめんの味が引き立って大変おいしい。おそうめんは麺自体がおいしいと食べるたびに思う。なんといっても細さがいい。あの細さはみな冬に麺を棹にかけて寒ざらしして作る、手作りならではの細さである。ふだんは兵庫播磨の「揖保乃糸《いぼのいと》」だが、香川の小豆島、長崎の島原、奈良の三輪、私は地方に行ってもおそうめんの産地に出会うと、白い包みをいくつも買わずにはいられない。私とおそうめんはいつもいい仲である。

　簡単にできてしかもおいしいおそうめんなのに、おそうめんを置いている甘味処は意外と少ない。小腹がすいたときにお餅は重くても、おそうめんならという人は多いのではないだろうか。それともわざわざ外で食べる

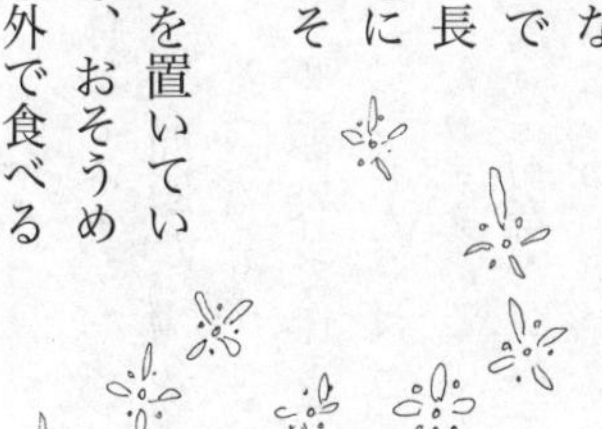

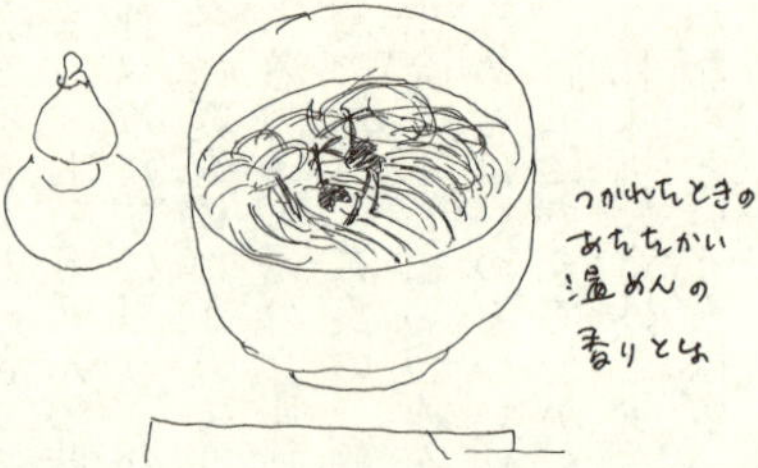
つかれたときの
あたたかい
温めんの
香りとは

ほどのものではないのだろうか。

やってきた温めんの香りが、疲れた体にしみる。おそうめんは茹でるのは簡単だけれども、おつゆが問題だ。『初音』のおつゆはおいしい。お出汁はかつおだろうか、うすくちで品のよい味である。本当においしいおつゆを自分で作るのは難しい。そこにやっぱり手間がかかる。こうした味は一朝一夕で作れるものではないし、この味をあたりまえのこととして、作り続けているところがすばらしい。『初音』がおそうめんを置いているところ、おそうめんのおつゆがおいしいところに、私は大きく納得である。

『初音』はいわずとしれた、老舗の甘味処である。創業は江戸時代後期の天保八（一八三七）年、店名は歌舞伎の演目「義経千本桜」に重要な小道具として登場する「初音の鼓」にちなんで初代がつけたという。今も歌舞伎の公演帰りに立ち寄る人も多いのだろう、店内にはおしゃれをしたマダムや初老の男性がたが多い。

私は温めんを食べ終わり、追加で甘味を頼んだ。後で甘味も頼んでいいですかと言っておいたので、呼ぶとお店の人はすぐに来てくれた。私は初志貫徹してバナナパフェを注文したのだが、お店の人が仰天した顔をしたので、こちらも驚いた。いえ、予想していたのと違ったのでと言うので、なにを注文すると思ったんですかと聞いたら、寒天類かなと思ったと言う。すいません、当てが外れて。いえいえ、ありがとうございますと下がっていった。おかしなおばさんである。しかし考えてみれば、土気色の顔をしたお客がよろよろと入ってきて、温めんをありがたそうにすすっていたと思ったら、いきなり元気よくバナナパフェ下さいと言って、それは意表を突かれるだろう。それとも食べ過ぎってことかな？

やってきたバナナパフェは外で見たとおりの美しい仕上がりで、みるからにおいしそうである。嬉しくてにやにやしてしまう。まず、てっぺんにのった赤いサクランボを食べて、次にまっ白な生クリームを食べて、斜め切りのバナナを食べる。次がバニラアイス。その下にチョコソース。そして完食。どれひとつとっても味がよく、正しく正統派。頼んだ私も大正解である。

奥の厨房の前では、茶釜でお湯を沸かし続け、土瓶でお茶をいれていた。鉄の鋳物で沸かしたお茶はおいしい。そうしたひとつひとつの素材や、手順や、見た目や、その結果である味をゆるがせにせず、おいしさの筋をはずさずにいるのだろう。そういうことはたまにならば誰にでもできるかもしれないが、それをずっと続けることは難しい。そのことをまた大上段にふりかざしていないところがいい。どんなものも、作り手の心は作ったものに表われている。

お店を埋めていたお客さんも夕方遅くになって、誰もいなくなってしまった。以前来たときは夏で、かき氷のすいと宇治を食べたなと思い出す。関西ではみぞれと呼ぶ、すいを出しているお店も今では少ない。今はもう、豪華で贅沢な味のかき氷が全盛なのだから、砂糖水のおいしさをわかれという方が無理だろう。でも『初音』では、ただ昔どおりにすいを出している。あのときも今日のように夕暮れ近くで、静かであった。

くたくたに疲れてやってきたが、すっきりと疲れがとれた。足を引きずっても来た甲斐があった。疲れて来ると、『初音』のよさがよくわかる。

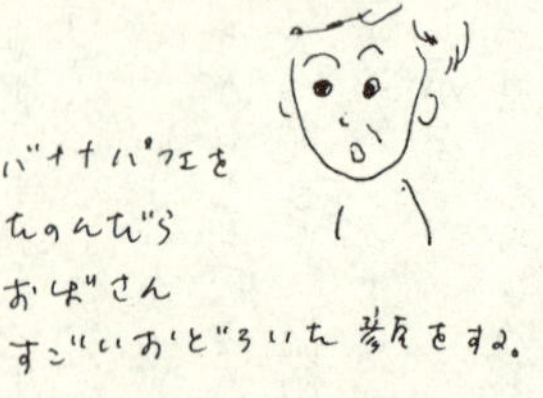
バナナパフェを
たのんだら
おばさん
すごいおどろいた顔をする。

アラ　あなた
10円とってよー
いやよー
しまいなさいよー
この100円だれのー？
もう　みんな
お金持ちなんだからー
そうよー
出したがって　もうー

（茶碁にて金銭を
押しつけあうおばさます）

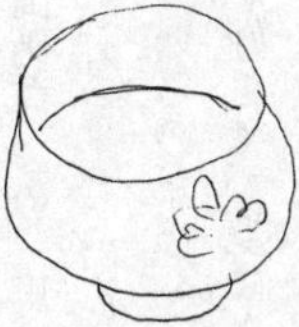

池上——くず餅ツアー

くず餅とは不思議な食べ物である。

くず餅とひとことでいっても、関東と関西では別のお菓子であることをご存じだろうか。関東のくず餅は、小麦の澱粉を何ヵ月もかけて乳酸発酵させたものを精製して蒸したもので、関西の葛餅は、葛の根から採取した葛粉を水で練ったものである（今は葛根が高価なため、馬鈴薯澱粉で代用する店もある）。両者は異なる原料を用いて異なる製法で作られており、味も食感も違うのだが、なぜか同じ名称で呼ばれているのだ。

関西育ちの私は関西の葛餅が好きで、夏になると、水のごとく透明で、つるりとして弾力のある葛餅を食べるのが楽しみであった。ところが大人になって関東に越し、くず餅屋を見つけて喜んで買い求め、家に帰って開けてみたところ、どうも見た目からして違う。箱には板状のねずみ色の物体が大きく寝そべっており、これがおでんのこんにゃくのように三角形に切ってあり、食べると今ひとつ固く、味もぼんやりとして、おいしさが伝わってこない。見た目も味も、関西のそれとはまったくの別物である。私は心底がっかりしてしまった。以来、私は東京でくず餅という看板が出ていても失望しないように用心して避けていた。

ところがなぜか、そんな私の思いに反して、東京にはくず餅屋が多いのである。東京の人はくず餅が好きなのだろうか。有名なのは江東区の亀戸の『船橋屋』だが、大田区の池上にもくず餅屋が多い。あるいは都内ではないが、神奈川県の川崎にもくず餅屋は多い。いずれも天神様やお大師様といった東京一円の社寺の門前町に、くず餅屋は数多く存在するのである。

おそらく関東のくず餅は、江戸時代から、門前で一服する参拝客に供する甘味として発達し、今に残ったのだろう。亀戸や川崎は、古くから周辺が小麦

池田屋のくず餅と
茶めしすいとん
くず餅は風車型

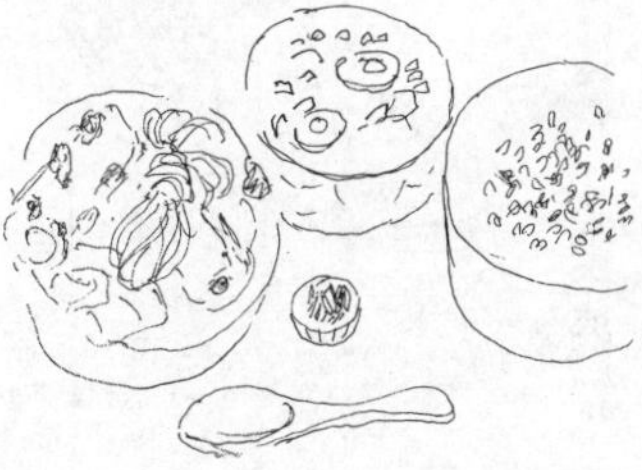

の産地で原料を手に入れやすかったとされるが、それでは池上はどうなのだろう。ことに池上は「くず餅発祥の地」を標榜しているとも聞く。これは単に、各地域のお店が掲げる創業年でいちばん古いのが池上の店ということのようで、くず餅を考案した確たる証拠はない。

そう考えると、くず餅の製法がいつどこで生まれたかが重要である。川崎の老舗『住吉』では、曰く、納屋の小麦粉が大水で濡れ、やむなくこれをこねて樽に移して水に溶いて放置したところ、澱粉ができていたので蒸かした、との口伝《くでん》があるが、これをもって発祥とは少々いいがたい。

思うに、関西のくず餅は山野の葛根を乾燥させたもので、良質の葛の産地はいずれも山奥である。関東（江戸）は平野部で、葛根よりも小麦が収穫でき、この頃にちょうど小麦澱粉を発酵させて作るくず餅の製法が考案されて、安価で大量に製造できることから、門前町の茶屋などで広まったと考えるのが妥当であろう。

しかしなぜ、葛粉から作っていないのに、くず餅と称したのだろう。亀戸で

黒ミツ
とんかつソース入ってそうな入れものにミツが入ってた

は、下総国《しもうさ》葛飾郡の地名から葛餅と名づけたとか、池上では、本門寺ゆかりの久遠《くおん》寺から久遠餅と名づけようとして久寿餅になったとか、川崎では、お上人さまが考案者の久兵衛の久に寿をつけてはと言ったとか、諸説あるが定かではない。関西人としては、やはり関西の葛餅に似て非なるものを小麦で作り、くず餅と称したのではないのかと邪推してしまう。

かようにくず餅の話ばかりしていて恐縮だが、なぜだかくず餅というと、昔の苦い経験も相まって、つい熱くなってしまうのである。これまでは足を踏み入れずにいたが、ここはあえて池上のくず餅にトライしてみよう。無論、甘味のくず餅だけでなく軽食も食べねばならぬ。

相模屋のくず餅は
縦割型

まず一軒目は『池上池田屋』である。本門寺参道沿いにある、江戸時代創業のくず餅店である。ここではくず餅は「久寿餅」と表わしている。表に面して、お土産用のくず餅売場が大きくあって、店内では甘味の他、軽い食事もできる。茶めしとおでんのセットと、別にくず餅を頼む。おでんはちくわ、糸こんにゃく、ごぼう天などが豊富に盛られており、茶めしには「お好みでお茶漬けにして下さい」と土瓶のお茶が後からやってくる。茶めしもおでんも薄味で、おいしくいただく。くず餅はやわらかくもなく、固くもなく、頃合いの固さである。くず餅そのものは淡泊で、きなこの風味がよい。圧巻は黒蜜で、とんかつ屋のソース入れを思わせる大きなピッチャーが卓上に置いてあり、好きなだけかける方式になっている。持ち重りがして、手元が狂いそうである。茶めしの土瓶といい、くず餅の黒蜜といい、古くから本門寺の参拝客が気軽に寄るお店であったろうことを彷彿とさせる、大らかで気取りのないお店である。

店にはくず餅を地方発送するためのコーナーがあって、おじいさんが手帳を見ながら伝票を書いている。そして手続きが済んだ後、電話をかけて「あっちゃんのところに大きいので、他は小さいのをあげて」と話している。お嫁にいった娘さんに送ってあげたのだろうか。札幌と言っていたから、遠く離れた北の地で、故郷の味を食べたら嬉しいだろうなと勝手に想像する。そんなふうに地元の人がおつかいものに使うお店であった。

二軒目は池田屋の向かいの『相模屋』である。こちらも持ち帰り用の売場と、六つほどの席がある。『相模屋』は池上のくず餅屋のなかでも戦後に始めた新しいお店だそうだ。こちらのくず餅も絶妙な固さで、昔私が食べたような固い食感ではない。くず餅もできたてがおいしいようである。澱粉質だから、温度によって変化しやすく、冷やしすぎると固くなるのではないだろうか。『相模屋』では、蜜はかかった状態で出てきたが、きなこも黒蜜もほどよく、ぺろりと食べてしまう。

しかし、くず餅を食べていていつも感じるのは、くず餅ときなこと黒蜜との混ざらなさである。ことに三角形のお餅は蜜の上でつるつると滑るばかりで、きなこともうまくからまず、それがひどくもどかしい。もっとからみやすい形、例えば薄餅状や小餅状でもよいのではないかと思うが、くず餅といえばこの形と、伝統的に決まってしまっているようである。かくしてお皿に残ったきなこと黒蜜を恨めしく眺めることといつもの如しである。

ここには老夫婦がくず餅を食べに来ており、新聞の折込チラシを眺めて、「今日はこれ買って

＃ゲタ型にのってきた!
浅野屋のくず餅とやきうどんセット
やきうどんすごいいい香り!!

帰るか」などとのんびり話していて、微笑ましい。

最後の一軒は、駅前にある『浅野屋本舗』である。こちらは池上でもいちばん古く、創業は江戸の宝暦二（一七五二）年、現当主で十一代目だそうだ。大きな売店の奥に喫茶室があり、くず餅の他にも焼きうどんセットや、寿セットといったお年寄り向けメニューもある。いずれにもくず餅がつくことはもちろんである。

驚いたことに、このお店ではくず切りを置いている。関西では葛切りもふつうに食べるが、小麦澱粉製の関東風くず餅で作ったくず切りは珍しい。黒蜜とともにやってきたくず切りはうっすらと白く半透明で美しい。食感はつるっとしていながらも、ぬめりと歯ごたえがあって、氷の浮いた黒蜜に泳いでいる感じも風流でよい。くず切りを食べながら思う。つまりくず餅のおいしさとは味ではなく、食感なのではないだろうか。

もうひとつ、気になったのは各店のくず餅の盛りつけ方である。一軒目の『池田屋』は風車型で、二軒目の『相模屋』は二列に並び、三軒目の『浅野屋』は井桁型であった。店によってなにか主張があるのだろうか。興味深いところである。

そうそう、『浅野屋』の焼きうどんは、麺と野菜の炒め加減もよく、軽いお昼にぴったりだった。店内は家族連れや女の人たちでにぎわっている。

くず餅は昔は季節もので、一年中食べられるようになったのは戦後だという。池上では、古くは春の本門寺の御千部会《おせんぶえ》のお参りの際によく食べられており、夏の暑い時期の甘味は寒天や氷に変わったそうだ。冷蔵庫のない時代、小麦を発酵させて作るくず餅は腐りやすく、比較的寒い時期に作られたものと思われる。

今回訪れたのはお正月過ぎで、本門寺の門前町は閑散としていたが、さびれているというのではなく、ただ静かなようすであった。そうした寺町の落ち着いた雰囲気のなかで、地元の人たちはふつうにくず餅を食べて暮らしている。その感じは、私が関西で夏になると葛桜を食べ、冬になると葛湯を飲んでいたのと同じ感覚だろう。そう思うと、東京の人にとってはこの小麦のくず餅こそがくず餅であって、懐かしい味なのだ。私も池上でくず餅を食べて、関東のくず餅が以前よりずっと近しいものになった。

コラム 1 あんみつの中身

あんみつといえば甘味処の代名詞である。老舗では店名にあんみつを冠している店も少なくないし、甘味処と称する店で、あんみつを出していない店はまずないといってもいい。あんみつはその店の看板であり、定番商品なのだ。だからこそ店は独自の味にこだわる。あんみつに対する情熱のそそぎ方をみれば、その店の姿勢がわかろうというものである。

あんみつの中身はその名のとおり、あんとみつまめが基本で、あんとみつと寒天と豆(赤エンドウ)が必ず入るが、それ以外は案外と自由である。たいていは、缶詰のサクランボとミカン、求肥が入るが、ミカンがアンズの店もあるし、イチゴなどの旬の果物に代わる店もある。求肥が入らない店もある。あんの味はもちろんのこと、寒天の固さと大きさと味、豆の炊き加減、黒蜜の質もまちまちである。食べ比べると、ひとつとして同じ味はない。

こうして各店のあんみつを食べ続けて実感したのは、あんみつは非常にプリミティブな食べ物だということである。天草という海藻を煮溶かして固めて作った寒天に、炊いた豆を散らし、黒砂糖の蜜をかけ、これに砂糖と小豆を炊いてつぶしたあんが加わる。基本的に海藻と豆に甘みをつけて食べているだけである。このすばらしき単純さ。アジアの国々に行くと似たような甘味に遭遇し、これがおやつなのかと驚かされるが、日本のあんみつも相当なものである。この単純かつ原始的な味がいつまでも巷に残り、愛され続けるのは、やはり日本人のルーツを刺激されるからではないだろうか。

追分だんご
豆しっかり。しおけあり
甘いみつ
あんずやわらか
あんもあまい

みつばち

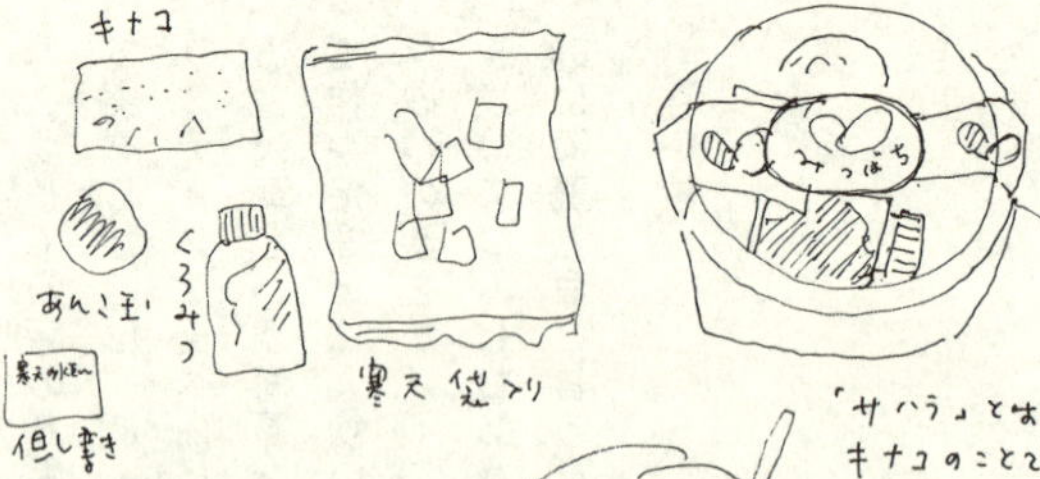

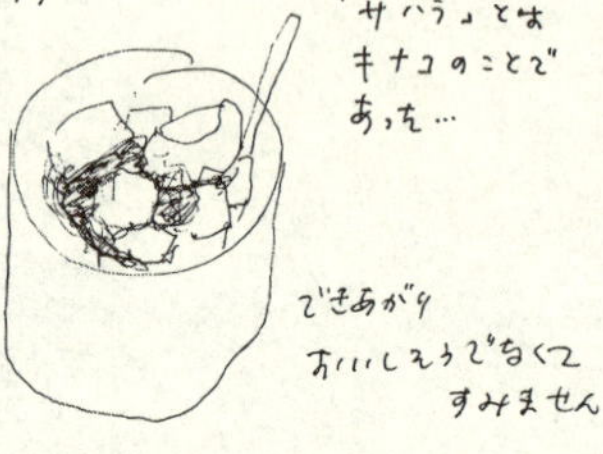

サハラあんみつはきめの細かいきなこ付き。寒天は小さめで黒蜜は甘く、独自の味

あんみつ みはし

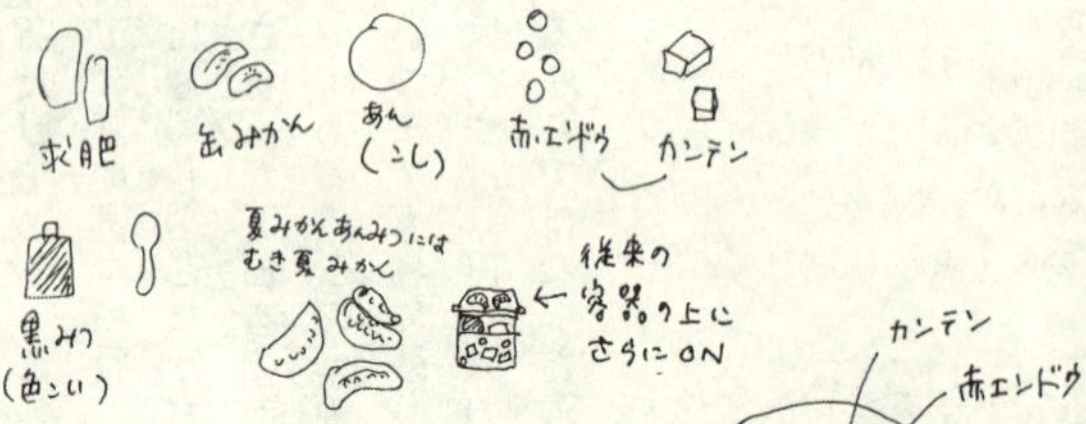

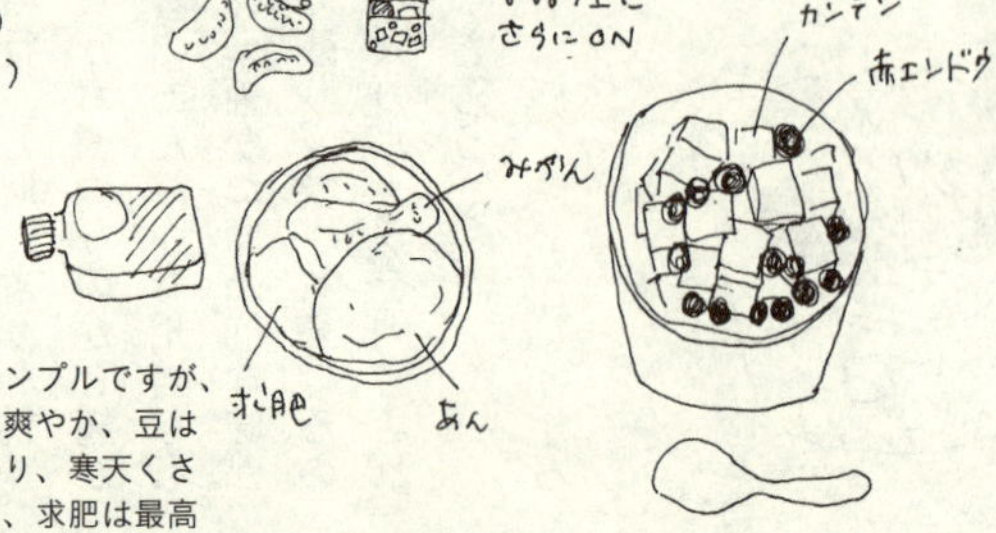

具はシンプルですが、あんは爽やか、豆はしっかり、寒天くさみなし、求肥は最高

小久保商店

こしあん
あんず
求肥
(ピンクとみどり)
くろみつ
カンテン
こくぼすごいシンプル
こしあん
おさとう
まぶし
の求肥
くろみつ
具
カンテン
MCAP
サクランボ
の絵がカワイイ

あんず
三層

寒天専門店だけあってこぶりの寒天美味。スーパーで売っているものは具はこしあん、アンズ、求肥、寒天と最少限

鶴屋吉信

赤エンドウ
あんこ
(つぶ)
サクランボ
みかん
カンテン
くろみつ
スプーン
赤エンドウが黒くて
ピカピカ!

黒光りする赤エンドウ、田舎風のつぶあん、透明感のある寒天が揃って老舗の味を演出

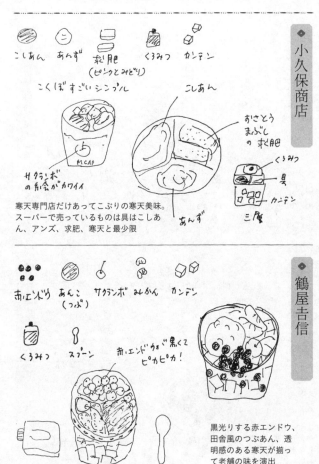

桜の杜 伊勢屋

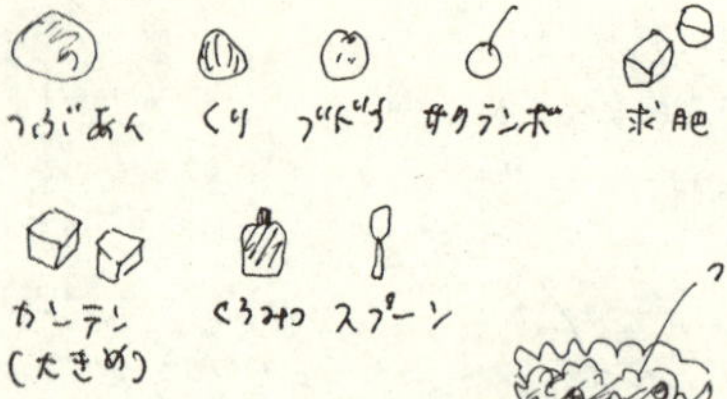

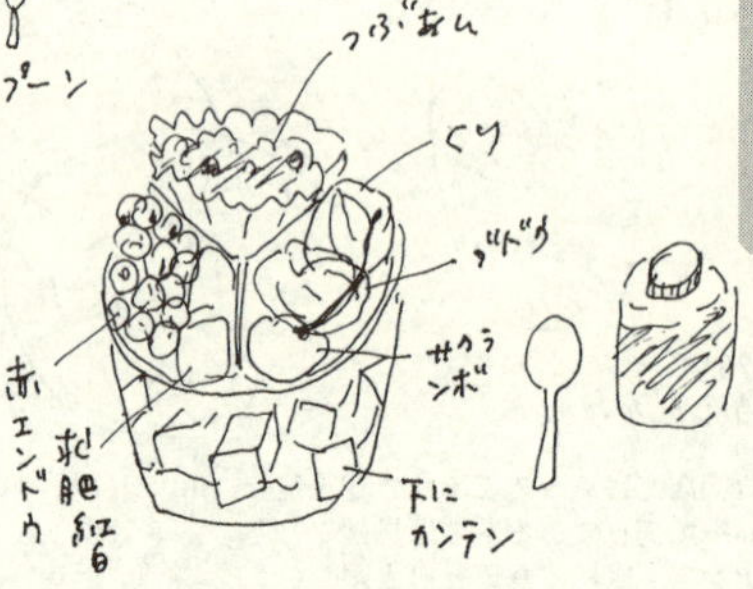

寒天のカットが大きく
固めでワイルドな感じ
ですが、くさみはなし。
珍しくつぶあん

梅園

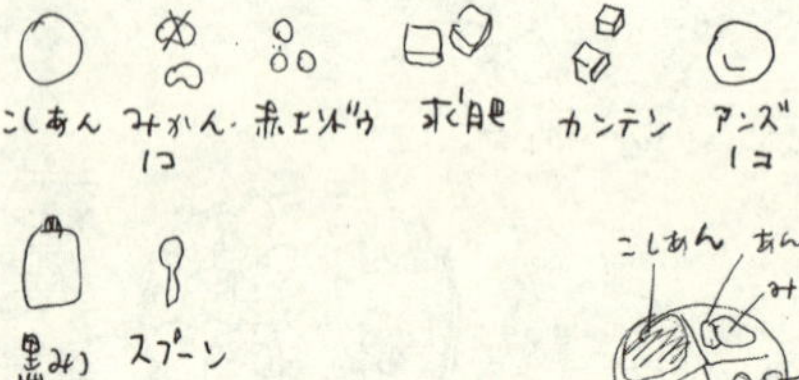

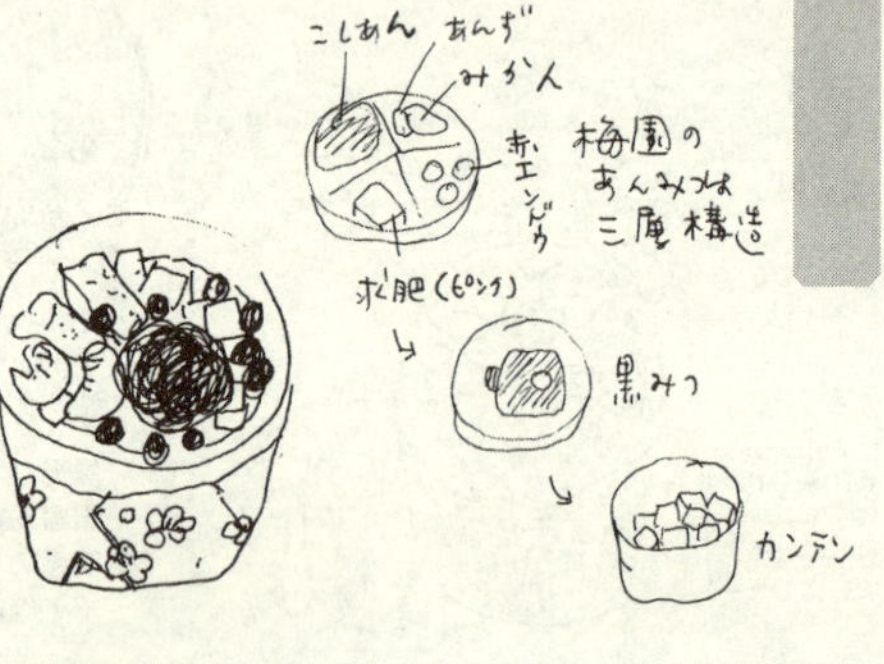

よもぎや栗など具
によってあんが変
わります。寒天が
おいしい

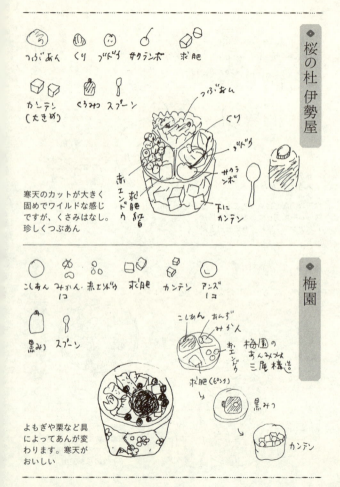

紀の善

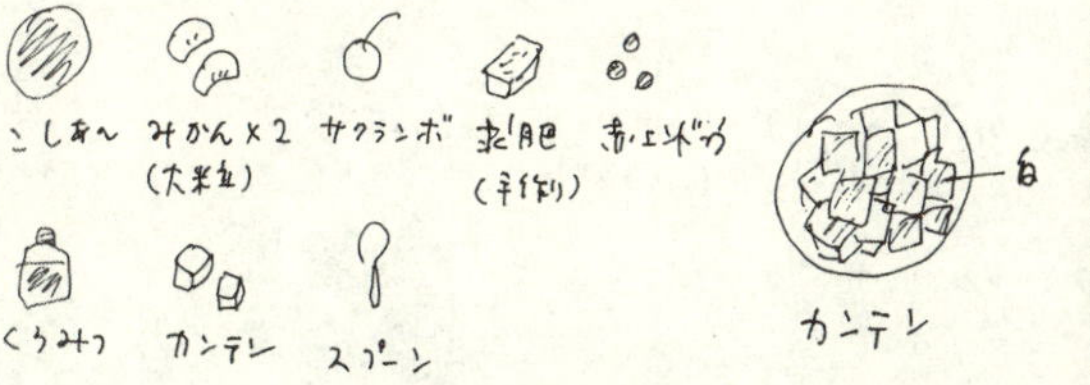

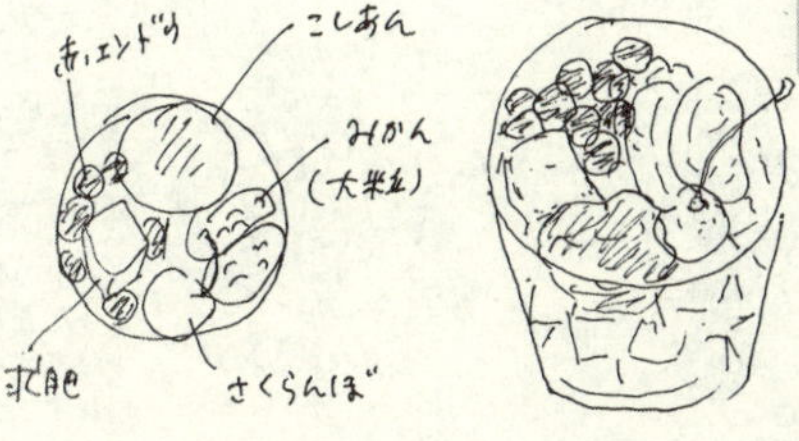

あんに甘みと塩気が利いている。寒天も求肥も歯ごたえがあり、全体に濃いめの味

銀座若松

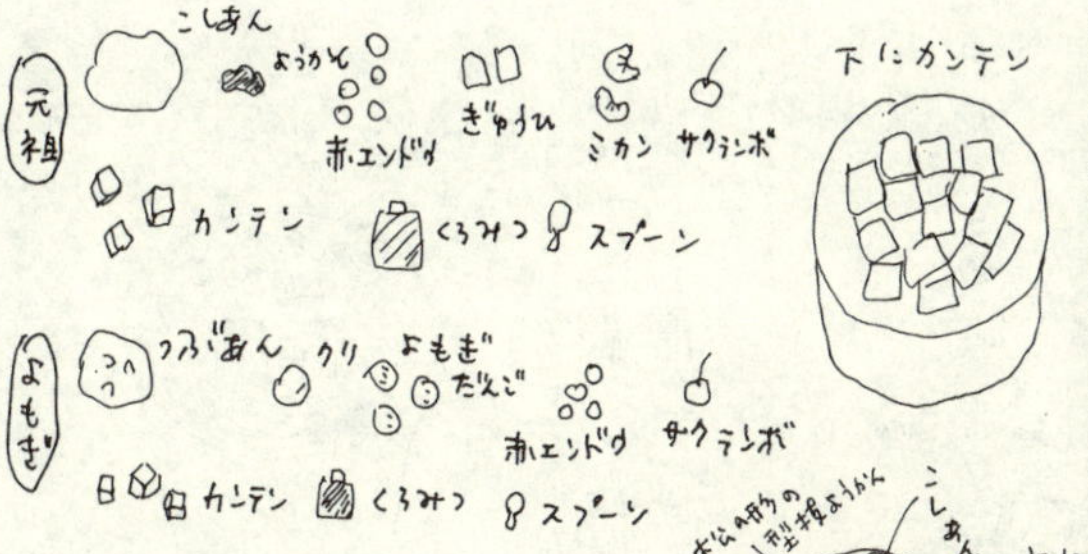

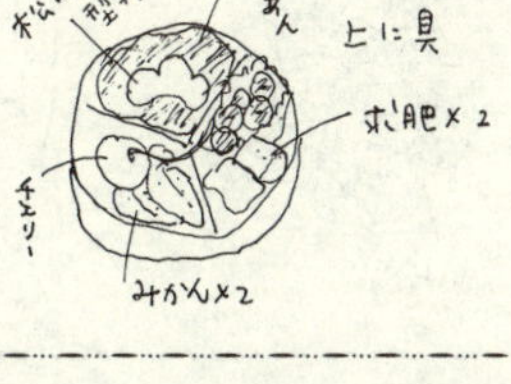

寒天が贅沢に入っているが、
味は好みが分かれるところ。
あんは薄墨色で豆は塩気あり

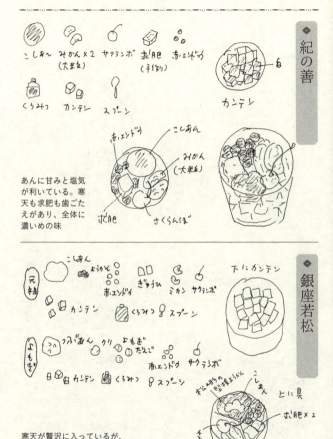

梅むら

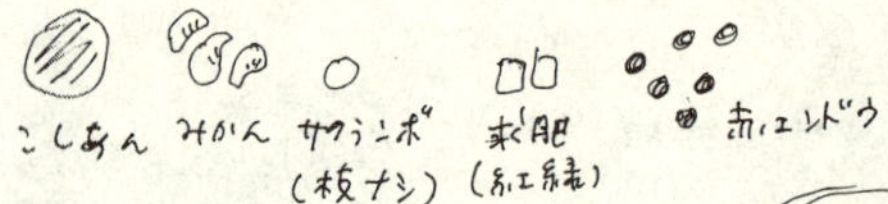

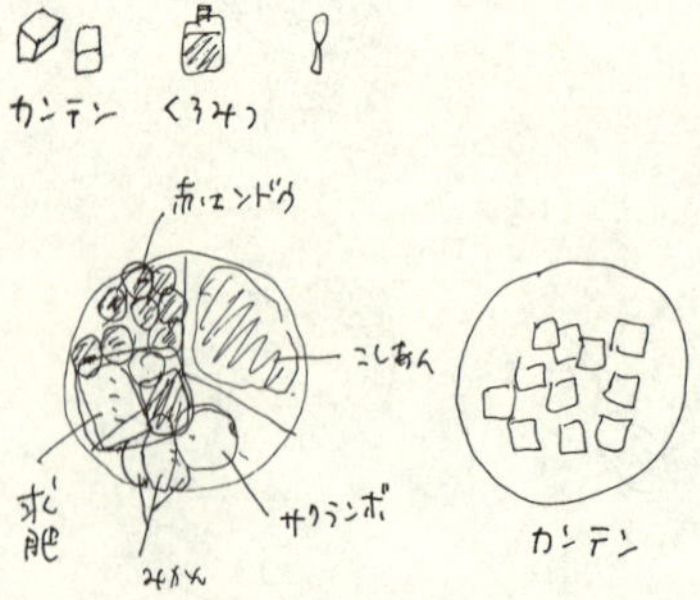

浅草の有名店。黒々とした豆と寒天のコンビがすばらしく、他はややオマケ?

初音

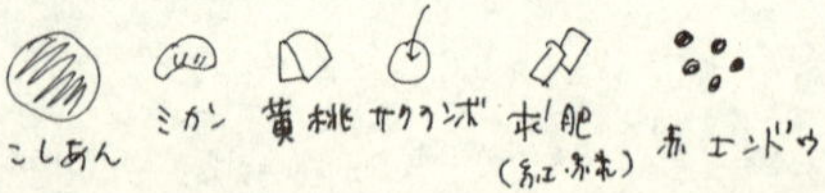

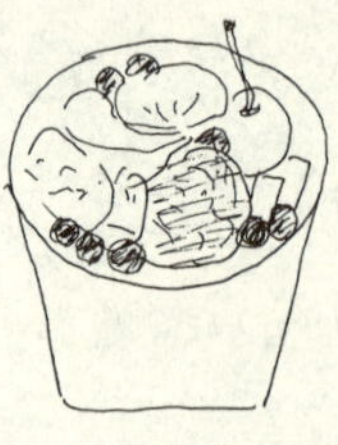

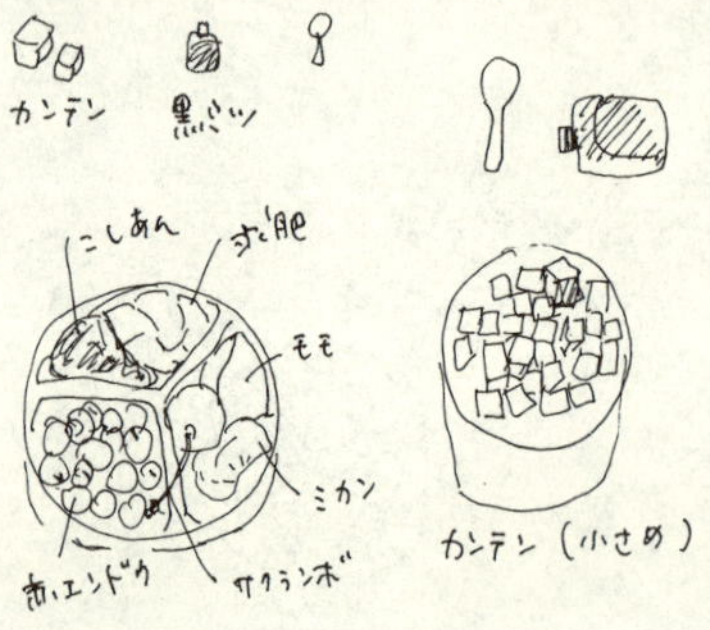

注文するとその場で調製してくれます。彩りよく、味よく、あんみつのよきお手本

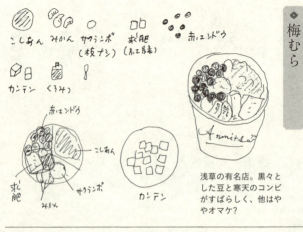

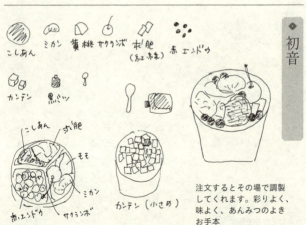

てん屋

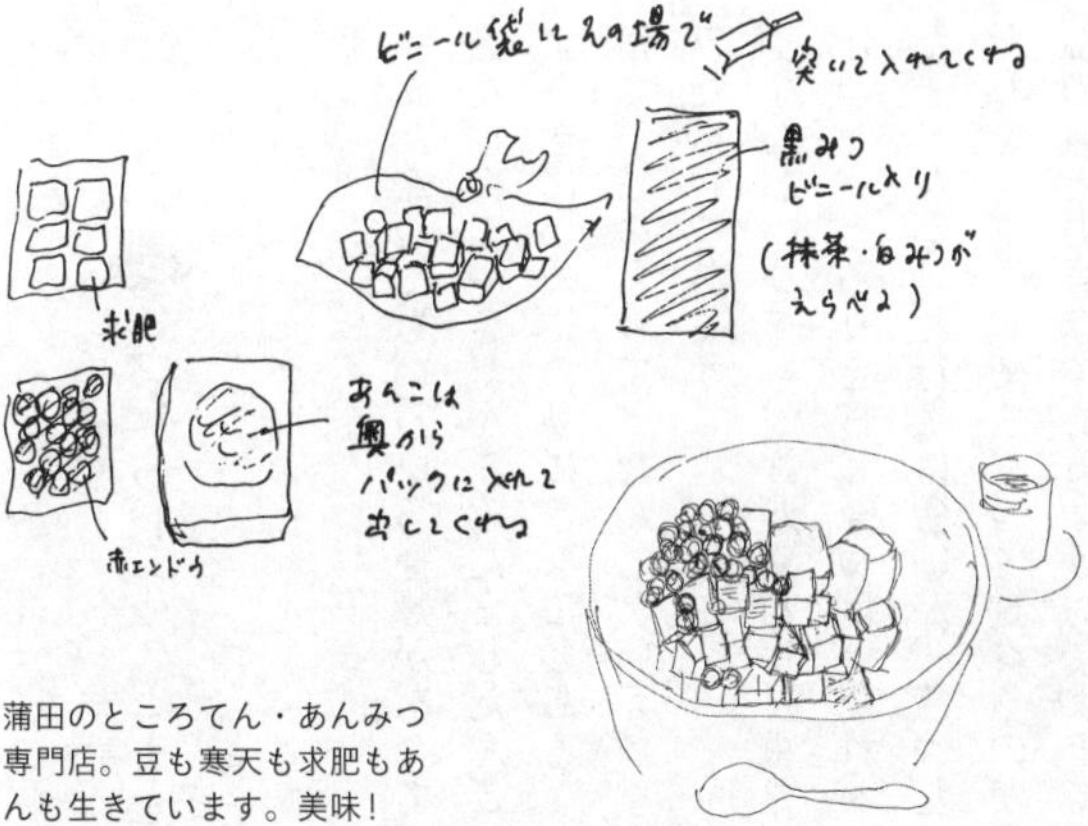

蒲田のところてん・あんみつ専門店。豆も寒天も求肥もあんも生きています。美味！

甘いっ子

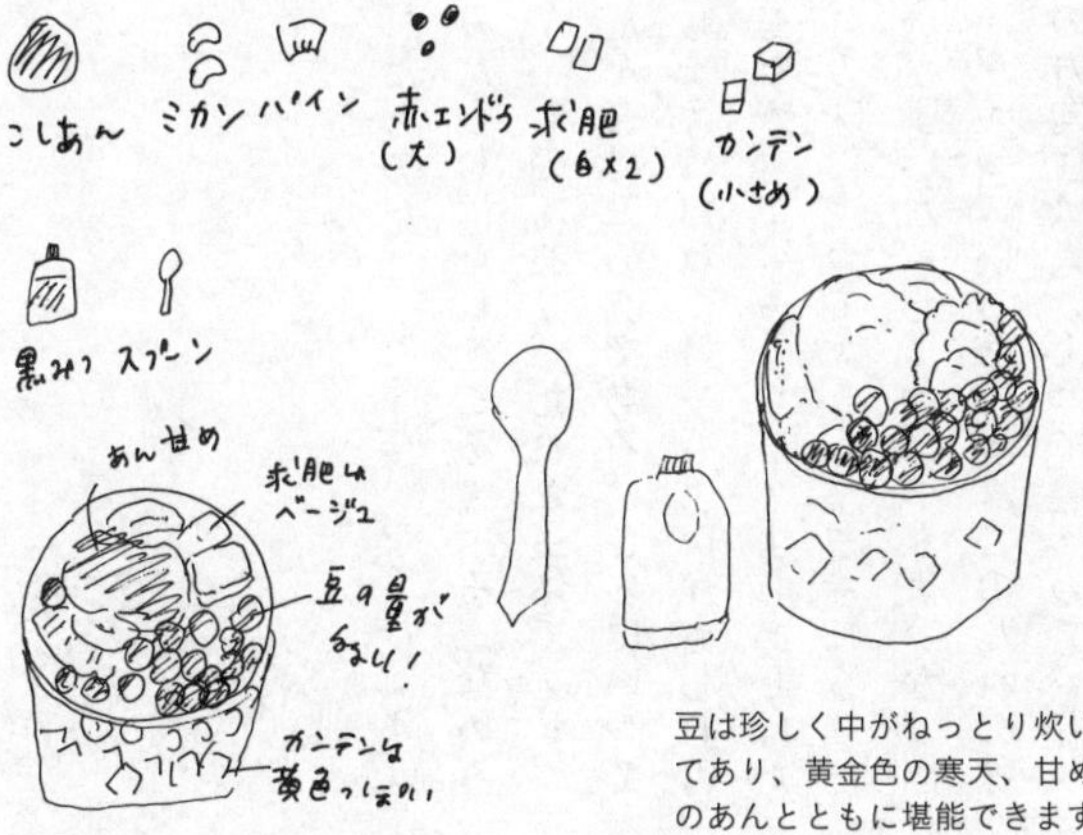

豆は珍しく中がねっとり炊いてあり、黄金色の寒天、甘めのあんとともに堪能できます

コラム 2 みたらしだんご十選

おだんごにもいろいろ種類があって、あんだんごやきだんごみたらしだんご、よもぎにごまにのりにきなことあるなかで、私にとって、だんごといえば、みたらしである。

なんといっても、お砂糖とお醤油で作った、とろりと甘じょっぱいたれがたまらない。お行儀は悪いが、残ったたれをスプーンですくって食べるのが私の無上の喜びである（絶対によそでやってはいけませんと親に厳しくいわれたものだ）。もっといってしまえば、みたらしはたれをこそ食べる（なめる？）ものであり、たれが主体であり、だんごは二の次である。さらにいってしまえばたれだけでもよいかもしれぬ。

したがって、みたらしのよしあしはたれの味によって大きく左右される。甘いがよいか、しょっぱいがよいか、出汁が入っているか。無論このたれの味の方向性は人によって違うので、もっぱら私は自分の好みの味を追求するのみである。

とはいえ冷静になって考えてみれば、たれはおいしくても、だんごが固くてまずかったら、それはそれで興ざめである。やはりみたらしはだんごあってのみたらしなのである。

できればつきたての朝生《あさなま》のお餅がよいが、上新粉のだんごでもよい。丸々として、やわらかく、ふにゃーと伸びて、お餅の味が感じられるものがよい。

しかしこれだというみたらしは、あるようでなかなかないものだ。町を歩いていて、和菓子屋や甘味処の店頭でみたらしが置いてあるのを見かけると、これがもしかすると私にとって最上のみたらしではないかと思い、買わずにはいられない。

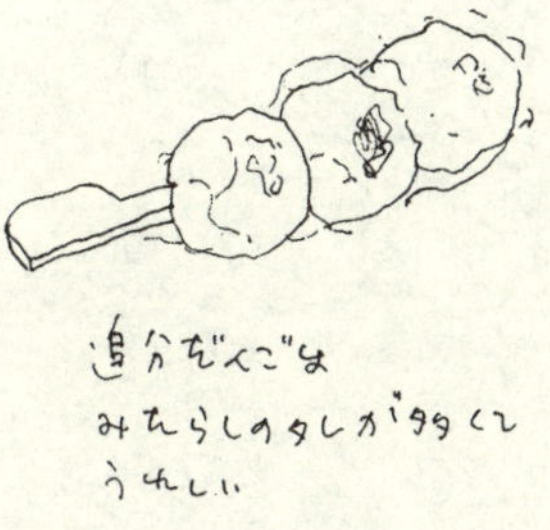
追分だんごは
みたらしのタレが多くて
うれしい

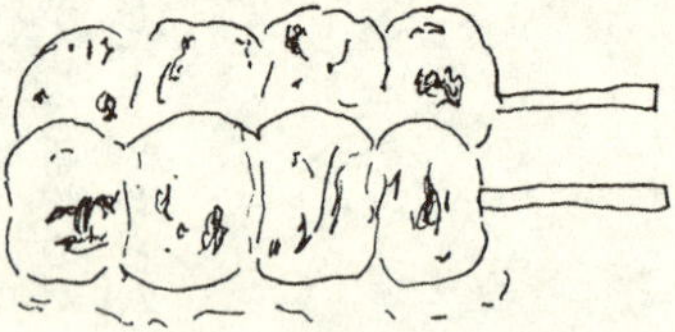

◆ 桜の杜 伊勢屋

三軒茶屋の伊勢屋のおだんごはもちもち、みたらしと相性よし。桜新町にもお店あり

◆ すがも園

水あめの多いとろりとしたたれは、甘辛だけでなく出汁の隠し味も。お餅がやわらかい

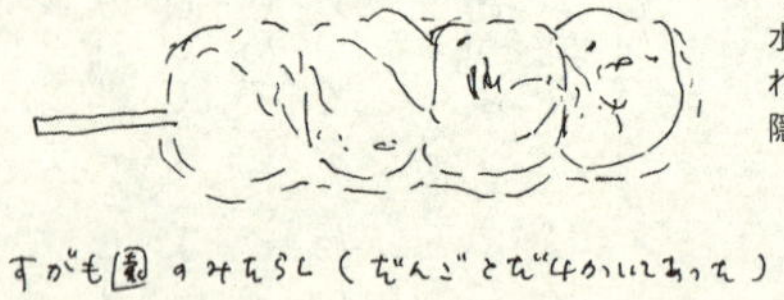
すがも園のみたらし（だんごとだけかいてあった）

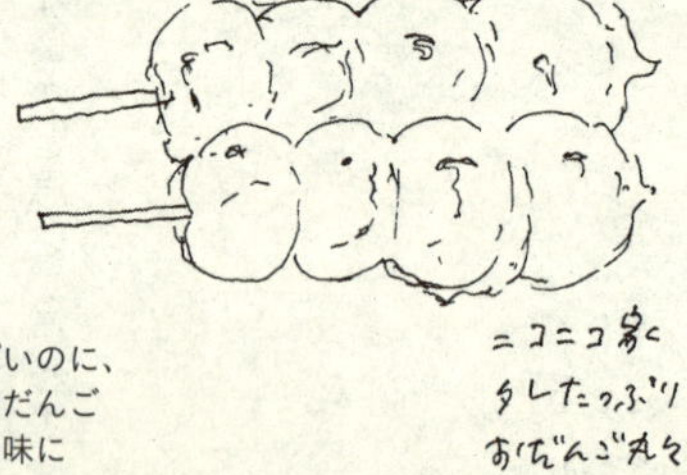
ニコニコ家
タレたっぷり
おだんご丸々

◆ ニコニコ家

たれだけだとしょっぱいのに、上新粉の丸々としたおだんごと食べるとぴったりの味に

みたらし

◆大久保だんご

大きめの平たいお餅に甘辛味の濃いたれがたっぷりからみ、ボリュームあり

◆志むら

志むらはみたらしもおいしい。たれも上品、お餅の扱いに慣れていて姿も美しい

志むらのあまから団子
志むらでは 他のものを買うのに
忙しくて 団子は目に 入っていませんでした

◆槍かけだんご

北千住名物、槍かけだんごのみたらしは、個人的番付では一、二を争います。左はあんで右がみたらし

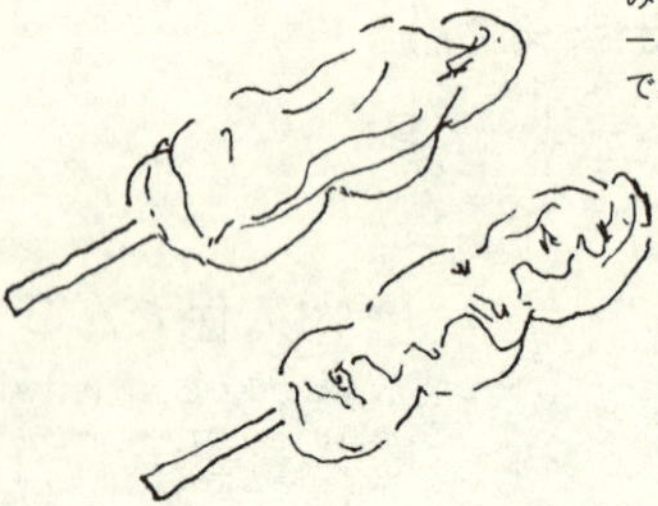

◆高砂家

見た目どおりの素朴なおだんご。みたらしもおいしいですが、あんもちもおいしいです

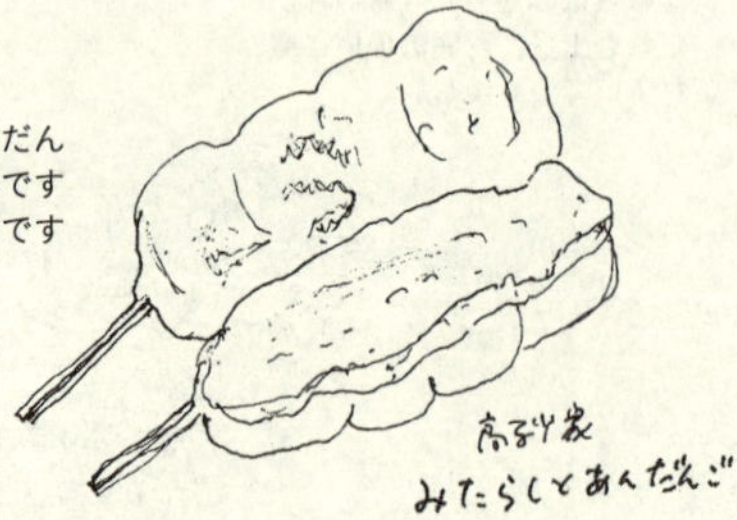

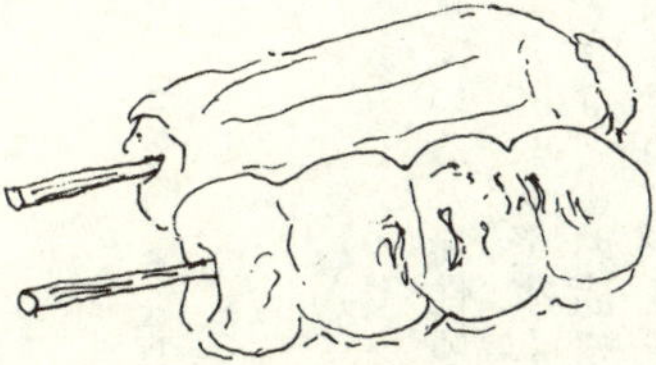

◆ 冨士見野

しっかりとした歯ごたえのあるお餅にとろりとした甘いたれ。長年続く伝統の味

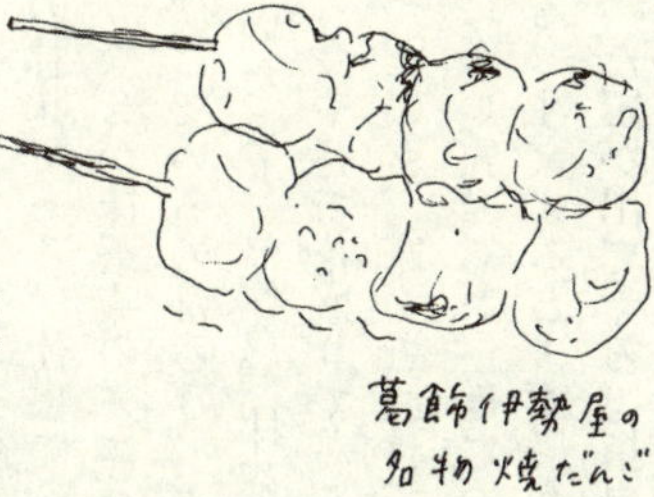
葛飾伊勢屋の
名物焼だんご

◆ 葛飾 伊勢屋

店頭で焼きたてを販売。昔ながらの王道みたらしだんごでたれも濃厚、なめ甲斐あり

◆ だるまや餅菓子店

作りたてでふわふわのお餅がほどよく甘いたれとよく合い、軽やかなおいしさ

日本橋 ● 榮太樓喫茶室 雪月花

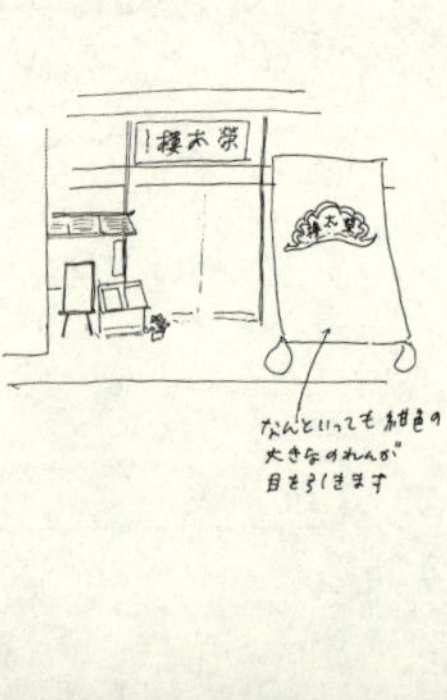
なんといっても紺色の
大きなのれんが
目を引きます

疲れていると無性に食べたくなるものが、誰にでもあるのではないだろうか。私にとってのそれは抹茶味の甘味である。仕事で一日中歩き回った日や人混みで疲れたときなどにお店に入ると、なぜか抹茶味のメニューに目が吸い寄せられ、気がつくと頼んでいる。きっと体が欲しているのだろう。実家でも母がお抹茶は元気になると言って、ふだんから点《た》てていたこともある。抹茶アイス、抹茶ラテ、グリーンティ、宇治金時。抹茶味の甘味も今や巷で花盛りである。

『雪月花』に入ったのも、寒くて疲れてふらふらの日であった。私の目は宇治あんみつに吸い寄せられ、離れなくなった。寒天まで宇治色をしたあんみつである。注文するとまず最初に抹茶蜜ですと言って、小さなピッチャーに入った蜜が出てくる。指先でそっと舐めてみると、お抹茶の味が濃くしっかりしている。そして甘い。自家製抹茶蜜と書いてあっ

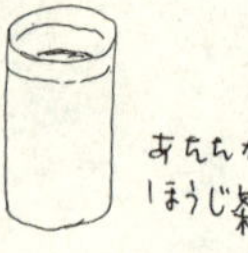
あたたかい
ほうじ茶

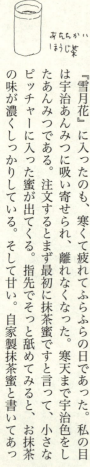

たが、自信作なのだろう。あんみつを食べるとき、いつもは蜜を少ししかかけないが、今日は一気に全部かけてしまう。宇治寒天はごく控えめだが、白玉や栗も、抹茶蜜のおいしさが引き立てるのか、みなおいしい。あんもお砂糖の多い色をしているわりには甘すぎず、榮太樓のあんことはこういう味なのかと思いながら食べる。甘味と抹茶味のおいしさが体にしみとおる。これは今、私がとても疲れているせいだろうか？　いやこれはやはり江戸期から続く日本橋の老舗の味の力だろう。『雪月花』は、創業の地日本橋の橋のたもとに今も本店を構える『榮太樓總本鋪』の店内に併設された喫茶室なのである。

『榮太樓』といえば、私にはいくつかの思い出がある。飴が名物の『榮太樓』だが、祖父母が健在だった頃、敬老の日に市の職員が長寿のお祝いに持参する品が『榮太樓』の飴だった。祖母は年寄りが飴なんかもらってもと言って、遊びに来た孫の私に缶ごとくれた。それはにぎにぎしい鶴亀の絵が描かれた缶で、梅ぼ志飴と黒飴と書かれていた。子どもだった私は梅干味の飴なんか嫌だなと思ったが、開けてみると赤と黄色があって、試しに黄色をひとつ食べてみると、私の好きな鼈甲飴の味がする。おかしいな、梅干

の味なんかしないぞと思ったことをよく覚えている。榮太樓のいう「梅ぼ志」は、形が梅干に似ていることから呼び慣わされたもので、味は有平糖《あるへい》なのだが、その逸話を知ったのは大人になってからである。その後抹茶味や紅茶味も出て、あの丸い古風な装飾の平たい缶を見かけるたびに、私の脳裏には祖父母の家の畳と鶴亀模様の缶が蘇る。

『榮太樓』といえば、もうひとつ、芝大門にある『榮太樓』が懐かしい。芝神明宮の門前にあって、当時勤めていた会社が近くだったので、おいしい和菓子が食べたくなると買いに行った。会社を訪れるお客様の手土産がここの包みだったこともある。日本橋の暖簾分けだと聞いたが、オリジナル商品もあり、そのひとつが江の嶋最中という貝の形の最中であった。貝は十種類、中のあんも、粒、こし、白の他、柚子や胡麻、抹茶あんもあっただろうか。私はいつもどれにしようか迷いながら箱に詰めてもらう。季節の生菓子も美しく、頼むと奥の木箱を開けて紙箱に詰めて見せてくれる。白い三角巾と上着をつけた銀髪の小さなおばあさんが店頭にいて、品よく丁寧な言葉遣いで、私はおばあさんに包んでもらうのが楽しみだった。けれどもしばらく間が空いたのちに行ってみると、おばあさんはおられなくなり、勤め先の社屋も移転して、すっかり足が遠のいてしまった……。

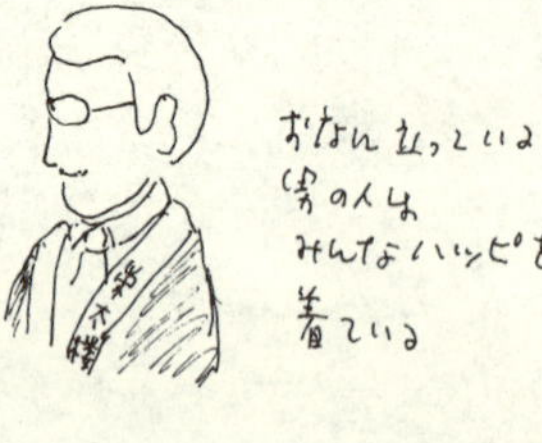

抹茶あんみつのうつわはとうに空になっている。私の席からは和菓子の売場もよく見える。男の人はネクタイ姿に紺の法被《はっぴ》と、いかにも日本橋の老舗らしい装いで、女の人は紺の制服に、芝大門のおばあさんと同じ三角巾である。

この喫茶室では食事も出している。赤飯弁当や和風弁当、週替わり御膳。以前来たときは、そぼろ弁当を食べた。炒り卵と鶏そぼろの境目に鶏の照焼が三切れのって彩

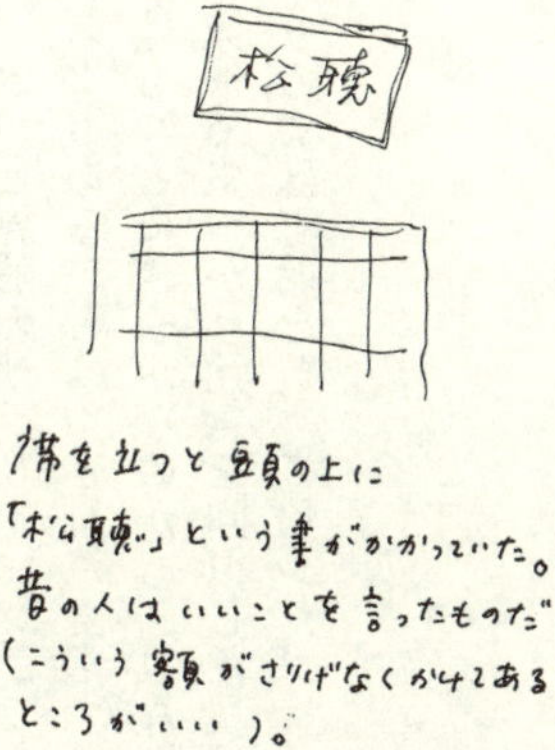
松聴
席を立つと頭の上に
「松聴」という書がかかっていた。
昔の人はいいことを言ったものだ
(こういう額がさりげなくかけてある
ところがいい)。

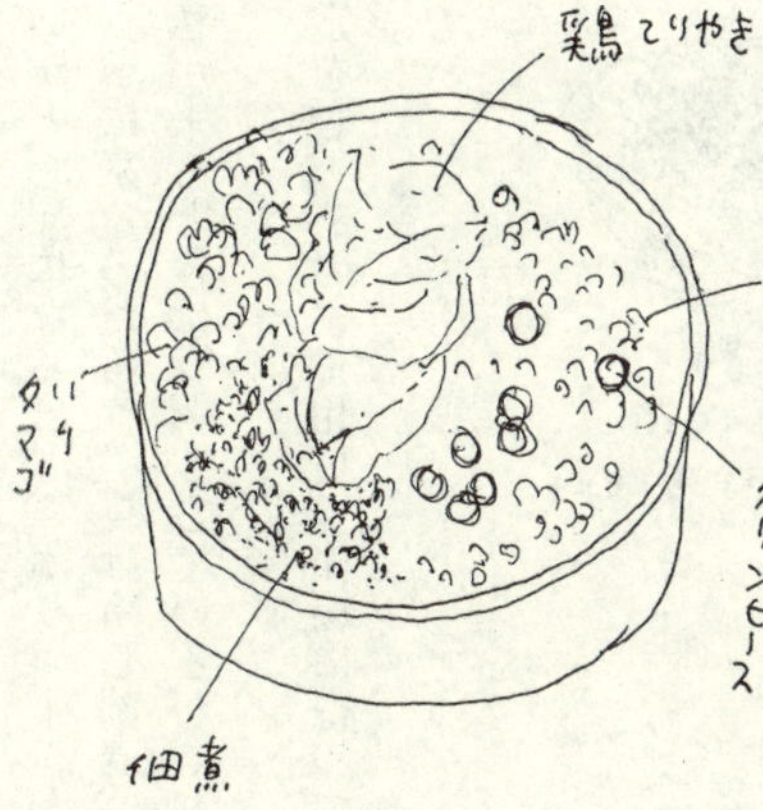
鶏てりやき
そぼろ
グリンピース
イリタマゴ
佃煮

りよく、そして途中で食べ切れないのではないかと心配になるほど、ボリュームがあった。きっと界隈のサラリーマンがランチを食べに来るのだろう。夏は冷し蕎麦、冬はパスタもある。ちょっとした食堂である。私が来るときは森閑としているが、お昼どきはもっとにぎやかなのかもしれない。

お抹茶ですっかり元気を回復した私はお勘定をし、そのまま和菓子売場に寄って、缶入りの梅ぼ志飴を買って帰った。

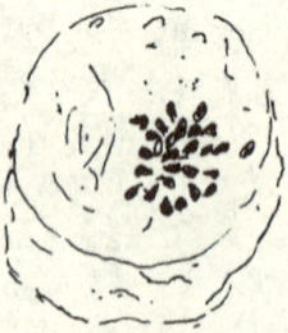
芋から
うすい皮でくるむのが
特徴
きんつば

上生菓子も
季節ごとに
いろいろ楽しめます

神田 ● 瓢たん

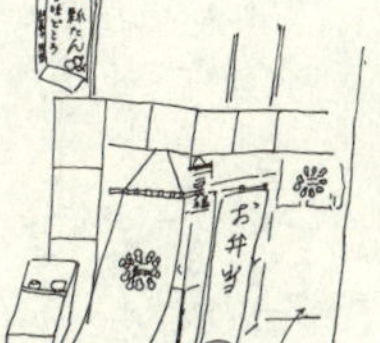

神田の駅に着いたのは正午前だった。ビジネス街なので、きっとお昼どきは駅もサラリーマンでごった返しているだろうと思っていたが、さほどではない。ただ、駅から店まで中央通りを数分歩く間も、通りを渡る横断歩道でも、すれ違うのはネクタイ姿のサラリーマンである。今日の待ち合わせもサラリーマンの知人である。

さてこのあたりかなと見ると、通りに面して『瓢たん』という小さな看板を付けた細いビルがあり、間口一間ほどの店の前に長蛇の列ができていた。ビジネス街のランチタイムの現実にいきなり触れる。これでは食事にありつくのは何時になることやら、不安にかられてよく見ると、並んでいるのは店頭で販売しているお弁当目当ての人々であった。和菓子のショーケースの上に積まれているお弁当は、この小さなお店の手作りであることが一目瞭然である。まぐろの照焼弁当や秋限定の栗赤飯弁当など、種類も豊富である。添加物も

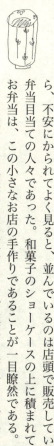

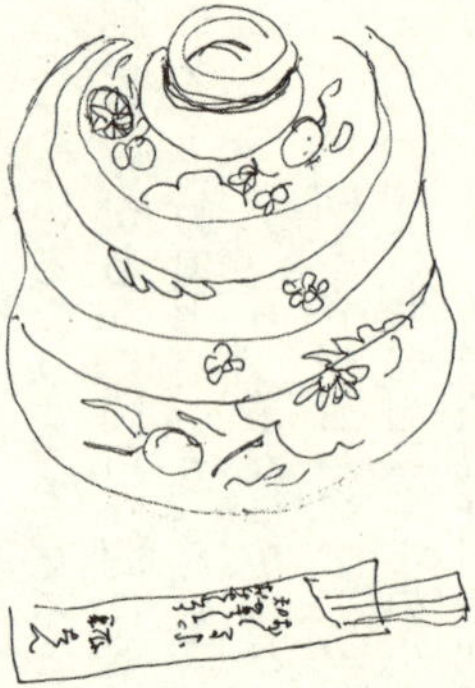

入っていないし、家庭の味なのだろう。店頭では、「いらっしゃいませえー。はい、○○弁当ですね、七百円になります！」と、おじさんが甲高い声でひっきりなしに叫んでいる。買う方も売る方も騒然としている。それはそうだろう、ふつう、サラリーマンは決められた一時間しか昼休みがなくて、その間に買って食べなければならないのだから。私も以前は会社勤めをしていたが、昼休みは好きな時間に取ればよく、恵まれていたと今頃になって思う。

店頭は弁当パニック状態だが、階段を下りた半地下の店内は落ち着いた雰囲気で、中年サラリーマン三人組や、デパートの紙袋を置いた買い物帰りの女の人や、ねじり鉢巻をした道路工事のおじさんが食事中である。赤いエプロンをかけたお店の奥さんの、厨房にかける「次がカレーね」とか、定食を運んで「お待たせしてごめんなさい」などと言う声が聞こえている。その言葉がなんともいえずやさしい空気を店内に醸している。入ってきた私にも気がついて、「どうぞ、おかけになって下さい」と言い、待ち合わせであることを伝えると、「いらしたら、おうかがいしますね」とにこやかに言ってくれる。

メニューは豊富で、どれもとてもおいしそうである。お腹をすかせてやってきたこともあり、目移りしてなかなか決められない。お弁当にもなっていた生姜焼やまぐろの照焼定食の他、雑煮、磯辺、安倍川とお餅を使ったメニューも多い。お餅が自慢なのだろうか。日替わり定食と焼きうどん定食とでうんうん悩む。表の行列は落ち着いてきたようで、声が聞こえなくなってきた。どうやら正午から二十分間が勝負らしい。半地下の店内から外を眺めていると（ドアは開け放してある）、ネクタイを締めた知人がやってきた。

お昼ごはんを食べてきたという知人に拍子抜けして、私は定食をやめ、単品の玉子雑煮にした。「お話し中ごめんなさいね」と奥さんが持ってきてくれた玉子雑煮は、染付の蓋付のお碗に入っている。そのお碗の形がふっくらとして、なんともいえずよい。わくわくして蓋を開けると、海苔の香りがふわっとして、四角く切った海苔が、ふんわり広がるクリームイエローのとき卵の上にのっていた。おいしいのはおすましで、やわやわの卵に薄味のお出汁がよく合っている。そして卵の下からは、たっぷりした白いお餅が現われる。そのやわらかさは、いわずもがなである。

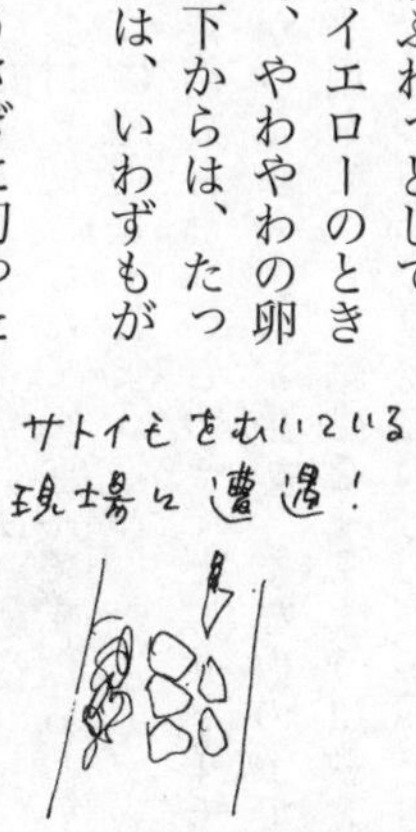

調子にのって、栗あんみつも頼む。今度は、うさぎに切った

赤いリンゴから酸味のある香りがふわりと漂い、ああ秋の香りだなと思う。むきたてのリンゴなんだなと思う。栗よりもあんよりも寒天よりもリンゴに感動してしまう。こんなに香りがたつ食材を使うなんて、なんてすばらしいのだろう。

帰りがけ、赤いエプロンの奥さんが立っていた衝立《ついたて》をひょいとのぞくと、サトイモの皮を剝いているところだった。茶色い皮を剝かれたまっ白なお芋が、まな板の上でコロコロしている。奥さんは「明日のね、お弁当用なの」と内緒話をするように教えてくれる。一般に料理店というのは、厨房が奥にあってよく見えないものだが、その分なにが行なわれているのかわからないという不安もある。でもこの店では、リンゴもサトイモもニンジンも手で剝いているんだな、魚もお餅も網で焼いているんだな、卵もかちんと割って溶いているんだなということが、よくわかる。それは家庭でごはんを作るときと同じ素材であり、作り方であり、動作なのだ。だから安心できる。だからおいしい。

家族で経営するお店は今年で九十年になるといい、最初は神田ではなく両国にあって、のちに移ってきたのだという。住居兼店舗の建物も、近年建て替えでビルになった。「上へ上へと伸びてるのよ」と笑いながら話してくれる。私は立ち話ついでに、飾り棚にある鶴が描かれた細口瓶や、玉子雑煮が盛られた染付のお碗のことなども聞いてみたかったが、忙しそうなので、また来ますと言って出た。おばさまは笑顔で

「またどうぞ、いらして下さい」と見送ってくれた。

甘いおやつも温かい食事も選べる品揃え。気取りのない清潔な店内。お客さんに対するやさしい心遣い。心ある家庭的な味。まさに正統甘味食堂である。長蛇の列も深く納得である。私はこれからも神田に行く機会があったら、迷わず『瓢たん』に寄るだろう。

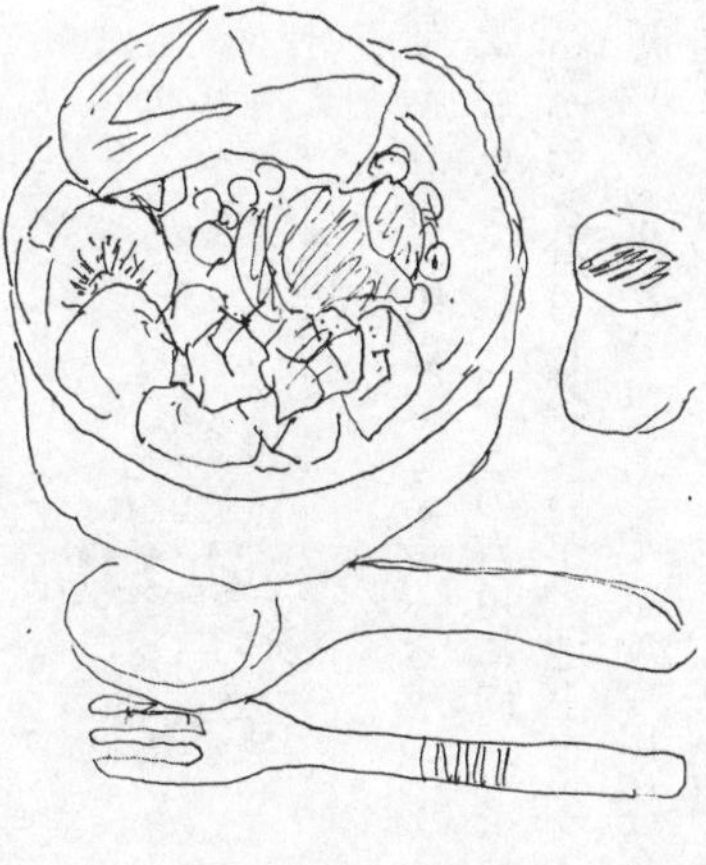

神田 ● 竹むら

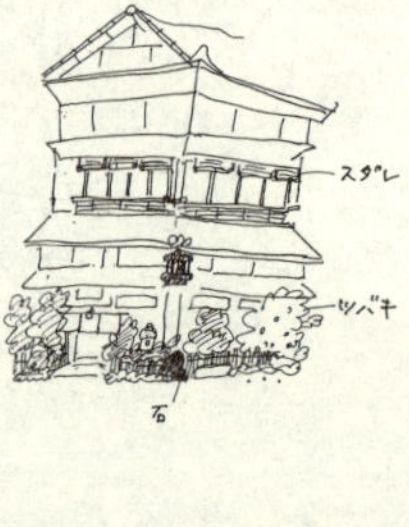

『瓢たん』から歩いて『竹むら』まで来る。昼下がりの神田界隈をぶらぶら歩いてくると意外と楽しい。地下鉄は乗ってしまうと景色も見えないし、どの方角に向かって走っているかもわからないし、乗る駅と降りる駅が点と点でしかないが、地上を歩くと街が線でつながって、どこへ行くにも案外近いから驚かされる。それで今川橋の『瓢たん』から須田町の『竹むら』まで、中央通りをまっすぐやってきて、Y字路を左に入った。

『竹むら』は昭和五年から続く甘味で、古い木造建築が風格のある老舗である。昔の料理屋などによくあった、一軒家の静かなたたずまいで、軒先の小さな看板でようやくそれとわかる。玄関には数本の植え込み、入口は引き戸である。

からからと戸を開けて入ると、外の静けさからは予測できないほど

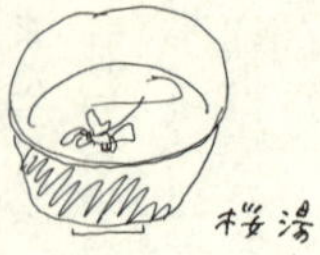

中はにぎわっていた。幸運なことにひとつだけお座敷の席が空いていたので、そこへ通してもらって座布団に座る。『竹むら』は二月堂と呼ばれる机の並んだお座敷と、テーブル席に分かれている。入ってすぐのふたり掛けのテーブル席には、おじいさんか女性のひとり客が座っていて、四人掛けには、おばさんたちが座っている。お座敷の私の席の左横には着物を着た若い女の子がふたり、右横にはおばさん四人組がいて、どちらもずっとおしゃべりしている。

先ほどまでの『瓢たん』は主にビジネスマン御用達だったが、こちらは有閑マダムと定年後のおじいさんたちの憩いの場といった風情である。異色なのは着物を着た若い女の子ふたり連れだが、かき氷の時期ならばこうした若い人たちももっと多いのだろう。寒くなりかけたこの時期、いそいそとおしるこを食べに来るのは年輩の人ばかりだ。私はおしるこを頼み、揚げまんじゅうの六個入りもお土産に頼んだ。

『竹むら』といえば揚げまんじゅうである。白い小ぶりのおまんじゅうを揚げたもので、一度食べるとやみつきになる。注文を受けてからじっくり揚げるので、先に頼んでおかなければいけない。お店ではかき氷かおしるこを食べ、

家に帰って揚げまんじゅうを食べるのが、『竹むら』ファンのお決まりのコースである。今日も家で『竹むら』の揚げまんじゅうを食べられると思うと、それだけで嬉しい。

　おしるこは朱塗りのお椀に入って運ばれてきた。蓋を開けると、白いお餅と薄墨色のおしるこのコントラストが美しい。三口くらいで食べられる小さな焼き餅がふたつ、おしるこはとろり、しっとりとして、こしあん本来の味。さすがのおいしさである。あったかーい。あまーい。おいしーい。脇付の粒山椒がこれもいっぷう変わった味で、箸休めによい。

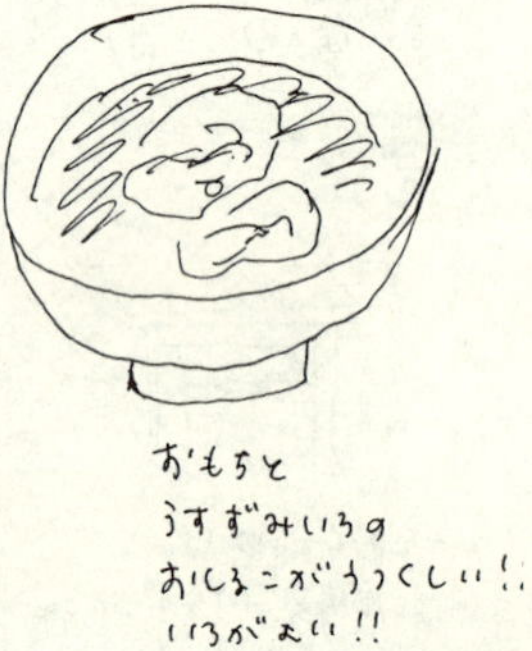
おもちと
うすずみいろの
おしるこがうつくしい!!
いろがよい!!

　ひとりでうっとり食べていたが、ひと心地つくと、両脇の女性陣の話し声が耳に入ってきた。

「着物はねえ、半襟つけたりして、面倒なのよね」

「私なんかもうもう、とても無理」

「針に糸が通らないもの」

「でも昔の人は毎日着てたものねえ」

　おばさんたちがちらちら視線を投げる先は着物姿の女の子たちで、彼女らに対するあてつけなのだろうか。女の子たちの着物はとみると、柄は桜で今の時期にはそぐわないのだが、それよりも蛍光色の緑やピンクや水色といった色がすさまじい。こういうのが今の着物のはやりなんだなと思っていると、裾から出ていた足に履いた足袋がレースで、目が釘付けになる。今話題の半襟もレースで、耳にはイヤリングをしている。着物にレース文化は寡聞にして知らなかった。そんな彼女たちは、店内撮影禁止と書いてあるにもかかわらず、こっそり隠れて写真を撮ろうと苦心している。上がり框《がまち》に腰かけてポーズをとって撮りたいらしい。

平成生まれの彼女たちにとって、『竹むら』のような木造家屋は、見たことも住んだこともない、歴史上の建築なのかもしれない。瓦や襖や障子や木の柱自体が珍しく、渋くてクールなのかもしれない。もしかしたら畳の上で寝たこともないかもしれないぞ。『竹むら』はさしずめ昭和レトロのテーマパーク、着物姿の私は明治大正の女学生という設定のコスプレなのだ。

片や、おばさんたちのおしゃべりの話題は解散前のSMAPに移っている。

「みんな、おじさんになっちゃってねえ」

「中年太りしてきたわよねえ」

「あれじゃお嫁さん来ないわよねえ」

思わず大きなお世話だよとつっこみたくなるが、いずれもちょっと凄いのである。

お店の人が「どうぞ、ここに置いておきます」と、箱入りの揚げまんじゅうを紙袋に入れて持ってきてくれた。すっすっと筆で描かれた竹の模様が目に涼やかである。

女の子とおばさんたちがいなくなると、店内は急に静かになった。新たにまた引き戸を開けて人が入ってくる。

「お召し上がりですか」

「田舎汁粉下さい」

人は世につれ、世は人につれ。時代は移り変わっていくが、『竹むら』はいつも変わらない。

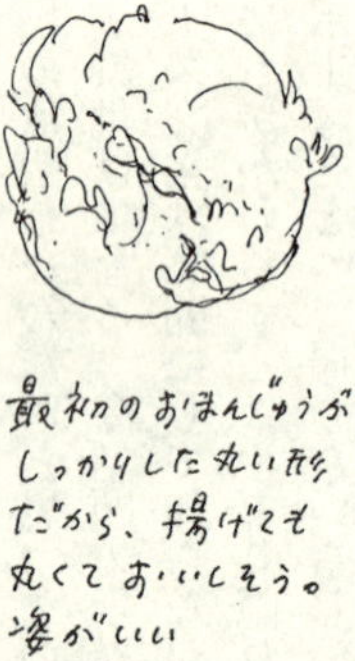
最初のおまんじゅうが
しっかりした丸い形
だから、揚げても
丸くておいしそう。
姿がいい

揚まんじゅう
須田町
おしるこ竹むら

神田明神下 ● 天野屋

「甘酒のかき氷は最後は飲む形ですから！　どんどん溶けていきますから！」と、お店の人に急かされて、悠長に絵を描いたりしていた私たちは急いで食べ始めた。たしかにみるみるうちに氷が溶けてしぼんでいくのである。夏とはいえ、もう夕風も吹く時分だったから、油断していた。

私たちが頼んだのは、氷甘酒と氷あんみつである。氷甘酒の方は、甘酒の上にかいた氷がのっている。『天野屋』は江戸時代から続く甘酒茶屋で、地下には土室《つちむろ》があって、今もそこで麹を発酵させているそうだ。お店では夏は冷たい甘酒、冬は温かい甘酒が楽しめる。こうしてかき氷もある。冷たい氷が溶けて混ざり合った甘酒には麹がたっぷり入っていて、スプーンですくうと、ほんのり甘く、やわらかな味がする。

子どもの頃、初めて甘酒を飲んだときは、なんだか甘ったるい、米粒

の入った変な飲みものだなと思って、それっきり避けてきたのだが、大人になって再び口にしたとき、あれ、おいしいよこれ、と思ったのがきっかけで、店に入って甘酒があると頼むようになった。甘酒には、お砂糖の甘みにはないやわらかさがある。この甘みがお米と麹菌だけでできているのかと思うと、発酵の不思議を感じる。『天野屋』の甘酒は、これまでに飲んだなかでも、とがったところのない、とてもやわらかい風味をしている。

もうひとつの氷あんみつは、文字どおりあんみつの上に氷がかかったもので、あんみつには寒天や赤えんどうの他に、ミカン、パイン、求肥などが入っていて、氷をさくさくすると色鮮やかな具がスプーンにのって出てきて、ちょっとした宝探し気分である。ガラスのうつわの横から見ても、フルーツや寒天が透けて見えて美しい。シロップが甘めなので、あんのかたまりが入っていないのもよく、寒天のやわらかさが私にはちょうどよい。あんみつに氷をかけただけで、こんなにおいしいのだなと思う。

食べ始めるまでは絵を描いたりしていたが、食べ始めると一生懸命食べて、あっという間に終わってしまった。

ちりーん、ちりーん、と、入口にかけられた風鈴が鳴っている。開け放たれた引き

カップルが食べている
イチゴのクリームのせが
おいしそう…

戸からは、緑の植え込みの向こうに湯島聖堂の白い塀がおぼろに見えている。

お茶の水の喫茶店はいまだに喫煙可の店も多くて、いつもどこで休もうか困っていたけれども、これからはここにしようと思う。お茶の水の駅からは、南に神保町に向かって下っていくことが多いが、北へ聖橋を渡って神田明神の階段下まで来ればいい。途中の湯島聖堂には孔子廟がある。孔子様に顔向けできるほど日々勉学に励んでいないので、今日はつい塀の外を歩いてしまったが、ときには中を通らせていただく

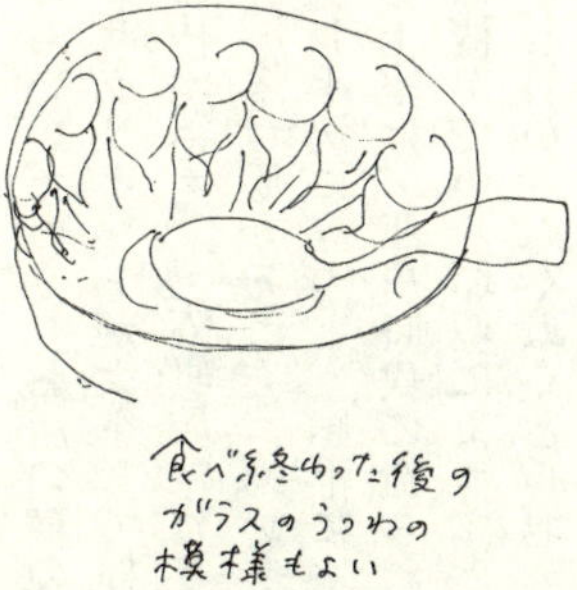
食べ終わった後の
ガラスのうつわの
模様もよい

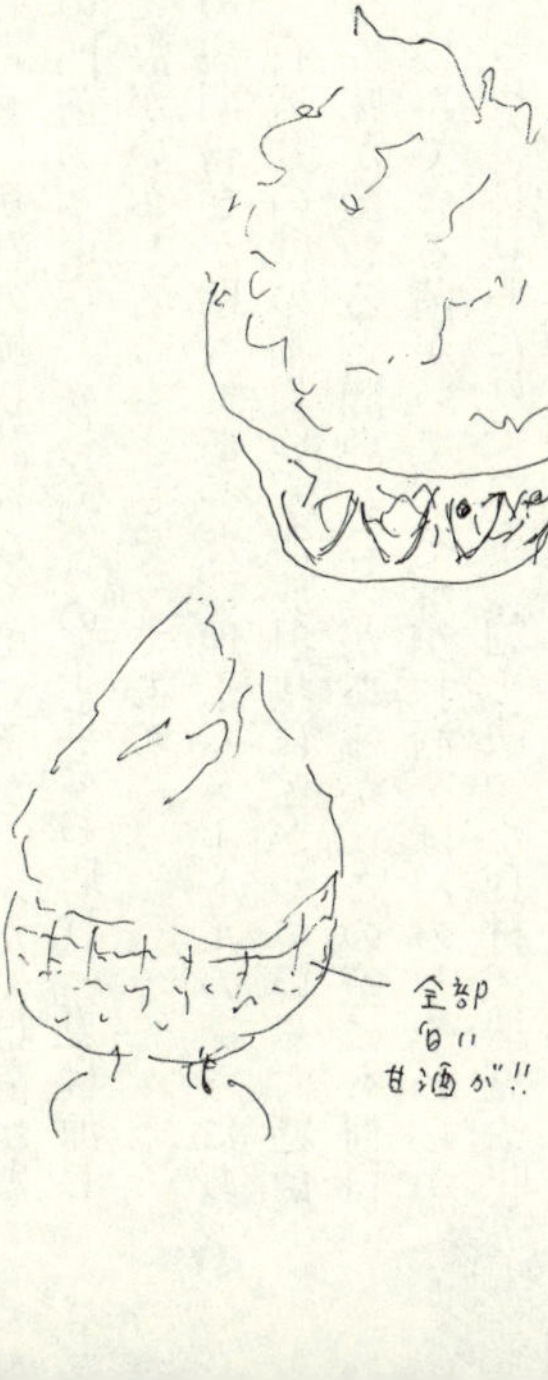
全部
白い
甘酒が!!

のもいいだろう。お店の横の階段を上がった神田明神は、毎年お正月の仕事始めの日にサラリーマンが大挙して押し寄せ、新春の風物詩になっているが、ふだんは静かな境内である。『天野屋』はその門前の茶屋で、昔ながらの小さなお店は、夏は涼しく、冬は暖かそうだ。寒い冬に温かいおしるこもよさそうである。

お手洗に立つと、廊下に室の説明書きが貼ってあった。地下六メートルの深さにある土室は、江戸時代に造られ、石造りの壁の細長い室が放射状に広がっている。麹菌は棲んでいる環境によって大きく味が変わると聞いたことがあるが、この室にも何百年も前からぬくぬくと心地よく棲んでいる菌がいて、それが甘酒をほんのりやわらかな味にしているのだろう。『天野屋』は甘酒だけでなく、麹を使った食材、納豆や味噌も商う麹店なのである。

さてそれではお隣の販売部で、こちらも江戸時代から続くという芝崎納豆を買って帰ろう。大粒の納豆は食べ応えがあって、夜ごはんにちょうどいい。喫茶部からは通路を通ってすぐである。

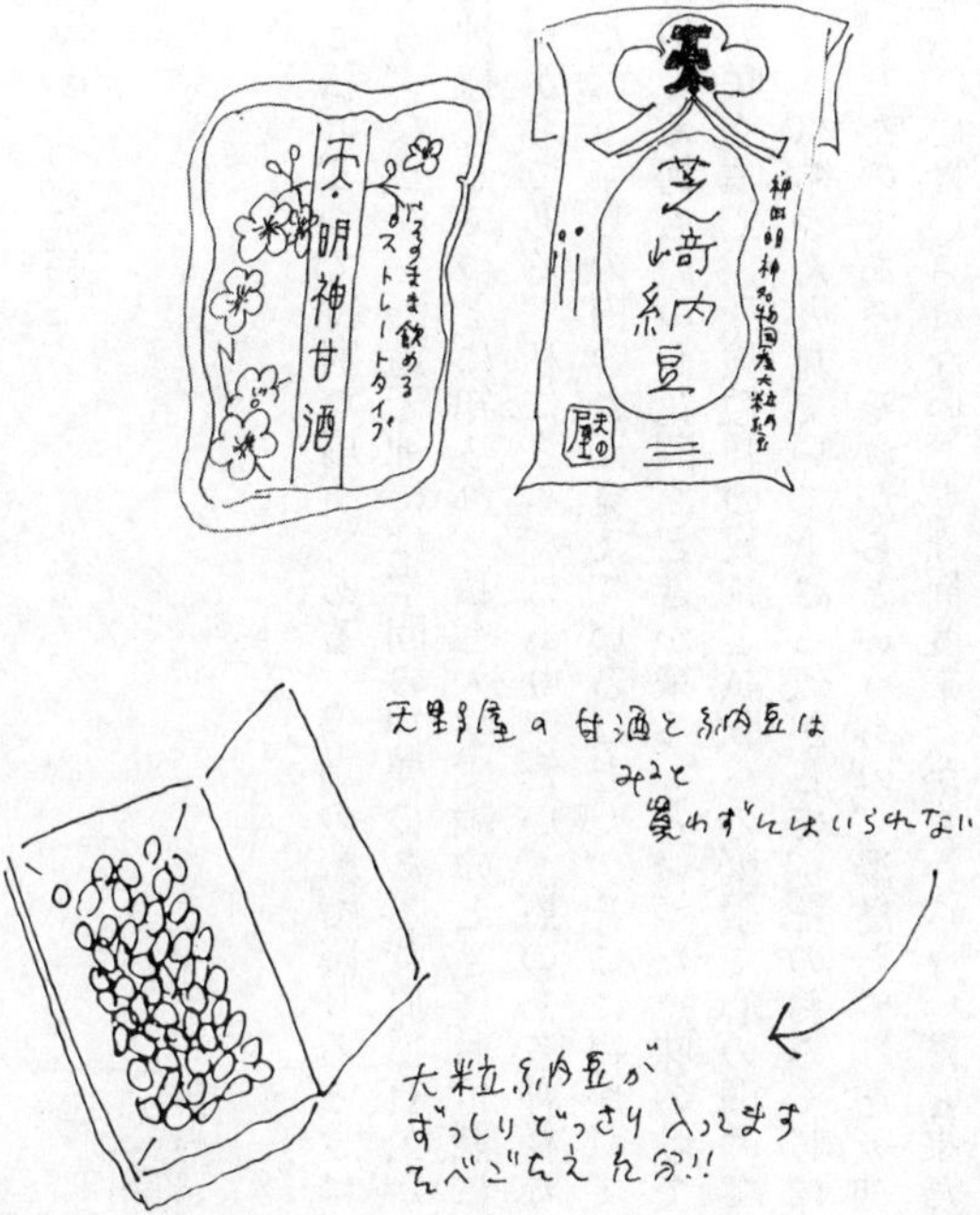
明神甘酒
そのまま飲める
ストレートタイプ
芝崎納豆
天野屋の甘酒と納豆は
みると
買わずにはいられない
大粒納豆が
ずっしりぎっさり入ってます
たべごたえ充分!!

湯島 ● つる瀬

湯島天神は私にとって特別な場所である。湯島の駅で降りるときは、必ず湯島天神にお参りする。なぜなら湯島天神には学問の神様である菅原道真公が祀られており、合格祈願の神様としてつとに知られ、私も大学受験のときにお世話になり、無事志望校に受かったからである。私にとってはありがたい、恩のある神様なのである。そのときに引いたおみくじの内容さえ覚えているほどだ。そこに書かれていたのは「今は冷たい雪の積もる梅もいつか花開くときが来る」といった意味の歌で、ときはちょうど一月、梅の咲く頃で、受験勉強の疲れと試験への緊張で心の弱っていた私は、神様はちゃんと見ていて下さる気がして、そのおみくじに大いに励まされたのである。それからというもの、湯島というと天神様にお参りせずにはいられない。もう何度来たかわからないほど来た。

それで今日も湯島で降りて、用事としては『つる瀬』に行くのだっ

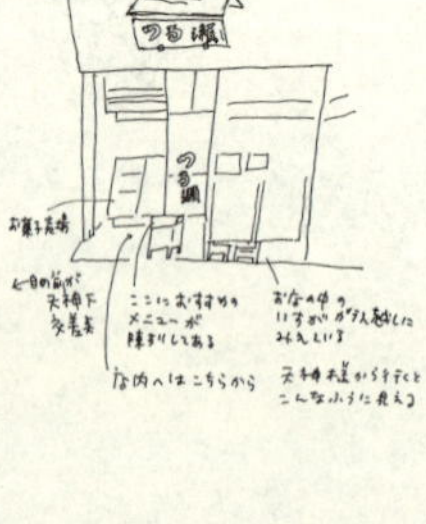

たのだが、その前に天神様にお参りしに歩いていった。ところがもう何度も来ているのに、なぜかいつも駅を降りると湯島天神の位置がわからなくなってしまう。そして女坂という妙な裏道にいつも入ってしまう。しかしそこもちゃんと天神様に上がっていけるのでよいのだが、その道にはなにやら怪しげな連れ込み宿があったり手相見が座っていたりして、なんというかまさに裏道なのである。なぜかその裏道にいつも自分が入り込んでしまうのもなにか示唆的である。しかしどうして神社の周りには、ああした怪しげなものが存在するのだろうか。神様は寛容であられるからか。

太宰府天満宮の
門前の梅ヶ枝餅を
松坂屋の地下で売って
いた。さすが。

そんなわけで、今日も女坂を無事に天神様へ上がった。鳥居の脇に八重の白梅が咲いている。今日もまた梅の頃である。大雪になると予報の出ていた週末でもあって、氷雨でも落ちてきそうなくもり空だが、なんとかもっている。

境内には受験生たちが山のようにいる。そういえば駅を降りたときにも、高校生の女の子ふたり組がいた。紺のコート着て、赤いチェックのマフラーして、いかにも受験生という感じだった。ぶら下がっている絵馬の数も半端ではない。母親に連れられた女の子たちが、「もう後は努力よ努力」とはっぱをかけられている。しかし当人たちにあまり切実なものは感じられない。

私はお参りを済ませた後、受験生の間をぬって、おみくじを引いた。今日は末吉。「あせらずにことに当たれ」という内容であった。天神様のおっしゃることはいつも私の心を見透かして真実がある。それから授与所に行ってしばらくお札を眺めて、節分の豆まきに使う福豆を買う。巫女さんは笑顔とともにそれを渡してくれる。

私はぶらぶらと境内の梅を見て回り、女坂の横にある階段を下って、湯島の駅に向かった。駅前の交差点に『つる瀬』はあるのである。店先で和菓子を売っているこの店が以前から気にはなっていたのだが、入ったことはなかった。受験生の頃はもちろん、社会人になってからもひとりで飲食店に入るのが苦手だったこともあり、お菓子は買っても甘味処は横目で通り過ぎるだけであった。それが今はなんの躊躇もなく入れてしまう。

中は意外な狭さであったが、中央に桜を生けた壺が置いてあって、華やいでいる。私が座った窓際に面した席からは道行く人が見える。『つる瀬』は不忍通りと春日通りの交差点にあるけれど、外の音は聞こえず、静かである。

さわるとご利益のある(らしい)牛の像。
じっと手をあてて動かないおじさんがいて、そっと立ち去る
(見ているとわるいので)

私はひとしきり迷ってぜんざいを頼んだ。外のガラスケースには赤飯弁当があって、かなり気持ちをそそられたのだが、和菓子屋だからまずはあんこものがいいだろうと思ったのだ。朱塗りのお椀に入ってやってきたぜんざいは昔ながらの甘さで、量がたっぷりあって、お餅は軽く焼いてあって、おいしかった。私はやっぱりおしるこよりもぜんざいの方が、その店の小豆の豆の味が楽しめて好きだ。

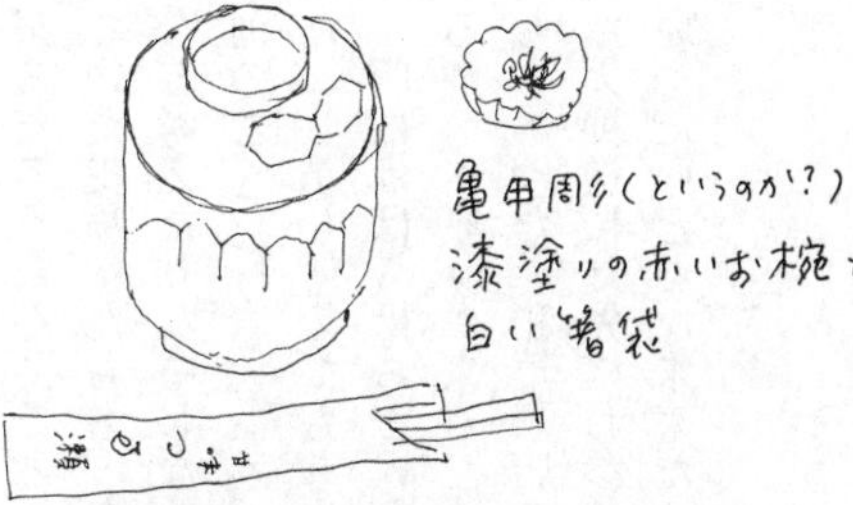
亀甲彫（というのか？）
漆塗りの赤いお椀と
白い箸袋
甘味 つる瀬

しかし、と私は思う。人生には一回しか行かない場所なんて数限りなくあって、家や学校や職場でないかぎり、ほとんどがそういう場所だろうが、そうした現実にあって、何度も訪れる湯島天神というのは、私にとって縁のある、否、縁があってほしいと思って来ている場所なのだ。それこそ天神様が向こうから来てくれるわけでもなし、自分から行かなければ縁がなくなって、とぎれてしまう。それは人間関係においても同じことではないか。と、ぜんざいの残りを食べながら思う。

もうひとつ思ったのは、私が最初に湯島に来たときには、三十年後（！）にまたお参りするだろうとか、甘味を食べに来るだろうなんてことはこれっぽっちも思っていなかったということだ。天神様に来ていた受験生たちも、あの頃の私と同じように目の前のことだけで、三十年先のことなど考えたりなぞしないだろうし、したとしてもそれは夢に近い。今の私だって目の前のことだけともいえるが、あの頃よりはもう少し、先のことを考えるようになった。しかし考えてもあまり夢のある未来でないところが高校生と違って寂しいが。

店にはぱらぱらと人が入ってくる。私はたぶんまた湯島に来るだろう。そして『つる瀬』へ座りに来るだろう。メニューには朝食もくずきりもあった。好物のわらびもちもあった。和菓子店の作る朝食は一度食べてみたいものである。そのときももちろん天神様には先にお参りせねばならない。朝食前に天神様にお参りをするときとは、いったいどんな未来だろうか。

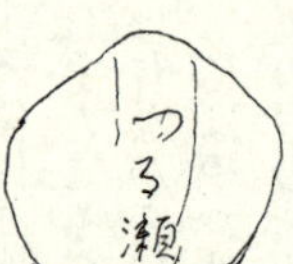

本郷●ゐちごや

本郷三丁目から長い菊坂を下りていくと、坂の終わりの左手に『ゐちごや』はあった。食堂の入口には「ゐちごや」と書かれた白い暖簾がかかっている。時刻はお昼どきを過ぎた三時である。

店に入ると、座って新聞を読んでいた白髪のおじいさんがぱっと立って、「いらっしゃいませー」と言った。そして私の注文を聞いて、「ハイ、もやしそば、いっちょうー」と勢いよく厨房に声をかけた。厨房からも威勢のいい返事があるのかと思ったがそれはなく、おじいさん自ら厨房に入り、ジャーッともやしを炒め始めた。

白いうつわに
緑のお煎茶

店内には金魚の水槽があって、商売繁盛の熊手があって、菊坂の古い地図がある。

しばらくして、「ハイ、おまちどおさまーっ」と声がかかったので、もうできたのか、そしてカウンターまで自分で取りに行くのか

と思って、思わず「ハイッ」と返事をして立つと、私のもやしそばができたのではなくて、店頭におまんじゅうを買いに来たお客さんへの返事であった。おじいさんはそばを作るのを中断して、おまんじゅうを包む。

「ハイ、おまちどおーさまでした」

「ハイ、二百四十円ですー」

「ハイ、これ差し上げますー」

おじいさんの、ハイという声がよく通る。客商売を長く続けた人の声である。こういう声を出す個人商店のおじさんって、昔はよくいたなあと思い出す。決しておざなりではなく、お客さんを大事にしている声である。

「ハイ、おまちどおーさまでした」

おじいさん自ら持ってきてくれたもやしそばは、丼の縁から汁がこぼれんばかりの大盛りであった。野菜もたっぷりで、この惜しげもない、豊かな感じはどうであろうか。もやしそばのはずだが、野菜もたっぷりで、これではもやし野菜そばである。麺が見えないくらいもやしと野菜がのっているので、とにかくまず最初にもやしと野菜を食べて、それから顔をみせた麺をたぐった。麺は太めの黄色い中華麺で、手作りと思われるふぞろいさがいい。私はもやしも野菜も麵も懸命に食べて食べて、食べ尽くした。そして動けないくらい満腹になった。デザートに甘味も食べようと思っていたのだが、到底無理である。

　私はそのまま座ってしばらく食休みをしてから立ち上がった。

「ありがとうございましたー」と、厨房からおじいさんが出てきてくれたので、お土産にお菓子も下さいと言って、店頭に回った。

　店頭には和菓子の他に、「名物アイス最中」と貼り紙がある。

「アイスは二代目だった父が戦後、昭和二十四、五年から始めたんです。父は私が二十歳のときに亡くなって、それから私が継ぎまして、六十年やってきました。今八十歳なので」

　おじいさんはにこにこしながら説明してくれる。おじいさんとは思っていたが、声の張りから八十とは思わなかった。店に入ったときは渋い顔をしていたので、こわい人かなと一瞬ひるんだのだが、話すと愛想のいい人である。

「『ゑちごや』の名前ですか、私の祖父が江戸時代に越後から歩いて出てきたと聞いています。昔は越後屋と漢字だったのを、私の代でゑちごやとひらがなにしました。祖父は明治十年

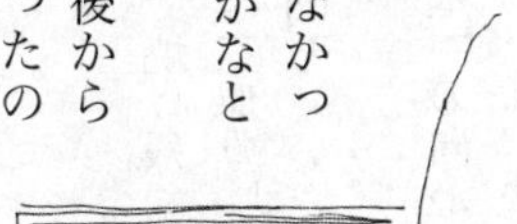

金魚がみんなこっち見てる

に創業して、今年で創業百四十年です。最初は八百屋を始めて、小太郎商店といったそうです」

やがておじいさんの話は明治から昭和へと移った。

「先の戦争で、このあたりと西片は東大の近くだったので焼け残ったんですね。春日通りの向こうも焼けました。本郷三丁目の交差点にある『三原堂』のあたりから長泉寺まで全部焼けたんですよ。その頃私は那須の塩原に疎開していたんですが」

今八十のおじいさんが小学生の頃の話である。

「ラーメンを始めたのは、三代目の私の代です。『三原堂』の向かいに『福満』という中華料理屋があったでしょ、あそこの店に教えてもらってね。昔は飲食店の組合があって、みんな知り合いだったんだね。うちの中華麵は今も手打ちで作っています」

私が食べたもやしそばは珍しくあんかけで、麵は太めの黄色い中華麵で、昔ふうのちぢれ麵であった。よくある食堂のラーメンとは違っていたが、中華料理店直々のレシピだったのだ。

ラーメンだけでなくお菓子も朝から全部作っているのだという。八十歳の人の仕事量とはとても思えない。今でさえすでにおぼつかないのに、自分が八十歳になったとき、こんなに元気でいられるかと思うと、まったく自信がない。やはり人間元気で長生きするためには、張り合いのある毎日の仕事が必要なのだ。

「ただいまー」。食堂のドアを開けて子どもが帰ってきた。「おかえりー」と、おじいちゃんは元気に応える。「今帰ってきた孫が小学校四年生です」と言うので、「五代目ですね」と言うと、嬉しそうに笑った。

菊坂下の ゑちごや
コーヒー アイス最中
めずらしい!!
あずき、バニラもあり。

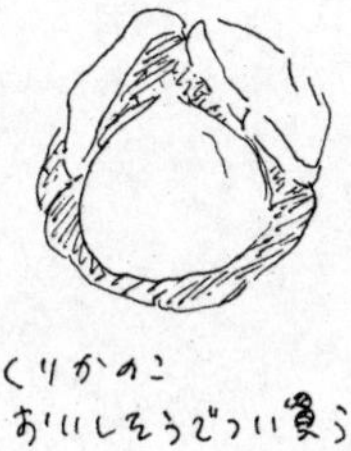
くりかのこ
おいしそうでつい買う

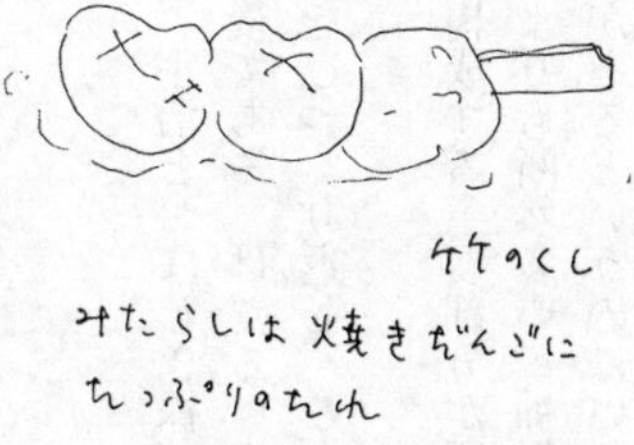
竹のくし
みたらしは焼きだんごに
たっぷりのたれ

神保町 ● 大丸やき茶房

店に入ると、中年のおじさんが肘をついて新聞を読みながら、宇治とおぼしき抹茶色の氷をしゃくしゃくとスプーンでつついていた。暑い夏の午後である。けだるい空気を全身にまとったおじさんは、不機嫌そうにばさばさと新聞をひっくり返し、こちらを上目遣いにじろと見た。

神保町にはよく行く。古本屋と山道具屋という、私の生活を構成する主要部分が固まって存在しているので、しばしば訪れる。他の町に行く確率よりも断然多い。神保町に行こうと思うと、心が浮き立つ。単純である。好きなものがあるというのはいいことだ。

神保町では目当ての本屋をハシゴし、山道具の店もひととおりチェックするという状態なので、途中で疲れて休憩することになる。近頃世間では本はコーヒーとともに読むものになったようで、本とコーヒーの組

み合わせの雑誌の特集をよくみかけるようになった。あるいはカレーという伏兵も現われた。私もコーヒーは好きだし、カレーも食べるし、異論はないのだが、選択肢に甘味もあってよいのではないかと思う。しかし神保町にあるのはコーヒーとカレーである。男だなあと思う。たしかに古本屋に集っているのは大半が定年退職後とおぼしき暇そうなおじいさんだし、町を歩く人も圧倒的に男性が多い。男性の方が本が好きなのか、女性の方が現実に忙しいのか。

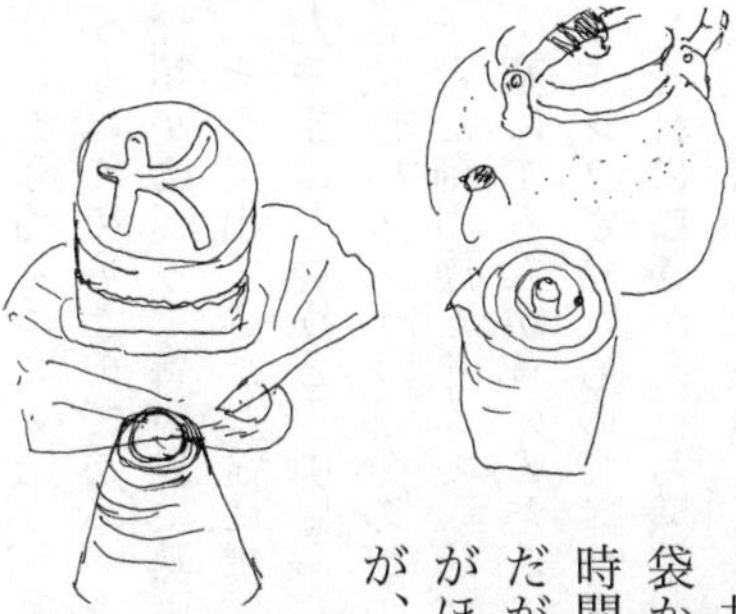

　甘味などは、本屋めぐりで疲れた女の人が、買った書物を袋から出してきて、ちょっと読んだりする（本好きにはこの時間がたまらなく嬉しい）のにちょうどいい形態だと思うのだが、女性人口の少なさからか、かくして神保町には甘味処がほとんどない。以前は和菓子の『文銭堂』に喫茶があったが、今はない。

　それでもかろうじて残っているのがこの『大丸やき茶房』で、しかし店にいたのは、本をめくるのではなくスポーツ新聞をがさつかせているおじさんであった。

　私はおじさんからひとつ離れた角の席に座り、大丸やきと煎茶のセットを頼んだ。暑いので定石どおりかき氷を頼む手もあったのだが、私はおじさんと同じ宇治が好きで、今同じものを食べる気がしぼんでいたのである。それに、この店では珍しく抹茶、煎茶、ほうじ茶とお茶の種類が選べる。暑い夏に熱いお煎茶もよいではないか。

そして出てきたお盆には、正しく煎茶のお道具が一式のってきたので仰天する。大丸やきはというと、中にあんが入った丸いカステラ焼で、表面は茶色い焼き色、割ると黄色いカステラ部分の蜜の味が甘く、食べごたえがある。大丸やきは作家の林真理子さん御用達だそうで、店には掲載誌の切り抜きが置いてある。おそらく圧倒的にお土産にする人が多いのだろう、お皿にのってきたのはすでに持ち帰り用にビニールパッキングされたもので、できたてのほかほかでないのが残念である。

それにひきかえ、お煎茶のレベルはすばらしく高い。茶葉に大変高級なものを贅沢に使っていて、色よく、味よく、香りよく、こうした本当においしいお茶を正しい作法で供してくれるお店は、専門店でないかぎり、もはや探すのは難しいだろう。私は一滴も余さず、おいしくお茶をいただいた。

店内には漫画の棚もあり、もちろん新聞を挿したラックもあり、昭和の雰囲気を多分にまとった、全体に薄暗く古びたお店である。あくまで甘味のお店であって軽食はないが、このお茶のおいしさを味わうだけでも価値がある。お店の人も愛想がいいとはお世辞にもいえない。しかしマニュアルどおりの笑顔と画一化された味よりも、無

151　神保町　大丸やき茶房

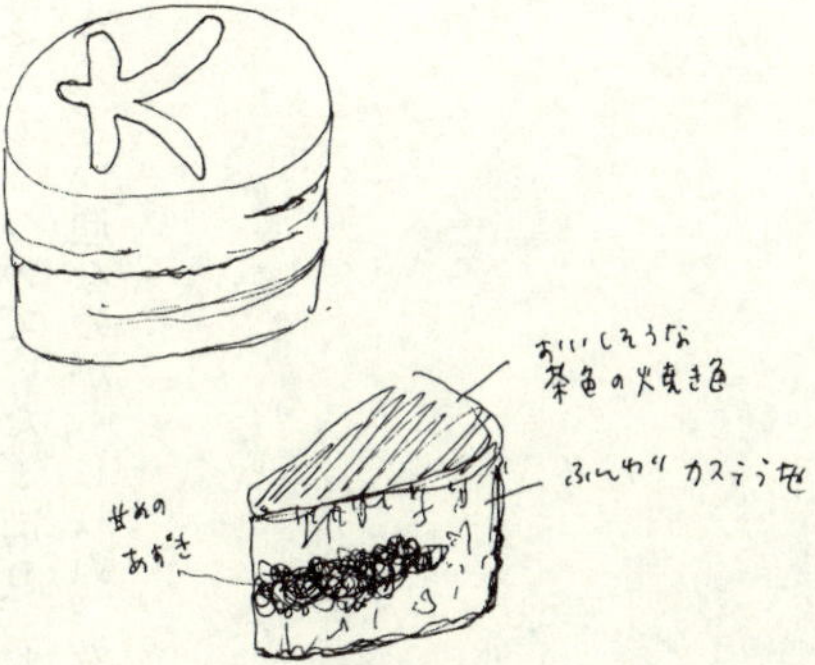

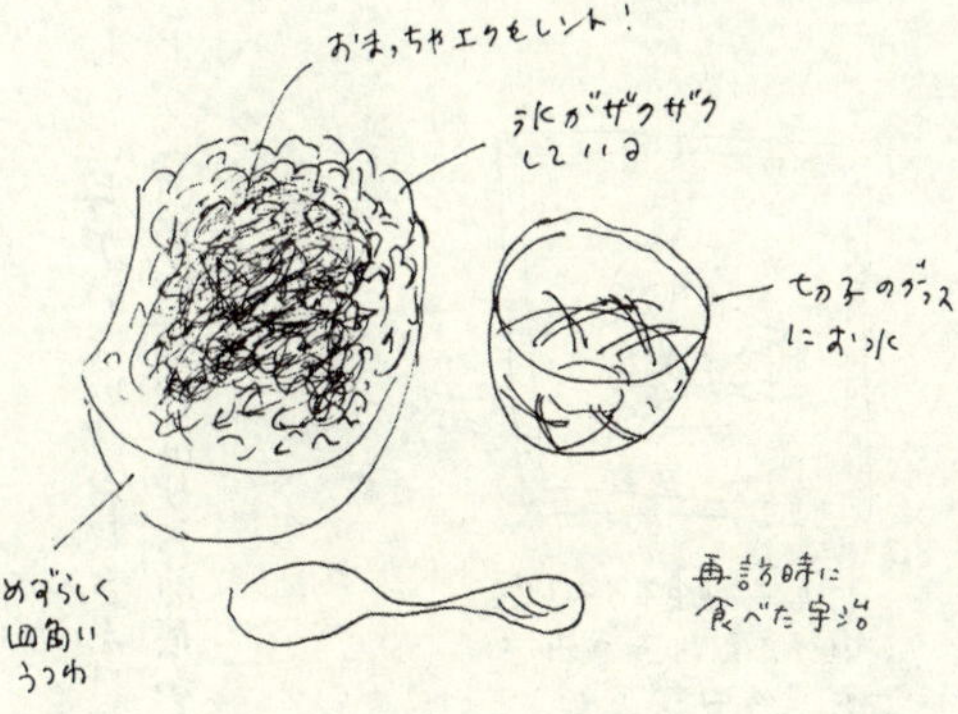

愛想でもしっかり選ばれたおいしいものを出してもらえれば充分である。このクオリティを継続するのは、それはそれでかさむだろう。しかしそこに妥協しないところに、この店の気概を感じる。

おじさんのつついていた宇治も、お抹茶がおいしいにちがいない。おじさんは意外や味にうるさい通なのかもしれぬ。次は宇治にしよう。いや、やっぱりお煎茶かな。

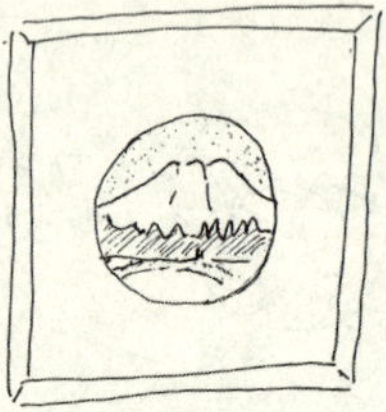

一点だけ飾られていた山の絵。あの山はどこの山だろうか

九段下●寿々木

蒸し暑い夏の午後、九段下の甘味喫茶『寿々木』は、若いお客さんでいっぱいであった。九段下駅の六番出口から徒歩二分、武道館に行く前の子たちだろうか。和菓子店の奥にテーブル席が五卓ほどある小さな店で、メニューもごくふつうのものだけで、とても若者たちが次々にやってくるようなお店でもないと思うのだが、これも昨今のかき氷ブームのおかげだろうか。

私もかき氷を食べるつもりだったのに、結局頼んだのは冷製抹茶セットである。冷たいお抹茶と和菓子のセットで、かき氷よりもお雑煮よりも高い、この店でいちばん高価なメニューである。しかし先ほど店頭で葛桜を見てしまったので、これに決める。

葛桜を見ると無性に食べたくなるのはなぜだろう？　これにはちゃんと理由がある。

まず葛の透明感が好きだ。いい葛はまるで水滴のような透明感がある。そして透明ななかにぷわぷわと、偶然入った空気の玉が浮かんでいることもあって、そんな頼りなさげな、流れていくようなみかけなのに、食べるとつるりとして、しかもっちりしているのもいい。ゼリーや寒天とはまた違う、やわらかな弾力のある食感なのだ。

葛桜はそれにこしあんが入っているのだが、同じようなお菓子に水まんじゅうというのもあって、湧き水豊富な福井の小浜や岐阜の大垣の名物である。こちらはこしあんの入った葛まんじゅうをおちょこに入れて作り、そのまま流水で冷やして売っている。冷たくて、夏らしく、本当においしい。こしあん抜きで葛だけでもおいしい。なんなら葛だけでも全然かまわない。

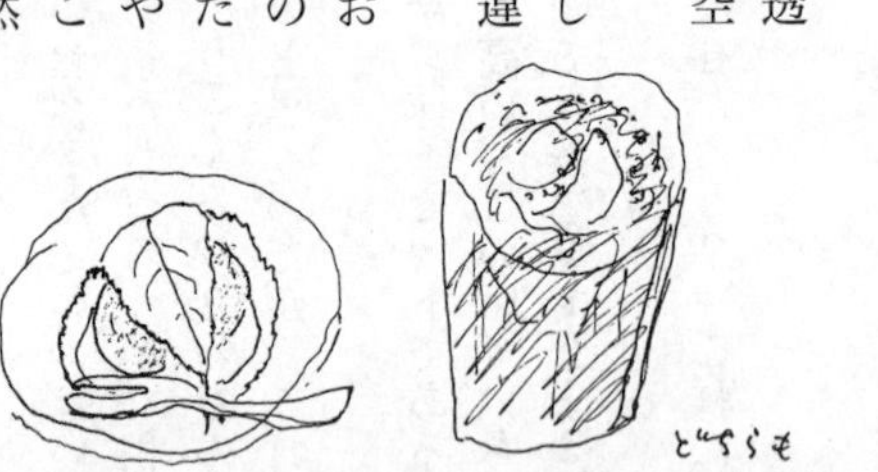

だから冬に飲む葛湯も大好きだ。熱湯で葛粉とお砂糖を溶くと、透明でとろりとしたくず湯ができあがる。かんかんに沸かしたお湯でないとこの透明感は出ない。それを熱いうちに少しずつスプーンで食べる。薬みたいな味という人もいるが、その名も葛根湯なる風邪薬もあるほどで、葛は古来薬として用いられ、薬効成分も高い。風邪

のひき始めに食べると、体が温まってぐっすり眠れる。植物がもつ、あるかなきかの淡い自然の風味が、葛のおいしさなのである。

『寿々木』の葛桜は私のもつ葛のイメージどおりだった。このお店では、葛桜だけでなく他の生菓子もきれいである。職人さんがひとつひとつ手で作った、端正なかたちをしている。聞くと創業は明治二十九年、創業百二十年だそうだ。時折町の片隅の小さな店でも、はっとするほど優雅な上生菓子を作っているお店に出会うが、こうした店はただ黙々と生真面目にお菓子を作り、地域の人たちの用を足し、地域の人たちに守られて、大切に味を伝えてきたんだなと思う。先ほどは、氷屋さんから届いた氷を若主人が両手に提げて急ぎ足で運んでいた。きっと氷もおいしいことだろう。

この女の子はあんみつがきたとき嬉しそうな顔をした

お店はおばあさんと息子さんらしき若主人ふたりで切り盛りしていて、若主人がほとんどの仕事を引き受けて、片時も休まず動き回っている。注文をとるのも、氷をかくのも、調理をするのも若主人で、おばあさんはお給仕だけでだいぶゆっくりである。それを若主人が逐一フォローしているのがよくわかる。それでもおばあさんはにこにこしていてやさしく、こちらに対してもなにかと気を配ってくれる。メニューにはお雑煮やおにぎりもあったから、お昼どきは目の回る忙しさにちがいない。なにか少しはらはらするような気もするが、こうしてふたりで毎日お店をしていることが、なによりいいことなのだろう。店頭の生菓子が並んだガラスケースの上には、先代のおじいさんの小さな写真が飾ってあった。

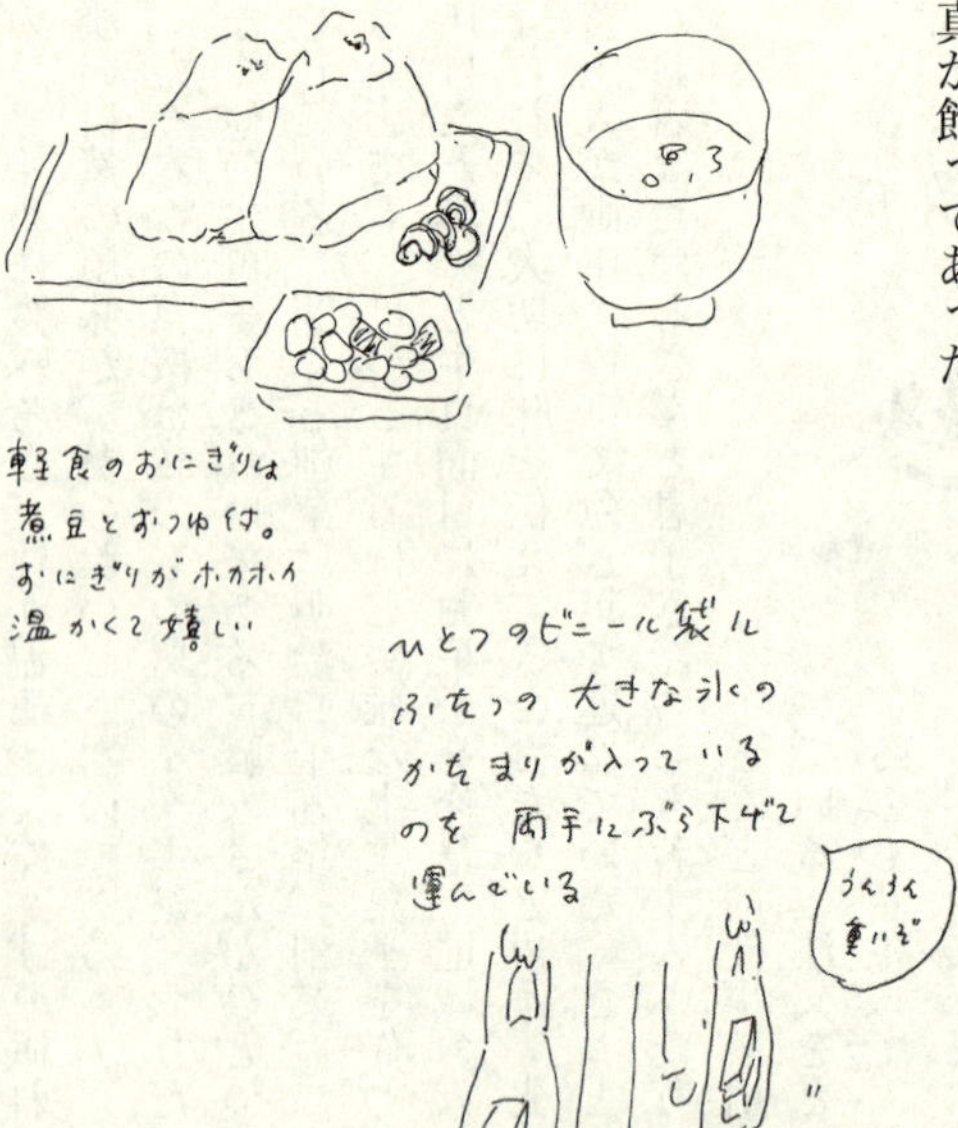
軽食のおにぎりは
煮豆とおつゆ付。
おにぎりがホカホカ
温かくて嬉しい
ひとつのビニール袋に
ふたつの大きな氷の
かたまりが入っている
のを 両手にぶら下げて
運んでいる
ユッサ
ユッサ
すいに白玉プラス

麴町 ● 甘味おかめ

今、夕方の五時少し前、待ち合わせは五時半なので、ぼんやり待っている。さっき女の人が入ってきて、豆かんを頼んでいた。私は先ほど茶めしおでんを食べて大満足をした。お食後の甘味は氷にしようか、寒天にしようか、おはぎもおいしそうだなとメニューをめくりながら思う。今日は打ち合わせだが、毎回ここにしたいくらいだ。奥の厨房音は厨房から聞こえる鍋釜と外にかけた風鈴の音だけで、給仕の女の人も、奥の厨房から伝わってくる雰囲気も感じよい。大らかな木の椅子や机などの調度もひとめで長野の松本民芸とわかる。入口の棚に民芸の壺や水差しが飾ってあるところも高得点である。全体にしっくりと落ち着いていて、居心地がよい。注文したものが出てくるまで、しばらくかかるのもかえってよいではないか。

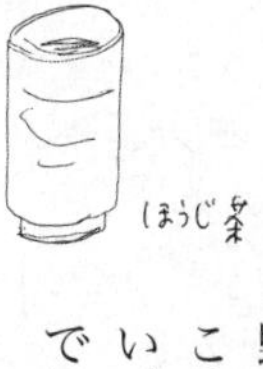

と、ノートにメモを書いていたら、チリン、チリン、チリリリン

……とドアにつけてある鈴が鳴って、スーツ姿のサラリーマン三人がおでましである。麹町という場所柄か。

「おしるこ熱いの」と、おじさんが座るなり言う。

「おしるこですか……」と、若い人が言う。

「おでんあるの？　おでんもいいぞ」と、おじさんが若い人に言う。

「いえいえいえ」と、若い人が断る。

私も食べたおでんには、はんぺん、大根、ちくわ、結び昆布、こんにゃく、玉子、ごぼう天と、だいたいの種類がのっていた。黒縁の深めの民芸のお皿で、うつわもゆるがせにしていない。茶めしもひさしぶりで、白ごまをかけてお召し上がり下さいと言われるが、かけなくてもおいしい。ごはんの粒が立っている。おでんは薄味で、関東炊きではない。手間をかけて、作っている味がする。もうなにを食べているかわからないくらいの速さで食べてしまった私。おいしかった……。

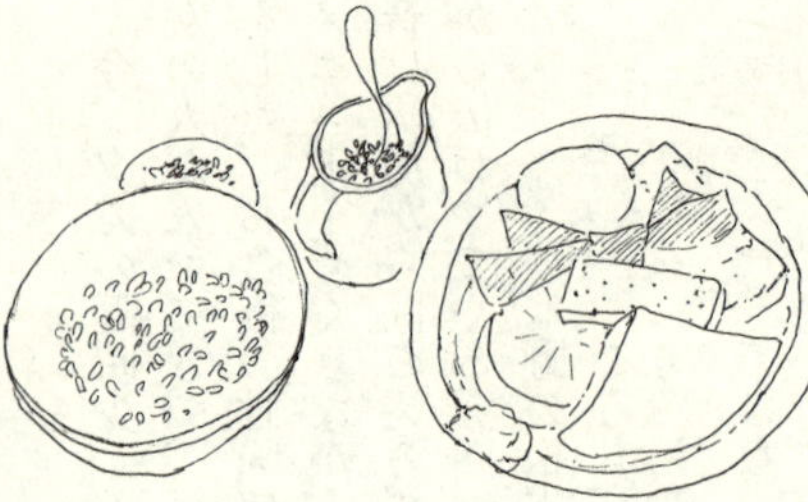

五時の時報が外から聞こえる。先ほど麹町駅から歩いてきたら、前方に茶色に白で染め抜いた旗が風に揺れていて、あそこだなと思いながら近づいた。そうすると、皇

居のお濠の並木が見えてきて、そんなところもよかった。豆かんの女の人が「ごちそうさまでした」と静かに声をかける。後に残ったうつわは藍色のガラスだった。

甘味のメニューは多く、迷ってしまう。もちろんそれはマイナスではない。ネーミングがいっぷう変わっている。蔵王あんみつも気になるし、でもここはソフト富士だなとひとりごちる。どちらも白い雪のようなソフトクリームがのっているのだろう。

「米原から琵琶湖の間」と、おじさんたちは話す。

「なにもない」

「ゴルフ場はあるけど」

「すごい寂しい。新幹線を降りて在来線を待ってるとき、なんでこんな寂しいところに駅を造ったんだろうと思う」と話している。有名な話だろうけど、それはある政治家が、一九六〇年代に東海道新幹線を通す際に地元の岐阜に駅を造ったからで、おかげで昔は豪雪で新幹線がよく止まり、出張の多かった私の父もこぼしていた。

チリン、チリン、チリリリリン……。打ち合わせの相手がやってきて、私は蔵王あんみつにした。金時豆のあんで、寒天の上にソフトクリームがのっている。以前、厳寒期に蔵王山頂に上がったとき、まろやかな斜面にぽつぽつと立つアオモリトドマツに雪が厚く

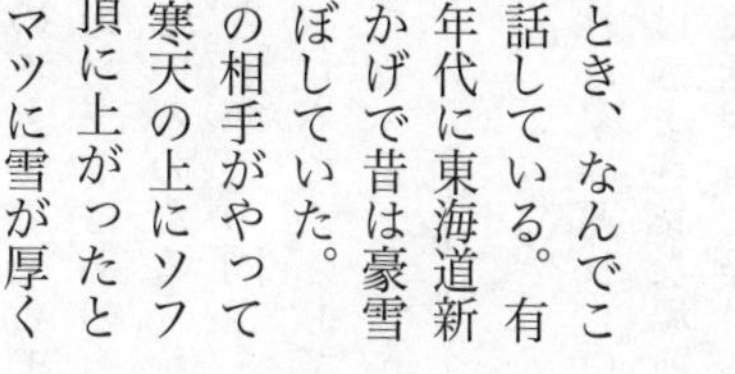
向こうの方に
← 茶色に白で
なにか書いてある
ヒラリヒラリと
揺れていて、
たぶんあそこだなと
思いながら近づく。

ソフト
金時あん
カンテン
蔵王あんみつは
カンテンと金時のあんに
ソフトがのる

ソフト
白玉
ソフト富士は
白玉にソフトがのる

積もって、怪獣のごとくみえるモンスター現象が起きていた。このソフトはあのもったりと白く重い世界を表現しているのだろうか。金時豆の甘さがソフトの冷たさと寒天の固さと絶妙にからみ合い、美味である。量もたっぷりで、打ち合わせもそこそこに夢中で食べる。

チリン、チリン、チリリリン……。鈴が鳴って、次々に人が入ってくる。三人連れのおばさま。男の子を連れた家族連れ。白髪のおばあさんふたり。店内にはさまざまな場所と年代が幾重にも重なり合い、会話が宙に浮かんでいる。

閉店間際になって最後に席を立つと、奥から髪をきゅっとまとめた快活な女の人が出てきた。

「お店は今年で六十八年です。うちは家族でやっていて、私はあんみつやの娘だったの。もとは有楽町駅のガード下に店があって、今も有楽町に支店がありますけど、本店は麴町に移りました」と教えてくれる。そして私の同行者がたまたま新聞社の人だと知ると、「昔は有楽町に朝日毎日読売と新聞社が集まっていたんですよ。会社の地下で輪転機を回していて、うちの店にも仕事の上がった職人さんが、夜中の二時三時に来てました」と、当時を懐かしむように言う。店内で用いられている民芸についても、「先代の父は民芸協会の会員だったので、やきものもいいものを集めていたんです。お出ししているうつわは会津の五十嵐元次《もとじ》さんのものです。昔は益子を使っていましたけど、少しもろくて賄いもの屋には向かないのね。ガラスものは福岡ガラス。欠けても金継ぎして使っています。倉敷のはもっと高価ですし、沖縄のはしゃれていて、うちとは合わなくて使っていません」と語り、店主のさばけた潔い性格と確固たる美意識が『おかめ』を支える屋台骨なのだなと腑に落ちる。さらに店主は「ガラスは藍の色が好きなんです」とつけ加えた。

チリン、チリン、チリリリン……。外はちょうど藍色の夜になるところであった。

赤坂●松月

赤坂の『松月』の特徴は、甘味処には珍しく、おじさん度が高いことである。赤坂見附の駅周辺は、細い通りにバーや飲食店が立ち並ぶエリアで、雑然とした夜の街の印象があって、甘味処に来るような女の人には、あまり用のない街なのかもしれない。この界隈に甘味処があることの方が、珍しいのかもしれぬ。

『松月』の存在は、以前、六本木、赤坂周辺の取材をしていたときに、偶然店の前を通りかかって知ったのだが、古びたショーケースに並んだ、蠟細工のみつまめやおしるこや草だんごのなかに「おむすび」があって、興味をそそられたのである。サンプルの間に挟まって「昔ながらの和風喫茶。どうぞ二階へいらして下さい」と手書きの札も置いてある。これは一度入ってみなければと思っていたのであった。

改めて『松月』を訪ねる。以前は気がつかなかったが、一階は和菓子店である。自動ドアをそっと入ると、誰も出てこず、しーんとしている。そのひと気のなさに躊躇

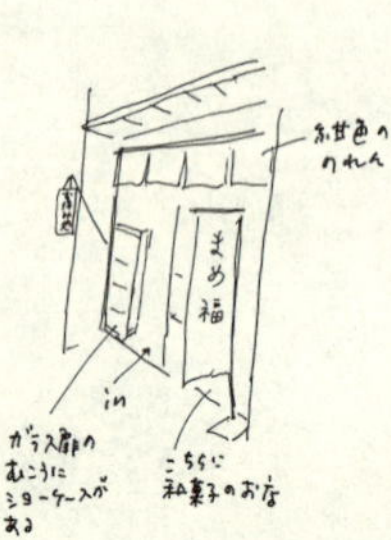

お煎茶

していると、後ろから荒々しく入ってきた、黒いコートを着たサラリーマンふうの男が、私の横をさっとすり抜けて階段を上がっていった。いかにも慣れたようすで、私は彼の後ろから上がっていった。

二階に上がっても人はおらず、テーブルの上の片付けもしていない。大丈夫かなと思っていると、厨房からかすかに音がしたので、よろしいですかと声をかけると、明るい声で、どうぞと声が返ってきた。いくらか安心して窓際の席に座ると、先ほどのサラリーマンはいちばん奥の角の特等席をキープしている。時刻はちょうど午後二時だったので、どうやら待ち合わせらしい。

持ってきてくれたメニューには、わらび餅（夏季限定）、栗ぜんざい（冬季限定）と書かれた限定ものも多く、季節感を大切にする和菓子店ならではのこだわりを感じる。これは期待できそうである。私はなかでも他店ではあまりお目にかからない、ゆであずきを頼んだ。あんこのもととなる小豆だけを食べさせるのだから、よほど自信がなければ出せないメニューだ。

蓋付きのお椀に入ってやってきたゆであずきは、とにかく甘かった。ゆでた小豆に白玉が三つのったシンプルなもので、田舎しることの違いは、おそらくお餅

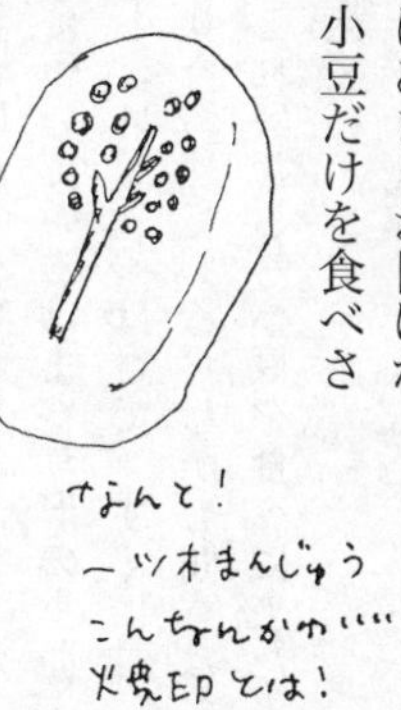
なんと！
一ツ木まんじゅう
こんなかわいい
焼印とは！

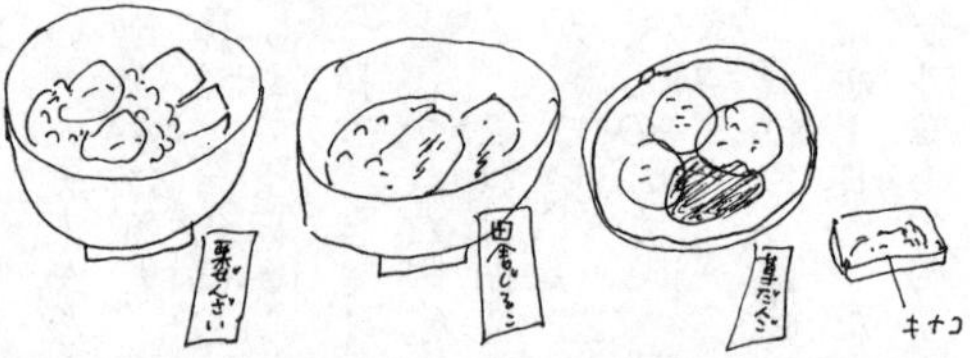

が白玉に変わっただけと思われるが、とにかく小豆の甘みがしっかりしているのである。たまらず、横についているはまぐり形の小皿にのった佃煮をつまむと、これがほどよいしょっぱさで、すぐに甘みを緩和してくれる。甘辛絶妙の取り合わせである。しかも佃煮は極細の味よい昆布で、粋を感じる。これはむしろ小豆を食べに来たというより、佃煮を食べに来たといえまいか。

気になる黒コート氏だが、待ち合わせの相手がやってきて、どうもどうもと挨拶している。同僚ではなく、取引先の人のようだ。取引先と甘味処で打ち合わせとは特殊である。商談をするうちに、お互い甘味好きと判明し、では次は松月でという話になったのだろうか。相手は「僕はゆであずき」、黒コート氏は「私はあべ川もちで」と注文した後は、声を潜め、こそこそと話している。なにも見ず知らずの私に聞こえたってかまわないだろうに、そんなに入り組んだ話なのだろうか。かえって興味深い。

それでも私にとっては他人の悪だくみよりもゆであずきの方が重要なので、無心に甘辛の反復活動をくり返しているうちに、話は聞こえなくなってしまった。窓の外には、黒コート氏と同じようなコートを着た人々が足早に歩いていく。隣のビルの二階は理髪店らしく、窓辺に強引に取り付けた回転灯がくるくる回っている。そして後から入ってきたお客さんもまた、おじさんであった。

行きは赤坂見附駅から来たが、帰りは赤坂駅まで歩いていってもいいかなと思う。『松月』は両駅をつなぐ一ツ木通りのちょうど中間に位置している。一ツ木通りは古くからの通りで、この店も今年で九十四年続いていると教えてくれた。なにかの用事で赤坂に来たとき、ここでひと息ついて、甘いものを食べてぼんやりして、また歩き出すにはちょうどいいお店だ。

伝票を持って席を立つと、商談は無事終わったらしく、妙に明るい声で「今の若い人はなに考えてるかわかんないすよ」と、黒コート氏の話す古典的な愚痴が聞こえてきた。

赤坂 ●

虎屋菓寮 赤坂店

赤坂の『虎屋菓寮 赤坂店』は、虎屋の本社ビルの地階にあったが、二〇二〇年開催の東京オリンピックに向けて、建て替えのため、二〇一五年十月に一時閉店となった。その情報を閉店数ヵ月前に知った私は焦って、ぜひともお昼の御膳を食べておかねばと、友人Kを誘って行くことにした。なにせ今食べておかなければ、数年先まで食べられないのである。この御膳は懐石料理の『金田《かねた》中《なか》』が調製しており、赤坂の菓寮でなければ食べられない。私は一度だけ年長の友人と食べたことがあり、大変おいしかった記憶が残っている。

お茶は何度も
新しくいれたものを
持ってきてくれる

当日、菓寮に時間ちょうどに着くと、Kはまだ来ていなかった。しばらく経ってもまだ来ない。大学時代の友人で気の置けない仲とはいえ、遅れるときは必ず連絡を取り合うので、おかしいなと思う。メールを見ると、もうだいぶ前に駅に着いたとあった

とらや

ので、はははあ、さては一階の店舗でおじさんにつかまってるなと予想がついた。赤坂本店に立っている小柄なおじさんは、昔ふうにいうと番頭さんといった趣で、店を訪れるお客様を見定めて、まごついたり、悩んだりしていると、すかさず救いの手をさしのべてくれるのである。虎屋のことならなんでも知っている生き字引的な存在で、しかも愛社精神に富んだ人なのだろう。のちに虎屋のかたにうかがったときにも、おじさんは経験豊富な元社員で、今はお客様のご案内をお願いしているとのことだった。

彼女はしばらく経ってから、ごめんごめんと言いながら現われた。一階でおじさんと話してたのと言う。そうだと思ったと答える。建て替え前に今昔の虎屋ビルの写真の展示をしてるのよ、あれを見ていたら、いろいろ説明してくれてと言う。彼女は人の話を聞くのが上手いし、熱心に聞いていたのだろう。おじさんは喜んで話してくれたのだろう。私はそのようすを容易に想像できた。

お昼の御膳は予約してあったので、持ってきてもら

う。丸い赤いお重の上に、黄色いイチョウの葉がのっていて、それだけで嬉しくなる。蓋を開けると懐石のお料理がぎっしりと詰められている。一のお重には、穴子ののった焼き豆腐、卵焼、鯖の焼いたの、青豆、茄子の煮びたし、青菜、お麩などが彩りよく丁寧に詰められ、二のお重は枝豆のごはんである。イチョウ形にくりぬいたサツマイモが、青豆とともに竹串に刺してあるのなど、なんともいえずかわいらしい。なにより美しいのはお椀で、蓋を取ると卵で作ったまん丸の月が、澄んだおすましにぽんわり浮いているのである。季節はちょうどお月見のころである。

私たちは歓声を上げ、少しずつ食べていった。こうした贅沢を味わえるのが大人の特権だと心底思う。学生だった私たちが、数十年後に、昼日中から豪華な御膳を前に優雅におしゃべりしながら食事する日が来ると、誰が想像しただろうか。

Kとは年に一度会うか会わないかなので、会うとたいてい半日近く話している。よくもまあそんなに話すことがあるものだと思うが、気の置けない友人とはそういうものだ。そうしてめったに会う機会のない私たちだが、今年は前回会ってからまだ三ヵ月しか経っていなかった。前に会ったのは、大学時代の共通の友人の葬儀であった。

　亡くなった友人Hと私たちは同じ学科のごく親しい仲間で、卒業後もつき合っていたので、闘病の末の友人の死の衝撃は大きかった。亡くなって三ヵ月経ってようやく少し冷静に受け止められるようになり、私たちはこもごもに胸中を語り合った。ことにHとKは中学時代からの友人で、大学から加わった私よりもずっと長い年月をともにしていたのだが、卒業後しばらくしてふたりはわけあって疎遠になってしまい、何年も会わないまま、別れてしまったのである。

「会わなくなってからも、Hはどこかで生きているという感覚があったけど、今はもうHはこうして食事することもないし、ふたりで一緒にごはんを食べることも、この先永遠にないんだなと思う」とKは言った。

　御膳にはこぶりの甘味がついていて、あんみつかかき氷を選べるようになっている。Kはあんみつを選び、私は宇治のかき氷にした。虎屋のかき氷は氷の舌触りのよさもさることながら、お抹茶のおいしさは格別だ。ちょうど一年前、まだHが生きていた頃、私は退院した彼女と別の店にかき氷を食べに行った。あのときは生きていたのに、今はいない。そして私たちだけが今ここでごはんを食べながら話している。それはとても不思議な感覚であった。と同時に、Hがそこにいて私たちの話を聞いているような気もした。

私はかき氷を食べながら、年長の友人とここで初めて御膳を食べたときのことを思い出す。あのときは友人のお母様が亡くなられて数ヵ月後だった。そのとき友人は自分がお母様にあげたという形見のネックレスをつけてきていて、その青みがかった石が、まるで彼女を守るような感じで、私たちの話を聞いている気が始終していた。はからずも私は、友人を亡くして数ヵ月後にまたここにやってきたのであった。

店内は静かで、年輩の人たちも多く、低い話し声だけが聞こえている。その一組一組の人たちは、私たちと同じように、それぞれの人生で起こったことを話しているのだろう。小さなテーブルひとつひとつにその人たちの人生がある。今ここで私たちは生きておいしいものを食べて話をしているけれども、これもまた生の一瞬であって、決して永遠にあることではない。

赤坂の『虎屋菓寮』は、そうした話を静かに、落ち着いて、時間をかけて語り合える場所なのであった。

赤坂 ● 美吉

赤坂の豊川稲荷に来るのは二回目で、四月八日の今日は花祭りが行なわれていた。お恥ずかしい話だが、お釈迦様の生誕を祝う花祭りという行事は知識として知ってはいたが、今でも行なわれているとは知らなかった。知らずに行って、たまたまその日に当たったのである。

本殿の前には、色とりどりの花で飾られた（造花なのが残念だ）あずまやが作られていて、中に丸い水盤があって、お釈迦様が「天上天下唯我独尊」のポーズをとって、甘茶の泉の中に立っておられる。小学校の教科書に載っていたとおりの図で感動する。お釈迦様の像はごく小さく、金色で、いいお顔をしておられる。

人々が四方からあずまやに向かって次々にやってきて、小さなお釈迦様に、小さな柄杓で甘茶をかけて一礼し、目を閉じて拝む。お参りが済むと、お釈迦様の背後に置いてある、ジャーに入った甘茶を紙コップに

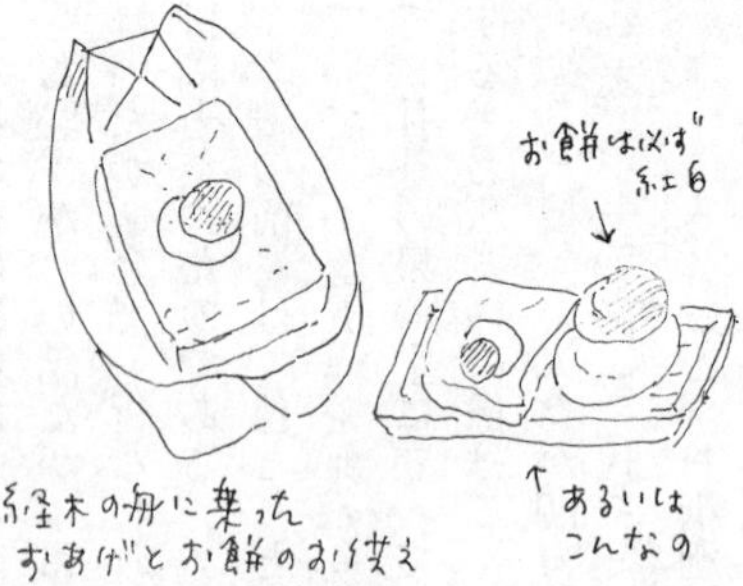
お餅は必ず紅白
あるいはこんなの
経木の舟に乗った
おあげとお餅のお供え

ついで飲む。その一連の動作がスムーズで、身についた所作である。みなさん敬虔な信者なのだろうか。

私も真似をしてお参りをした後、甘茶をいただく。お白湯《さゆ》にほのかに甘みがついており、おそらくアマチャという植物からとった甘みと思われる。アマチャは『枕草子』にも書かれた日本最古の甘味料といわれており、これもまた知識として知ってはいたが、実際に今日、豊川稲荷で味わえると思っていなかった。当然のことながら、お釈迦様の足もとをひたしているのも甘茶であるが、しかし本当に甘茶なのか見た目ではわからない。誰も見ていない隙に、こっそり指を入れてぺろりとなめてみたい衝動にかられる（が、もちろんそんなことはしない）。

そんなこんなで、思いがけず初めて花祭りの行事に参加して、私は深い満足をおぼえた。この年になって初めての行事とは、心はずむものだ。

豊川稲荷に来る人は、どの人も物静かで、一心にお参りしている。私のように不謹慎にもおきつねさまやお供えを写生していたりなんかしない。このお供えも最初に見たときは驚いた。油揚げに紅白の丸餅をのせたものが、舟型の経木にのっているのである。お餅は神様用で、おあげは神様の使いであるおきつねさま用なのだろう、なにかとても具体的なのである。そしてそれらのお供物は、ねずみや鳥などにつつかれないように、引き戸のついた神前の棚に入れるのである。

　このお供えセットは、本殿左手にある文化会館一階に三軒並んだ茶店で売っている。それぞれに大きさや舟型は違うが、紅白餅とおあげは同じ。店先に近づいて見ていると、店内ではおうどんや甘味が食べられるようである。どの店に入ろうか迷い、まん中の『美吉』にした。

　お手製の座布団が敷いてある奥の席の横にはストーブがあって、やかんがふたつのっている。手元にメニューはなかったので、私はいったん心地よく収まった一角からまたぞろ出て、厨房の前にぶら下がった短冊を見て、ここはやはり本場だしと、きつねうどんにした。同行の夫は煮込みうどんにする。座り直してから、夫が「御神酒飲む?」と言ったので、今度は無精して、席からお酒下さいと言う。おばさんが「お燗する?」と聞いてくれたので、してもらう。花祭りとはいえ今日は花冷えで、外は寒い。店内ではストーブ

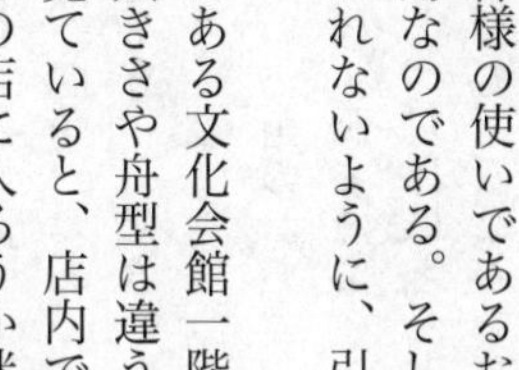

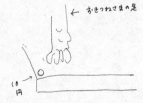

のシューという音しか聞こえない。たまに人が来ると、おばさんがすかさず「いらっしゃい」と声をかけて、おじさんが出ていく。どの人もおいなりさんはありますかと尋ねる。縁起物だから、豊川稲荷に行って来たよとお土産に買っていくのだろう。しかし買うだけで中へ入って来る人はいない。

社寺に行って、境内の茶店でおうどんを食べて帰るという習慣は、今はもうあまりないのだろうか。私が幼い頃はお正月に初詣に行くと、帰りに茶店で縁台の緋毛氈の上に座って、きつねうどんを食べた。寒さ厳しい三が日に外で食べる、薄味のお出汁のきいた熱いきつねうどん、四角いおあげは甘くておいしかった。なにを隠そう、私はきつねうどんが大好きなのである。

やってきたきつねうどんは、小さい三角のおあげが三枚のって、玉子、わかめ、ねぎ、かまぼこと豪華である。煮込みの方はと見ると、具はほとんど同じで、違いといえばおあげが二枚になって、代わりに天かすがのっていることである。これはたぬきでは？　と思

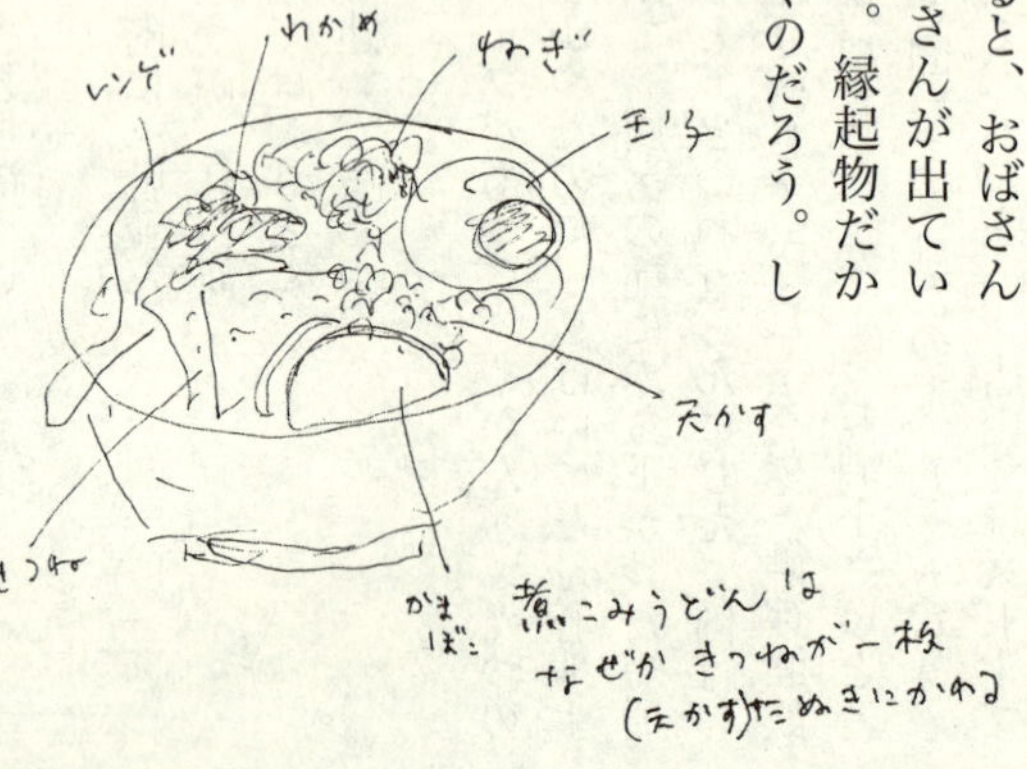
レンゲ
わかめ
ねぎ
玉子
天かす
きつね
かまぼこ
煮こみうどんは
なぜか きつねが一枚
(天かす)たぬきにかわる

うが、おじさんは「うちでは昔から、煮込みは天かすです」と言う。天かすはたぬきのことだから、これはおそらくきつねの天敵であるたぬきを煮込んでいるという意味だろう。昔話の『かちかちやま』では、ずるいたぬきがおばあさんを騙して鍋で煮込みにしてしまうが、その仇をとって、たぬきを煮込みにしてしまうという敵討ちであろうか。いずれにせよ、きつねの敵はたぬき、お稲荷さんの境内で、茶店のメニューとはいえ、たぬきの名を出すなど縁起でもないということだろう。古めかしくも愉快な縁起担ぎが残っているではないか。

おうどんは固めで細めの麺で、お出汁も色は濃いが味は濃くなく、するりといけてしまう。おいしいのはなんといっても、とりどりにのっている具であった。

御神酒も飲み、きつねうどんも食べ、仕上げにあべ川餅を食べる。このあべ川のきなこが絶品である。おばさんが調合した塩と砂糖の加減が巧みで、残ったきなこをお皿ごとぺろぺろなめたいくらいである（が、もちろんそんなことはしない）。先ほどもおばさんがお銚子を下げに来て、もう入ってない？　と振ったとき、夫はぺろぺろと未練がましく盃をなめるふりをしていたが、なにかとなめてみたい気持ちになるのは、やっぱりお膝元だからかしらん。

白金●大久保だんご

私にとって白金といえば自然教育園である。自然教育園は港区に残された広大な森林で、国立科学博物館の附属園にもなっている調査研究施設である。都内の公園のなかでも私は特に自然教育園が好きで、暇さえあれば出かけていく。ついには年間パスポートも入手してしまった。

園内に入るとすぐにくさぐさの道になる。多少の手入れはあるものの、植物の主体性にまかせているらしく、全体にぼうぼうしている。それがいい。しょっちゅう来るので、どこになにが生えているかも覚えている。草も木もおなじみさんである。夏に来たときに咲いていたウバユリが初秋に青い実をつけていたりすると、おっ早いねと思ったりする（ユリにしてみればなに言ってんだという感じだろうが）。それから茎に止まったハゴロモが汁をちゅうちゅう吸っているのをじっと観察したりする。世界の珍しい植物より

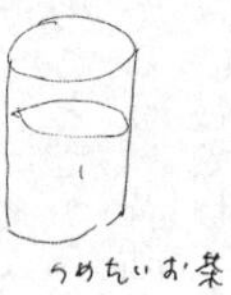

も、昔から日本にある草木が生えているので、大きな庭（もとは大名屋敷である）のなかをゆったりと見て歩くような心もちである。

最初の草の道を抜けると、羽子板の羽根に使うムクロジの実がぽとぽとたくさん落ちている。初夏には青い固い実が、だんだんと橙色のスケルトンになって、秋には中の丸い黒い実が透けて見えるようになる。見上げると高い梢に小さな実がたくさんついている。

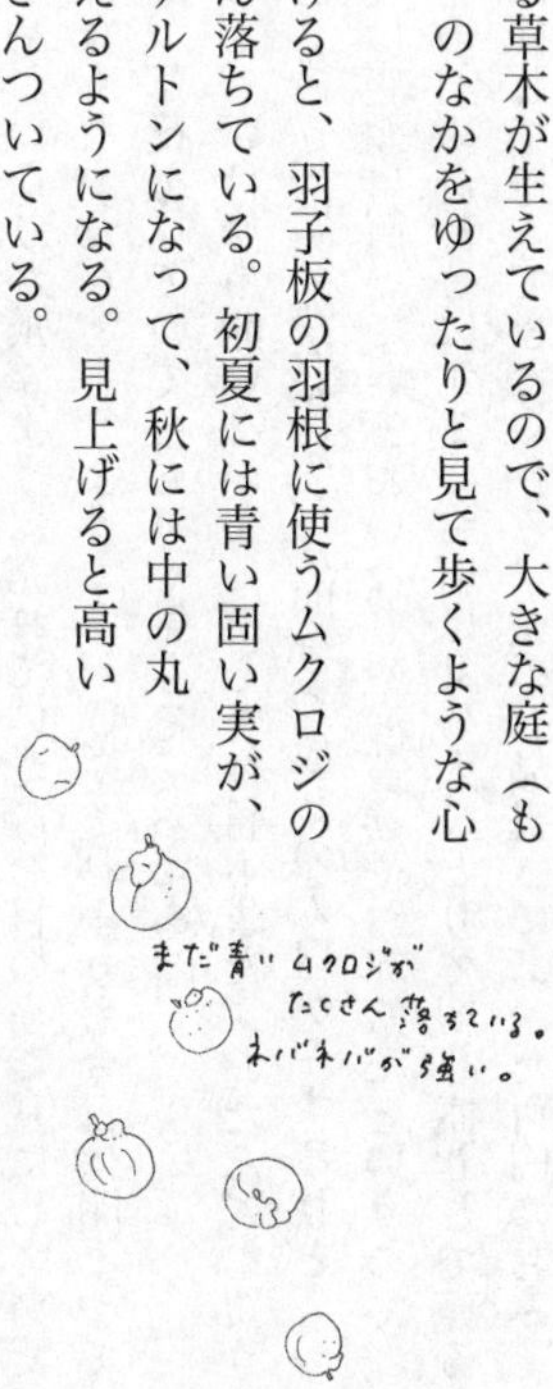

自然教育園は行くたびにさまざまな発見がある。ただ毎度そんな調子でのんびり遊んでいるので、途中で時間切れになって、閉園間際に小走りで門に戻ることもしばしばである。

しかし、そんな楽しい自然教育園に行くときの唯一の悩みは、近所に頃合いの食事どころがないということであった。行き帰りには目黒駅を使うのだが、駅前はごちゃついていて落ち着かない。せっかく教育園で浄化された気持ちが台なしである。どこかいいお店がないものかと長らく探していた矢先に、『大久保だんご』を発見したのであった。

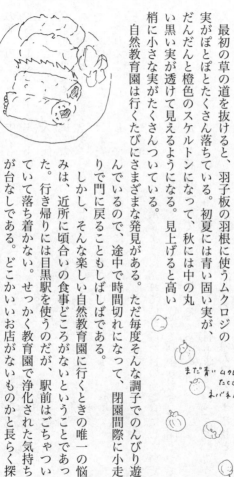

教育園からは北東へ白金方面に歩いていくのだが、プラタナスの並木道を行き、途中から細い坂道を上って下りていく、その感じも散策気分ですこぶるよい。

白金といっても『大久保だんご』は一般にイメージする瀟洒な高級店ではなく、庶民的な構えの古びたお店である。そこに多くの人が立ち止まっている。最初に通りがかったときは見ただけで、次に行ったときはおだんごだけ買ったのだが、中でも軽く食べられるようだ。よし、では次に教育園に来たらぜひとも入ろうと決めて、お昼に『大久保だんご』へ行くことにして、まず教育園にやってきた。けれども、前回おだんごやおいなりが飛ぶように売れていたのを目の当たりにしていただけに、行く前に全部なくなったらどうしようとか、いやそれよりも今日は閉まっていたらどうしようとか、草花を見ていてももはや気もそぞろである。

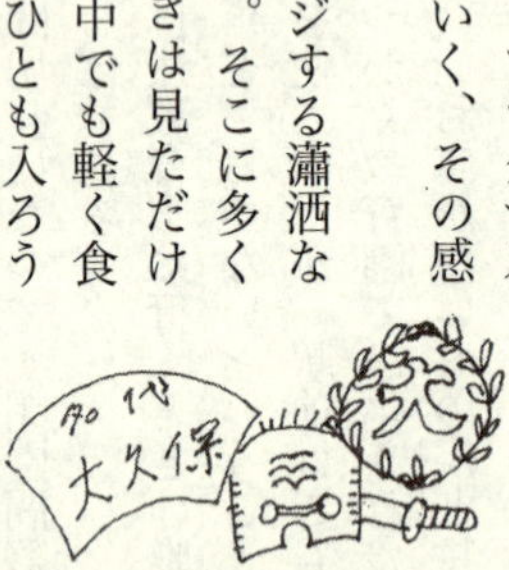

急ぎ足でやってくると、店は無事開いていた。そして今日もまた、おだんごを買う人が順番待ちをしている。私は暖簾のかかった開けっ放しの入口からするりと入って、席に座った。軽食は店頭に置いているおいなりや海苔巻やお赤飯だというので、おいなりさんと海苔巻の詰め合わせにする。お店は女の人ひとりで切り盛りしているが、パックからお皿に移して持ってきてくれる。壁のお品書きにあった百円のおみそ

汁を頼むと、お鍋で作った温かいものを出してくれる。その間にもひっきりなしに人がやってきて、おだんごが売れていく。そしてスーツ姿のおじさんが「だんご四本」と頼んだのを最後に、売り切れてしまった。

私はおいなりと海苔巻とおみそ汁を食べ、おだんごの代わりにかき氷を頼んだ。張り込んでいちばん高い氷クリーム金時（でも五百円）を頼んだのだが、アイスクリームはてっぺんにのっているのではなく、氷の中にひっそり隠れていて、驚かされる。

このお店はおだんごも少し変わっていて、丸というよりは扁平で、筒状にしたお餅を端から切っていったような形をしている。そして必ず串の先端がおだんごから少し出ているのだ。とろりとしたみたらしには甘辛だけでない独特の味付けがなされていて、次もまた食べたいなと思う味であった。

店内には私の後にひとり女の人が入ってきただけで、至極静かである。おだんごも売り切れてしまったので、店先に立ち止まる人もいない。お店の人も隅に座って新聞を読んでいる。

私は前におだんごを買ったときに、包み紙に不思議な絵が書いてあったのを思い出して、尋ねてみた。それには店名とともにお面と刀の絵が描かれてあったのである。

「ああ、それは昔、白金に大久保彦左衛門という武士がいまして、その人の顔なんです。この店の初代が大久保氏のお墓のあるお寺の門前でだんご屋を始めたからなんです」と言う。店名も、大久保彦左衛門のお墓のあるお寺の門前のだんご屋、が縮まって大久保だんごになったと聞いていますとちょっとおかしそうに言う。ははあ、さすればあのおだんごの形は刀の鍔《つば》で、串は刀の剣を模しているのだろうと得心する。大久保彦左衛門は徳川家康の家臣で、天下のご意見番として人望があったそうだ。店の前の坂を下っていった右手に立行寺というお寺があって、そこに大きなお墓がありますよと教えてくれる。せっかくだから、お寺を探して坂道を下ってみよう。教育園に来ると、やっぱりこうして新しい発見がある。

お店は七時半までなんですけど、今日はもう閉めちゃいますとお店の人は言った。まだ昼の二時半である。文字どおり殿様商売だが、朝作った分が売り切れたらおしまいというのは、商い本来の姿であって潔い。店を出てから振り返ると、茶まんがぽつんと一個だけ残っていた。

神楽坂 ● 紀の善

『紀の善』へ出かけた朝はよく晴れて春を感じさせる光で、電車のなかから外を見ていても、自然と気持ちが明るくなるような日であった。今日はなにかよいことが起こるのではないかと思う。

飯田橋の駅を下りて、横断歩道で信号待ちをしていたら、青空に高々と『紀の善』の看板が見えた。自社ビルの屋上に出しているようである。お汁粉だろうか、蓋付きのお椀の絵でおなじみのマークが描いてある。あんなところに看板を出していたとは知らなかった。知らないといっても、私が『紀の善』に来るのはこれでわずか二回目か三回目である。

まぶしい春の日ざしのなか、横断歩道を渡って、神楽坂の坂の入口すぐにあるお店をめざす。開店は十一時で、ちょうど開いたところであった。お店の人であろう小柄なおばさんが、入口でマットが正しい位置に

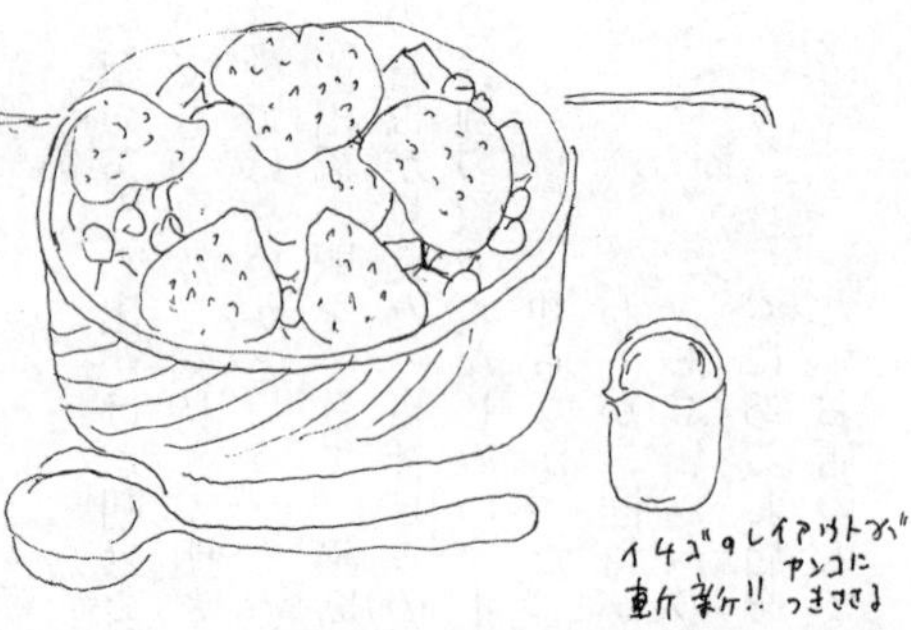
イチゴのレイアウトが
斬新!!
アンコにつきささる

来るように直していて、私に気がついて「失礼しました、どうぞお入り下さい」と、脇に寄ってくれる。が、私は入る前にショーウインドーをよく見たかったので、いえいえ、いいんです、見てからにしますと言うと、「そうですか、どうぞご覧下さい」と、お店の人は中へ入っていった。私はショーウインドーに飾られた、あんみつやみつまめやこのお店の人気メニューである抹茶ババロアなどを見る。ガラスに明るい光が当たって、いちごあんみつのサンプルがきらきら輝いている。無論本物でもないのに、それを見ただけで、なんだか春だなあ、春だからいちごあんみつにしようかなあと心が浮き立つ。

知人と待ち合わせだったので、先に入って待つことにして、中へ入ると、お店の人が総出で抹茶ババロアの持ち帰り用を袋詰めしているところだった。私は中ほどの席について店内を見回した。

実はさっき入ってきたときから、違和感があったのである。以前私が来たときは、お店はもっと小さく、こぢんまりしていて、細い通路を隔ててテーブル席が六卓ずつくらいしかなく、お隣の席の人とは肩をすぼめ合って食べた気がするのだが、今のお店はずいっと奥まであって、おまけに二階まである。なんだか勝手が違うが、『紀の善』はとても人気のある甘味処だし、きっとお客さんが増えて増築したのだろう。お茶を持ってきてくれたお店の人に、最近改装されたかを聞くと、「最近といっても、二十年くらい前です」と言われてしまう。私はどうやらそれほどご無沙汰しておったようである。なにせ有名なお店だし、行ってもきっと座れないだろうと独り決めして、来ていなかったのである。二十年はさすがに長いけれども、二十年来ていなかったといわれれば、ないことではないと納得できてしまう自分がいる。それは生まれたての赤ちゃんが成人してしまう年月であって、大変な長さなのに、自分の人生で二十年という年月はすでにもう二回も繰り返してしまった、驚くに値しない長さになりつつある。もはや年月のだんご状態である。

さて知人はくるみぜんざいを頼み、私はいちごあんみつを頼んだ。せっかくあんなにきらきらして見えたのだから、今日はいちごあんみつを食べるのが正解にちがいない。やってきたあんみつは、あまおうかと思われる巨大な王様いちごが惜しげもなく並び、その下にある寒天やみつまめが見えないほどであっ

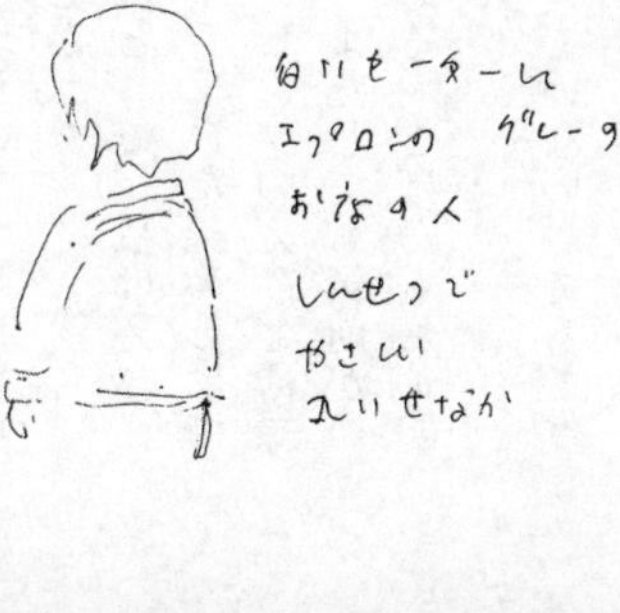
白いセーター
エプロンの グレーの
お店の人
しんせつで
やさしい
丸いせなか

た。店の前のサンプルよりも豪勢である。こういうお店も今どき珍しい。いちごもおいしいし、寒天も寒天の味、赤えんどうも豆の味がして、おいしかった。

順序が逆だが、長居の私たちは釜めしも頼んで食べた。彼女はとりで、私はえび。「二十分くらいかかります」と言われたとおり、しばらくしてやってきた釜めしはできたての熱々だった。年季の入った木の蓋を開けると、サーモンピンクのえびと薄緑のグリンピースの彩りが春らしく、しかもどっさりのっていて、またしても気前がいい。えびも豆もくさみがまったくなく、すっきりした味わいである。ごはんもお茶碗にたっぷり二杯あって、すっかりお腹一杯になってしまった。

二十年前には誰と来たのか、なにを食べたのかもさっぱり覚えていない。でもこうして二十年経っても、お店は大きくなったくらいで、場所も変わらず当たり前のようにあって、私は二十年後にやってきて、二十年前は知らなかった人と、なごやかに笑ったり話したりしながら、変わらずおいしい甘味を食べている。

案外人生というのは、そういうことの繰り返しであって、そのことが最大の幸運なのかもしれない。

185　神楽坂　紀の善

あんみつ
抹茶ババロア
ついに買った
マーベラス!!
あんまめかん
レイアウトが
秀逸。もちろん
味も。
釜めしはふたを開ける
瞬間に緊張しますね

牛込●青柳

仕事の打ち合わせの帰り道というのはいいものである。フリーランスにとっては特にそういうものである。次の仕事も決まって、その後さしあたって急ぎの仕事がなければ、ちょっと知らない道でも歩いて帰ろうかという気分になるものである。

私は神楽坂上にある出版社の前で、見送りに出てくれた編集者とここで失礼しますと別れた後、最寄りの駅には行かず、ぶらぶらと坂道を下りていった。どこに出るのかはわからないが、そのあたりのだいたいの地理感覚はもっているので、歩いていればどこか知っているところに出るだろうというくらいの気楽な気分で歩いていった。

町を歩くのにはそのくらいの気持ちがいいのである。そしてそういうときに、なにかしらに出会うことが多い。幸い、私は歩くのには自信がある。道がわからなくなれば、地下鉄に乗ればいいし、駅が見つからなければ、都心を縦横に走っているバスに乗れば、とりあえずどこ

入口の奥は暗く、外からよく見えないが安心

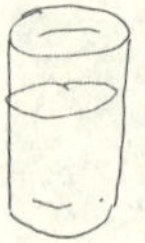
つめたいお水

かの駅までは出られる。このあたりなら新宿駅行きのバスがまず走っている。私は気分よく、初めて歩く坂道を下りていった。

長い坂道を下りていった先はT字路になっていて、はてどちらに行ったものかと考えて、方角的には新宿方面に行きたかったので、右に曲がった（本当は左に行くとすぐ地下鉄の駅に出たのであった）。そこは車道を挟んでまばらな商店街になっていて、歩道の右手に小さな食堂があるのが見えた。なんとまあ幸先のいい散歩だろうか。店の前のショーケースを見ると、甘味も軽食もおいている店である。時間はまだ午前中だったのだが、もう開店しているようで、私は入ってみることにした。ただ、ショーケースのサンプルは埃をかぶっていて、入口からそっとのぞいた店内は薄暗い。ひとりで大丈夫だろうかと不安になったが、こういうのもいいじゃないの、出会いを逃してはいかんでしょうと、中に入った。

中に入ると、お客さんはひとりだけで、テレビを見ながらラーメンを食べていた。椅子やテーブルは、昔よくあった、緑のビニール張りの、引くとガタガタと音を立てるあれである。私は入口からいちばん近いテーブルに座って、隣の椅子に荷物を置いた。奥の厨房から、ご主人だろうか、痩せたおじさんが出てきて、コップの水を置いて、なにし

ますかと聞く。女ひとりで入ってきた私を見て、ちょっと意外そうな顔をしている、ような気がする。

私は甘味と食事とどちらにしようか迷ったが、昼近くでお腹も減っていたので、食事にした。しかし、後からいくら思い出そうとしても、なにを食べたのか覚えていない。そういうときはたぶんおうどんにしたのだと思う。私はうどんとそばとラーメンがあると、まず間違いなくうどんにするのである。関西育ちでおうどんが好きだというのもあるし、幼い頃の数少ない外食経験でも、温かくやわらかいきつねうどんがおいしかったというすり込みゆえなのだが、関西のおうどんをイメージして東京でうどんを食べると失敗することが多い。なのについ、うどんを頼んでしまう。そして、いざ食べながら後悔する。こうしたどうということもない日常の選択に、その人の育った環境が出るのではないだろうか。私はそば屋でないかぎり、そばを食べようとは思わないし、ラーメンならなおさらだ。

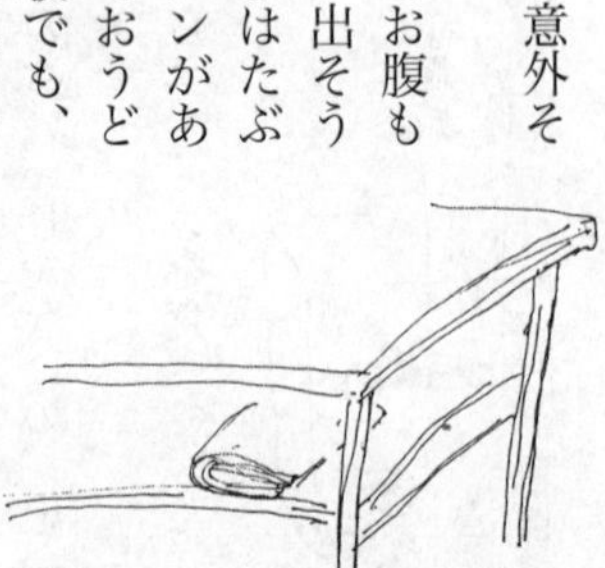

私は薄暗い店内で、なんとなく手持ちぶさたで、先ほどの仕事の打ち合わせのノートを出してきて、もう一度見たりしていたのだが、ほどなくしてきたうどん（だったと思うのだが）にとりかかり、ここは甘味にすればよかったかとくよくよした。

早々に食べてお勘定をして出たのだが、でも食べたものを忘れるほどであったのに、このお店のことはいつまでも忘れないでいるのはなぜだろうか。テレビはついているけれども静かな店内、奥でおじさんが料理している気配、長年変わらないのであろう椅子とテーブルの配置、そこにいる人たちが自由に孤立している感じが、印象深かったのである。中華料理屋などでもそうした光景にぶつかることがある。たいて

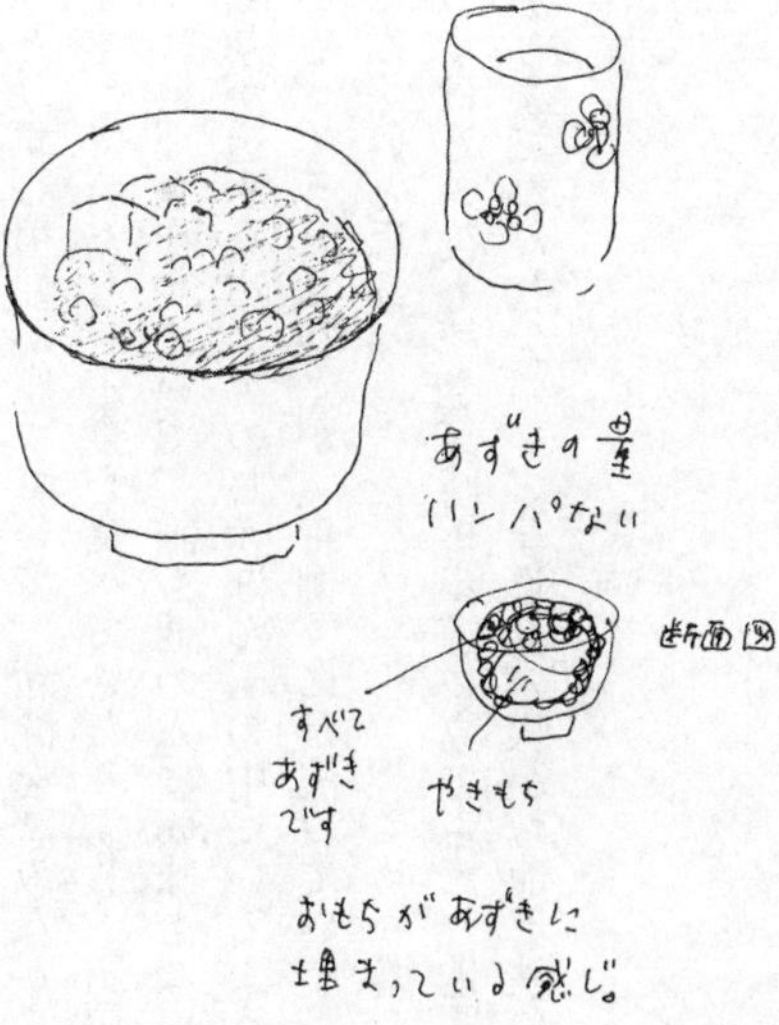
あずきの量
ハンパない
断面図
すべて
あずき
です
やきもち
おもちがあずきに
埋まっている感じ。

い、テーブルにひとりずつ男性が座っていて、新聞を読みながら、あるいはただ黙然と、ラーメンをすすっていたり、定食を食べていたりする。厨房では白い上っ張りを着たご主人が次々に料理を作っていて、誰も他の人に興味もないし、干渉したりもしない。ひとりひとりが透明なバリアのしゃぼん玉の中にいるような、ある意味心地のよい空間なのである。そうした空気が『青柳』には流れていて、味がどうのというよりも、また行ってみたいと思う。

私の気ままな散歩はその後も続き、時折歩道に立てられた地図を見ながら、すぐに出ると思った大通りまでかなり歩いて、なじみの駅から地下鉄に乗った。

後日改めて
食べに行ったら
ちゃんとキツネ
うどんがあり
ました

若松河田 ● 新宿栄光堂

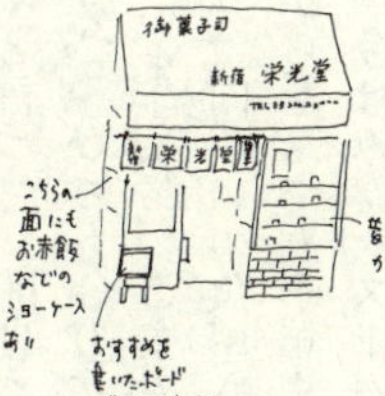

『栄光堂』の前は何度か通ったことがある。そのたびに気になるお店だなと思いながら、入ることはなかった。持ち帰りの和菓子店だったようにも記憶していて、改めて訪れるのを躊躇していた。しかし百閒は一見にしかず。気になることがあれば、確かめるのがいちばんである。

ひさかたぶりに若松河田の交差点からすぐのところにあるお店の前に立つと、そこには記憶どおり、ガラスの飾り窓のお皿の上にお菓子が置いてあった。バットには海苔巻やいなりずしが置いてある。『栄光堂』は、昔ながらの形式でお菓子や軽食を売っているお店であった。

そして、ガラス窓のすぐ脇には入口があって、中に緋毛氈を敷いたテーブルと椅子がいくつか置いてある。食堂ではないが、中でも食べられるとわかって嬉しくなり、店内に入った。

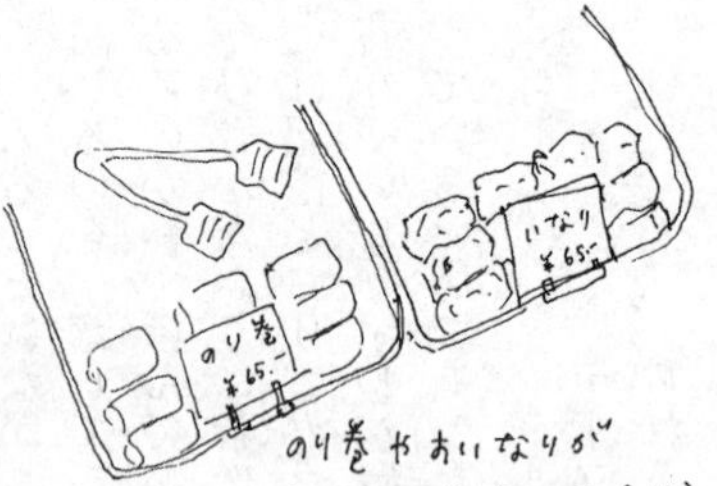

のり巻やおいなりがこうしてバットにのっているだけでドキドキする

入ったはいいが、しーんとしていて、人がいない気配でもある。奥の調理場にも誰もいない。しかし衝立の向こうの机にはパソコンが置かれていたので、ひょいとのぞくと、ご主人が座っておられ、お互いが、あ、失礼しましたと言い、いらっしゃいませとご主人が立ってこられた。

ランニングシャツに紺の作業ズボンのご主人は背が高く、一見して和菓子職人だったが、とても気さくで、狭い店内を歩き回っては、「冷房が壊れちゃって、開けっ放しだと蚊が入ってくるんですけど、閉めると暑いし。いいですか開けておいて。虫除けのベープもちょうど切れちゃって、刺されたらすみません」と細やかに気を遣ってくれる。いいんですいいんです、お気遣いなくと言って、開けっ放しの入口から外を見る。植え込みのアジサイが青く色づいている。「ひさしぶりにいらした方は、ずいぶんこのあたりも変わったわねっておっしゃいますね」。ご主人はまるで私がしばらくぶりに来たことを知っているかのように言う。向かいの魚屋さんは前からありましたね。うちより長いですね。うちは親父の代からなんで五十年くらいですが。昔は魚が買えないくらい人だかりしていましたけど、今はみんなスーパー

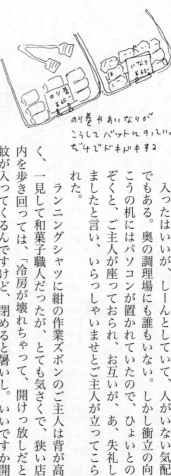

で買いますからね。

お皿においなりひとつ、海苔巻ひとつがお行儀よくのって出てきた。水ようかんも別のお皿にのってきた。お腹もすいていたし、ぱぱぱっと食べてしまう。でもそれがいいのである。ことこうしたふだんづかいの和菓子や、小腹がすいたときにつまむおいなりといったものは、なんでもない味で、ぺろりと食べられるのがいちばんである。このなんでもない（ように思える）味がいちばん難しい。『栄光堂』のお菓子とお寿司はふつうにおいしい、飾りけのない味だった。それでいて、水ようかんの楊枝はクロモジである。クロモジは香りがよく、和菓子の楊枝はクロモジが最上なのである。

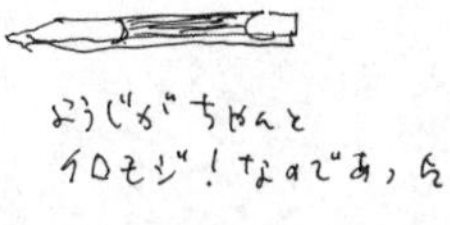
ようじがちゃんと
クロモジ！なのであった

お店には文部省唱歌が流れていて、春の巻なのか、「はーるのーうらーらーの、すうみいだあがわー」とか「うーのはなーのにおうかきねに、ほーととぎーすはやもきなきて」とか、懐かしい曲が聞こえている。窓には貼り紙があって、ねりきり体験教室を平日の午後に開いているそうだ。ふだんならそういう催しを億劫がる方だが、このお店なら一度来てみたいなと思う。

お店に男の人がひとり入ってきた。「甘い系でおすすめ

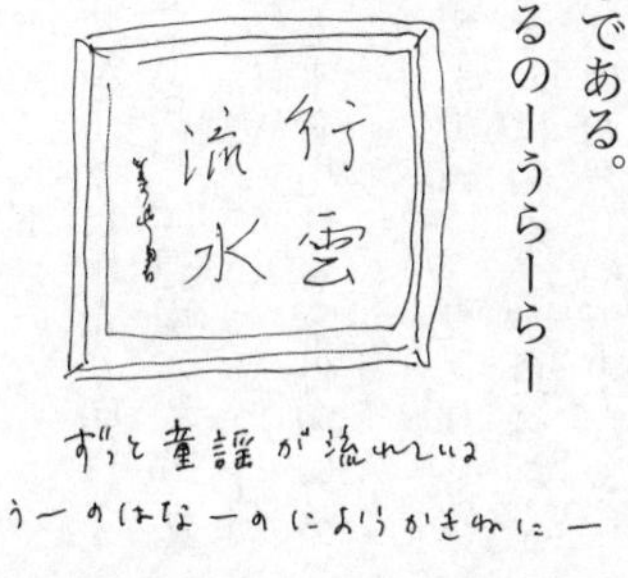
行雲
流水
ずっと童謡が流れている
うーのはなーのにおうかきねにー

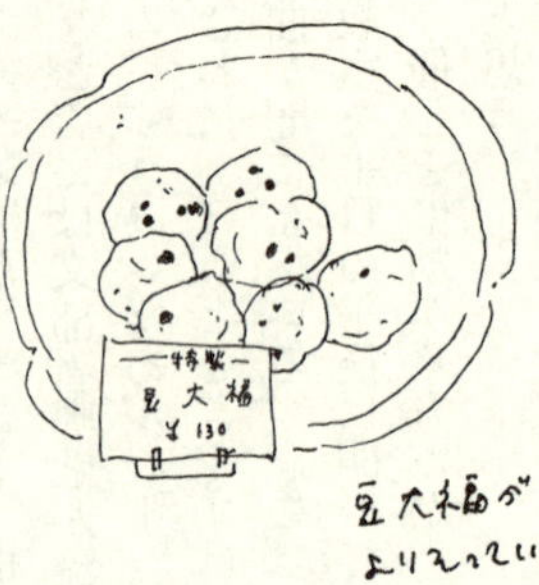

はありますか」「大福ですね」「じゃそれ下さい。もうみたらしはないのかな」「すみません、今日は売り切れてしまって。またどうぞいらして下さい」「遠慮なくうかがいます」なんて言って、男の人は去っていった。今日は残業だから甘いものが欲しいと来る男性も案外多いそうだ。

ご主人は立ったまま、「でも和菓子屋は、夏よりも秋の方が忙しいですね、秋になると人は和菓子が食べたくなるんでしょうかね」と話す。秋はお祭りや行事が多いですもんね。「でも、うちは春の方が忙しいかな、おまんじゅうの注文があるので」。ああ、紅白饅頭ですか。「いや、うちは『ハレルヤまんじゅう』というのがありまして」と、ご主人は口ごもった。

ハレルヤまんじゅう? 最近はやりのネーミング勝負のお菓子だろうか。聞くと奥様がクリスチャンで、慶事用に作ったところ口コミで広がり、今では入学式や卒業式に全国のキリスト教系の学校から注文があるのだという。

「おまんじゅうには喜び、祈り、感謝という焼印を押すんです。聖書の聖句に、〝いつも喜んでいなさい、すべてに感謝しなさい〟という言葉があるそうで」と言って、えーっと、あとひとつはなんだったかな？　と首をひねっている（あとひとつは〝絶えず祈りなさい〟である）。

色は喜びが紅で、祈りと感謝は白だそうだ。私は子どもたちが、晴れの日にもらう小箱に、喜び、祈り、感謝と文字の入ったおまんじゅうが並んでいるのを見たときの顔を思い浮かべる。

「クリスチャンは喜びのときに、ハレルヤって言うそうですね」

ご主人は、よくは知らないんですけどと口ごもりながら、手を天に向けて広げる仕草をした。それを見た瞬間、数年前ロシアのウラジオストックの教会で、おばあさんが言葉の通じない私に向かって、同じ仕草をしてくれたことを急に思い出した。あれは祝福のポーズであった。

開けっ放しの引き戸から、涼しい夕風が入ってくる。私はお礼を言って、外に出た。お土産に買ったお赤飯と葛桜の包みを持って、若松河田の駅まで歩いていく。夕方で、駅に向かう人の姿も多い。空には淡い雲が筋になって流れ、うっすらと茜色になりかけている。私はとてもはればれとした気持ちでその空を見た。和菓子屋さんからの帰り道、こんなに気分がいいなんて、なんていいんだろう。そういえば、お店の名前も『栄光堂』というのだった。

西早稲田 ● 甘味と食事 一乃瀬

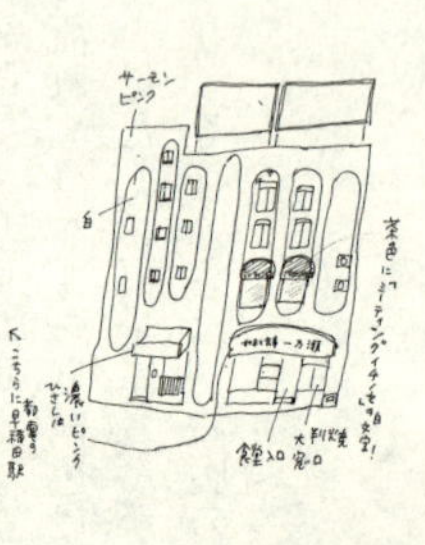

カウンター席には若い可愛い女の子がひとりで座っている。早稲田大学の学生だろうか、カウンターの上にノートを広げて、勉強しているようすである。この店の常連さんだろうか、それともアルバイトかもしれない。店主と親しげに話しているところをみると、もしかして店主の孫だろうか。中年のおじさんひとり客がほとんどのなかで、二十歳そこそこの女の子は完全に異色の存在だ。

カウンターの内側には、料理人の着る白い上っ張りを着た痩せたおじいさんがひとりでいてフライパンをふるっている。先ほど私が入っていくと、こちらを向いて「いらっしゃいませ～！」と、笑顔で声をかけてくれた。すぐにおばあさんが冷たいお水を持ってきてくれる。店内の明るく、はつらつとした雰囲気につられて、生レモンジュースなど、頼んでしまう。

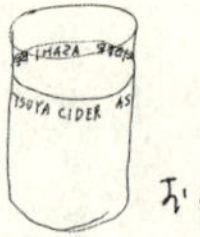

お店は交差点の角にあって、遠くからもひとめでこの店が『一乃瀬』

だなとわかる。表に大きく店名が書かれているのだが、壁が今塗り替えたような派手なピンクで、ちょっと度肝を抜かれる外観なのである。つい不安になって、カーテンのかかったガラス窓を透かして、中のようすが見えないかのぞいてしまうが、こういう不作法な怪しい行動は、こちらからは見えないけれども、向こうからは丸見えだったりする。ということを思い出して、思い切って入ったのだった。

おじいさんはカウンターのなかで忙しく立ち働きながら、女の子に「この人、英会話の先生なんだよ」と、彼女の後ろに座っていた、白い短パンに黒いサンダル履きの小太りのおじさんを紹介する。

早稲田の裏通りの二階建て木造アパートで先ほどまでごろ寝していてそのままサンダルをつっかけて出てきたような身なりで、私の後に入ってきて座るなりトンテキを頼んだおじさんだ。カウンター席からくるりと振り返った女の子は「そうなんですか」とにっこりする。トンテキおじさんは「ええ、まあ」と、もごもご返事している。

すると突然、英会話が始まった。どこの国に留学するの？　アメリカ。アメリカのどこ？　インディアナ

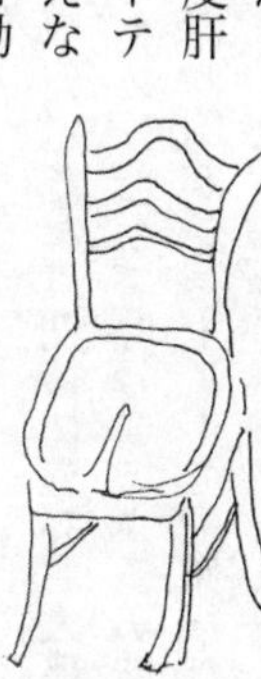

生しぼりレモンジュース

州。どのくらいの期間？　十ヵ月。滞在先は？　ホームステイです。なんの勉強に行くの？　現代建築です。……甘味食堂ではついぞ聞かれぬ会話が展開するが、早稲田という場所柄か、不思議と似つかわしい。いや早稲田ではふつうの光景だろうか。

「これだけ話せれば、留学なんかする必要ないですよ」と、トンテキ先生は太鼓判を押してくれる。女の子ははにかんだようにお礼を

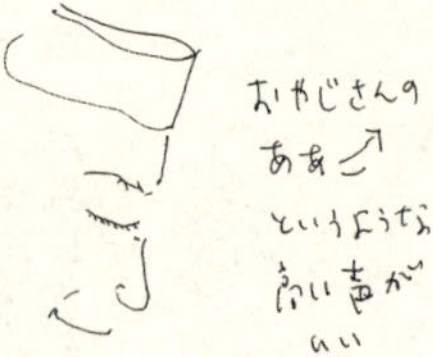

言う。老マスターとウエイトレスさんはにこにこと嬉しそうだ。

生レモンジュースは、生のレモンをぎゅぎゅぎゅううーと搾ったままの味で、ぴっちり冷たくて、きゅーっと酸っぱいけど、その酸っぱさがいい。甘くないのがいい。そうだ、人生は決して甘くない。留学も決して甘くない。けれどもいいこともたくさんある。頑張っていってらっしゃい。と、この店にいる大人たちは全員思っているはずだ。今の彼女にとっては十ヵ月は果てしなく長い期間だろうけれども、その実あっという間だ。

私は続いてやってきた日替わり定食をもぐもぐと食べた。それは期待に違わず大盛りで、メンチカツは丸々と目をみはるほどの大きさである。そして味はすこぶる美味である。お箸を入れると、さくっと切れてやわらかく、お肉がジューシーで、作りたてのおいしさ。おじいさんが長年の経験で手早く作ったと思われるベテランの味であ

る。でもそこに、家庭料理に通じる素朴さがある。鮭のソテーといい、半分に切った玉子といい、丼めしといい、この量と味とお値段ははらぺこの学生にも近所のおじさんにもたまらない魅力だろう。もちろん私も好きだ。このお店に来てくれた人にはおいしいものをお腹いっぱいふるまいたい、そして元気をつけてまた頑張ってもらいたい、という店主夫婦の温かな気持ちがこもっている。

女の子はノートを片付けて、カウンター席から下りて帰り支度をした。店主夫婦はおじいさんとおばあさんの顔になって、何度も「またね」「元気でね」と言う。彼女はお辞儀をしながら、「じゃあ失礼します」「ありがとうございました」と何度も言う。そして名残惜しそうに出ていったが、出た後は振り返らずに交差点を渡って行ってしまった。

『一乃瀬』ではこんな出会いと別れを、交差点の一角で繰り返してきたのだろう。

西早稲田 ● 伊勢屋

伊勢屋という屋号の店は、都内及び関東近郊に数多くある。この伊勢屋現象は関東特有のもので、なんでも伊勢から江戸に来た人が始めたためといわれており、いくつかの系列があって、暖簾分けされて増えた店も多い。そのため東京で甘味食堂めぐりをしていると、かなりの頻度で伊勢屋に遭遇する。ここも伊勢屋、あそこも伊勢屋、という感覚である。関西にはお伊勢さんそのものがあるので、伊勢屋という屋号のお店はほとんど見かけず、東京に引っ越してきたときは新鮮であった。ここは西早稲田にある『伊勢屋』である。

お昼どきだったせいもあって、中に入ると超満員である。ちょうど空いた席について、周りを見ると、横の人も、向かいの人も、たんめんを食べている。もちろんたんめん以外にもメニューはたくさんあって、ラーメン、焼きそば、カレーライス、やきめし、玉子丼、親子丼と、食堂

の基本ラインは押さえてある。私はチキンライスにした。ふだん自分では作らないし、子どもの頃食べた記憶もさほどないのだが、見るとなぜか郷愁をそそられて、食べたくなるのだ。そしてチキンライスはどこのお店で食べても、たいていおいしい。『伊勢屋』のチキンライスもグリンピースののった正統派で、ケチャップは濃すぎず、むしろ控えめである。ミスマッチなおみおつけもいい。私は横目でたんめんを食べている人を見ながら、チキンライスを食べた。

通路を隔てた向こうの席におばあちゃんと娘夫婦と孫が座った。先ほどから忙しく立ち働いているお店のおばさんは、子ども用の椅子を持ってきて、「これがいちばんいい席なんだよ」と言って、子どもを座らせている。

お店はどことなくほのぼのとしたムードに満ちていて、それが心地よい。ここに来ている人たちがみな、この店のたんめんを食べたくて来ている感じがする。そしてそれぞれが小さなテーブルで、一緒に来た家族や友人や知人とおしゃべりをしながら、今日のお昼ごはんを食べている。誰ひとりとして口をきかず、スマホの画面だ

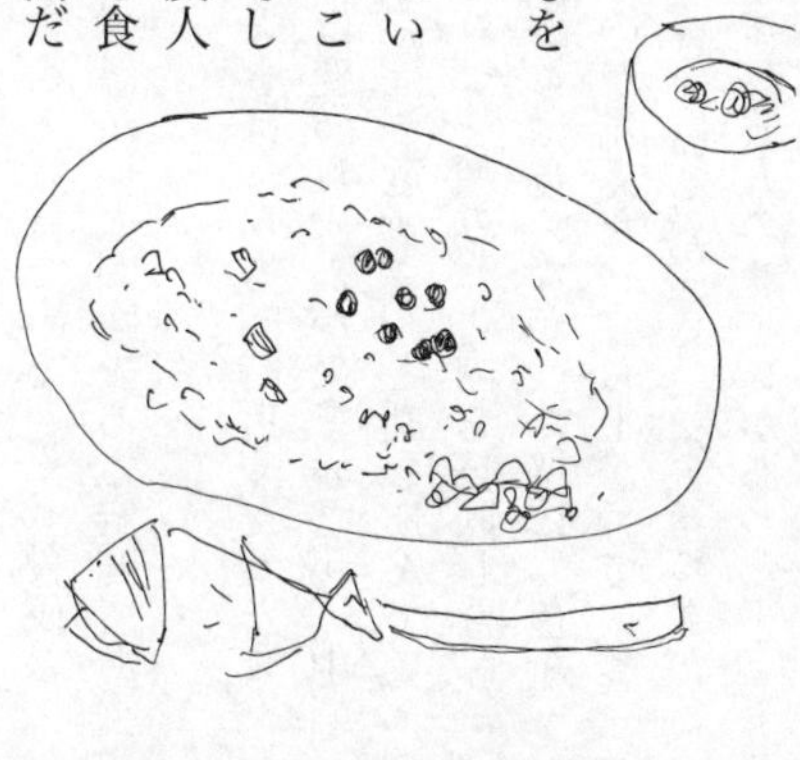

けを見つめ、食べるだけ食べて無言で出ていく、殺伐とした店とはまったく違う、温かい人間味のある空間である。

二度目にお店を訪れたときは、夕方四時近くだったこともあって、表の売店には変わらず人が来ていたが、中は静かで、お店のおばさんはご近所さんと話し込んでいる最中だった。私はあんみつを頼み、店内を見回した。すると、先日座った位置からは見えなかった壁に、色紙の入った額が飾ってあるのが見えた。立ち上がっていってよく見ると、『人は生きているかぎり　生きぬきたい』とあり、映画監督の新藤兼人のサインがあった。

おばさんはその額の下でご近所さんとおしゃべりしているのである。やがてご近所さんはおばさんから干物をお土産にもらって帰り、おばさんは、あんみつをついている私のところへ来て「お茶持ってこようね」と言って、お茶をさしかえてくれた。聞くと、このお店は深川にある『伊勢屋』が親戚で、先代が深川で修業した後、早稲田に店を構えたそうだ。同じようにして巣鴨の『伊勢屋』も親戚だという。家族経営でお店を切り盛りして、五十五年になる。この前来たときも、ひさしぶりに来店し

たらしいおばあさんが「変わってないね。この店はおばさんでもっているね」と声をかけていたが、おばさんは「そんなことない、みんなでやってることだから、ひとりじゃできないよ」と答えていた。家族みんなで今までやってきたという気持ちが強いのだろう。

お店は馬場口にあって早稲田大学がすぐそばだし、学生たちがさぞやたくさん来るんでしょうねと言うと、「早稲田の学生は来ない！　うちは近所の人だけ！」と言下に否定する。特に昔は店の周辺にも学生向けのアパートが建ち並んでいたが、どこも賄い付きだったため、外で食事する学生はいなかったそうだ。そして今は「大学や駅の近くにある、もっと味のくどい店に行って、うちの店は素通り！」と腹立たしげである。

慌てて話題を変えて、新藤兼人監督の色紙について尋ねる。するとおばさんは表情をやわらげ、「この近くのＹＭＣＡで新藤先生がシナリオ講座をやっていて、講座の日になるとね、始まる前によく来てくれたんですよ。ひとりで来て、ゆっくり歩いて、座ってね。たんめんとか、もやしそばとか、食べてってね」。そのときはもう九十二歳だった

お店のおばさん
「この前もTVの取材で
おばさんいい味出してるって
いわれてさ——
ヒロシ！今度の火曜は
放送だっけ？」
「そう、12日」（ヒロシ）

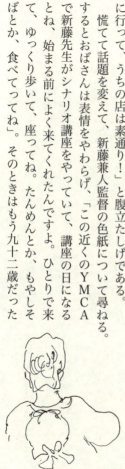

みたいだけど、と話す。

「あるとき色紙をお願いしたら、こちらが出したマジックを断って、自分のポケットからペンを出して書いてくれたのよ」

おばさんはまるで映画のワンシーンのように、そのときのことを鮮明に覚えているのだ。

「五十五年もやってると、いろんなことがあるよね」

おばさんは正面からこちらを見て、真面目な顔で言った。

『人は生きているかぎり　生きぬきたい』

お店には取材で幾多の有名人が訪れたようだが、いつもひとりでふらりとやってきて、たんめんを食べていた新藤兼人監督の色紙を、おばさんはことのほか大事に思っているようであった。

新宿 ● 追分だんご本舗 西口メトロ店

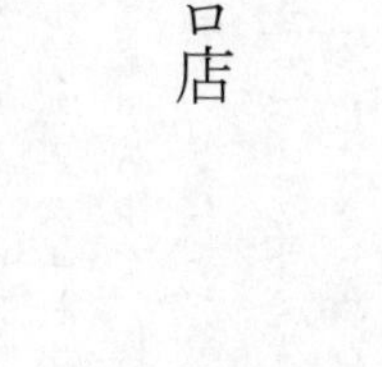

『追分だんご』は新宿の伊勢丹近くに本店があるが、私が行ったのは新宿駅西口構内にある支店の茶房である。複雑かつ広大な新宿駅のなかで、メトロ食堂街と名づけられたビルの一角にひっそりとある。同じフロアには、赤坂の『永坂更科』とか、同じく新宿の『タカノフルーツ』とか、秋葉原の『肉の万世』とか、新橋の『しのだ寿司』とか、昔から名の知れた東京の名店が入っていて、『追分だんご』が支店を出しているのもうなずける。

ただ、場所としては、地下一階の少々わかりにくい位置にあって目につきにくく、また星の数ほど飲食店のある新宿にあって、わざわざここに突進してくる人もあまりいるとは思えず、新宿に慣れていて、それも今日は急いでいるので、とりあえずここでという人か、あるいは初めて新宿に来て、よくわからないからここでという人か、いわゆる通りすがりの人が便利に使うような

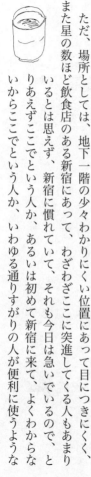

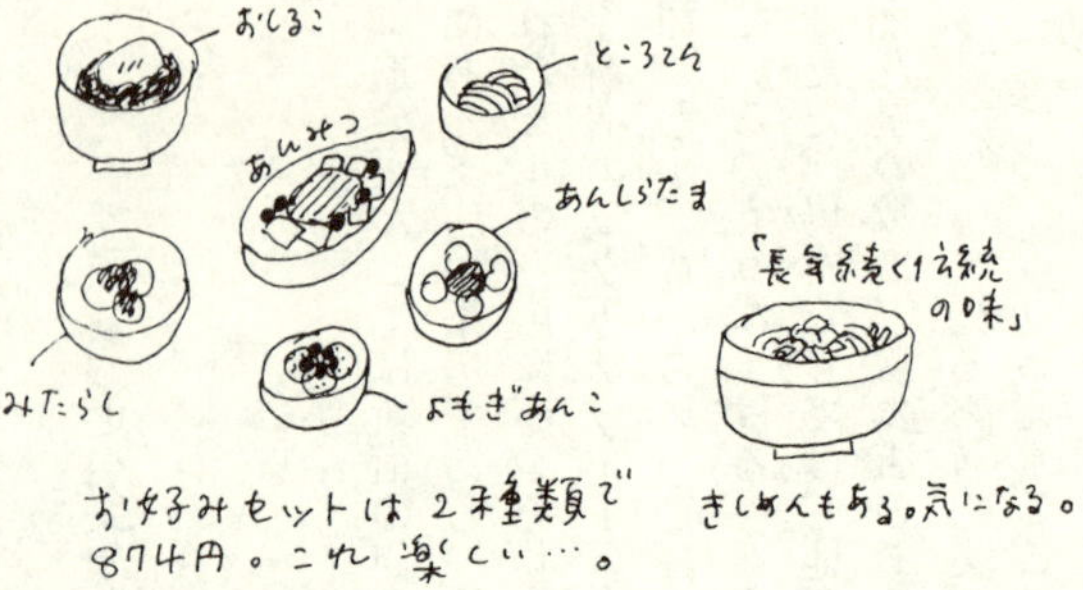
おしるこ
ところてん
あんみつ
あんしらたま
「長年続く伝統の味」
みたらし
よもぎあんこ
お好みセットは2種類で874円。これ楽しい…。
きしめんもある。気になる。

お店である。

　メトロ食堂街にはそういう人たちが大勢行き交っている。私は新宿によく行くので、この店の存在は知ってはいたが、今いったとおり、いつ見ても小さな店内は忙しげな人たちで大混雑しているので、いつも素通りしていた。

　それがある日店の前を通ると、席が空いている（ガラス張りで店内が通路からよく見える）。これはチャンスと思い、他の人が入ってしまう前にすかさず中に入った。すぐに和菓子職人の白い上っ張りを着た、古株といったふうのおじさんがお茶を持ってきてくれる。忙しい店だから、あまりうかうかしていてはいかんなと思い、気持ちが焦る。そのわりにメニューは豊富である。

　お好みセットというのがあって、おしるこ、ところてん、あんみつ、あん白玉、よもぎだんご、みたらしだんごのなかから二種類選べるセットもある。楽しそうである。食事メニューには珍しくきしめんもある。名古屋発祥のきしめんを食べられるところは東京ではそうない。長年続く伝統の味とある。ちょっと食べたい。しかし今日はやはり甘いものが食べたいので、お好みセットからあんみつとおしるこを頼む。夫はおだんごセットにする。

おじさんは奥に「あんしる」と声をかけた。なるほど符号があるのね、ところてんとしるこなら「とこしる」、あんみつとみたらしなら「あんみた」、ではあんみつとあん白玉は？　などと頭をひねる。それぞれの世界だけに通用する符号や用語というのは独特の響きがあって、いいものだ。

やってきたおだんごの下には白い和紙が敷いてある。おだんごの串は角を取った竹の平串である。こうした地下街の忙しない雑踏にあって、和菓子屋の基本を決してゆるがせにしていない。

それは次々に運ばれてきた甘味の味にも通底していて、どれも正しくおいしい。おだんごのお餅はお餅の味がしっかりしている。たれもたっぷりと贅沢だ。あんみつの寒天は海

藻の味がほのかにし、豆はほどほどに塩気があり、あんこも真面目に炊いた小豆の味。キウイは酸っぱく、お決まりのあんずもついている。基本に忠実である。

おしるこはお椀いっぱいにぷっかり浮かんだお餅がやわらかく、お餅を食べると小豆が出てきた。田舎汁粉である。

隣ではふたり組のおばさんが、「一日一回は甘いもの食べないとね」と話している。お客さんはおばさんの他に、おじさんひとりも案外多い。おばさんたちは長居だが、おじさんは純粋に甘いもの好きなのか、自分ひとりで来て、さっと食べてすぐ出ていく人が多い。甘味処におばさんは話しに来ているが、おじさんは食べに来ているのだ。

『追分だんご』は、江戸から山沿いに京都へ向かう甲州街道沿いの追分にあることから名づけられ、今も旧地名の追分に本店がある。本来は茶屋で、旅人がちょっと休んで、だんごを食べて、また歩いてゆく茶店だったのだろう。新宿は今も甲府から塩尻を経て木曾へと向かう中央本線のターミナル駅である。

自分は東京住まいだから、こうして新宿駅に座っていてもなんとも思わないが、甲州街道を人が歩いて往来していた昔と同じく、この店内にも、今から電車で甲府や松

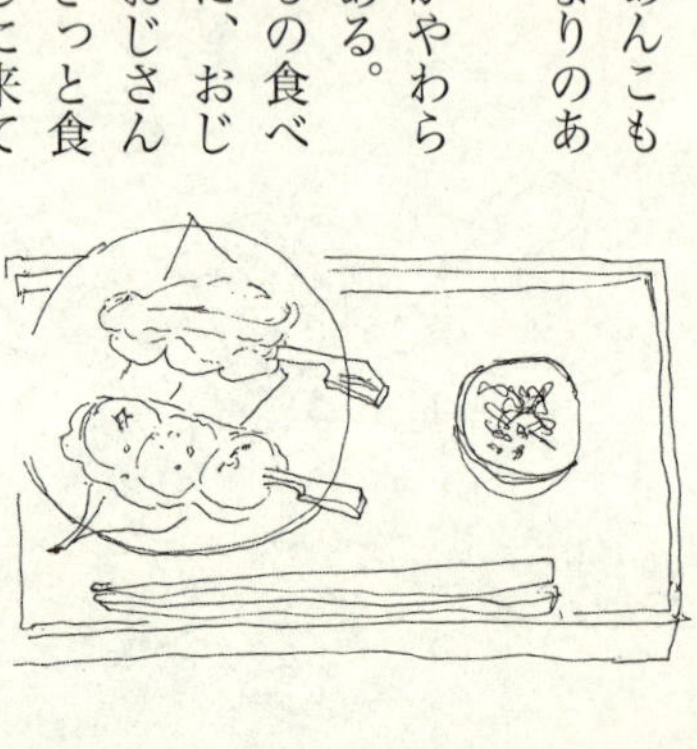

本へ向かう旅人がいるのだろう。中央線の特急あずさには、私も山へ行くときによく乗るので、車窓の風景も親しいものだ。

高尾を過ぎてしばらくすると田畑が増えて、桃畑が増えて、ぶどう畑になって甲府盆地に入る。南アルプスが左手に見えてきて、鳳凰三山のオベリスクが見える。甲斐駒が雪を頂いていることもある。次に見えるのがニセ八ツと呼ばれる茅《かや》ヶ岳で、このあたりから空気が澄んできて、青みがかった透明感のある信州の空気になる。右手に八ヶ岳が現われると茅野。諏訪湖が見えると諏訪。そして岡谷、塩尻、松本だ。中央本線は塩尻から木曾へと分かれていく。

お店の奥の花瓶に飾ってある白い丸い綿花が、すらりとまっすぐ、静けさをまとっている。店頭ではお菓子も買えるので、ひっきりなしに人が来て、お菓子を求めていく。家で待つ人にお土産にするのだろう。長居しすぎたかなと思って席を立った。

深大寺——そば甘味ツアー

調布の深大寺は門前のそばが有名である。深大寺周辺は朝夕の寒暖差があり、土地が痩せていて、かつ湧き水が豊富で、そばの生育に向いていたことから、江戸時代より盛んに栽培されていたという。『新編武蔵風土記稿』には、武蔵の国のいずれの地よりも深大寺のものが品質がよく、「世に深大寺蕎麦と称して、そのあじわい絶品と称せり」と記されている。ただし今のように門前にそば屋が立ち並ぶようになったのは昭和三十年代以降で、三十六年に神代植物公園が開園し、その存在がより広く知られるようになった。

地元の人にとっては、深大寺のそばはごく日常的な親しいものであるらしく、調布に住む知人は、「休日に深大寺に行くとまず植物園に行って、それからおそばを食べて、甥っ子と楽焼をするのよ」と話していた(楽焼とは素人でも手軽に作れる焼きものである)。その話には武蔵野の里らしい雅趣があって、私に甥っ子はいないけれども、真似をしてみたいような気持ちにかられたものだった。

実際に調布駅で降りて、バスに乗っていると、目に入る緑が次第に増えてくる。三鷹、調布といった地域は、宅地化したとはいえ、まだかろうじて里の緑が残されている。ことに植物公園のあたりは鬱蒼としていて、温度も都心より数度低いように感じられる。今日はお寺に近い停留所で降りて歩いていくと、道の両側にそば屋がぽつりぽつりと現われた。どれも木造の日本家屋で、昔のたたずまいを残している。『湧水』に入ると、二階のお座敷には机が並んでいて、家族連れや会合の人が多く、会話が静かにさざめいていた。窓からは木々の緑が見える。

ビールと野菜天ぷらと湧水もりそば、冷やしきつねそばとそばようかんを頼む。おそばは新そばでおいしい。そば通にはいろいろと蘊蓄があるのだろうが、私はそばもうどんもふつうにおいしければ満足なので、あまり語るべき言葉はない。ただ、水のよさを感じる爽やかな味である。

なんといっても絶品はそばようかんであった。ようかんというよりは寒天寄せで、三層になっており、それぞれに色も味も違う。下は茶色みを帯び、中は小豆色で、上は白

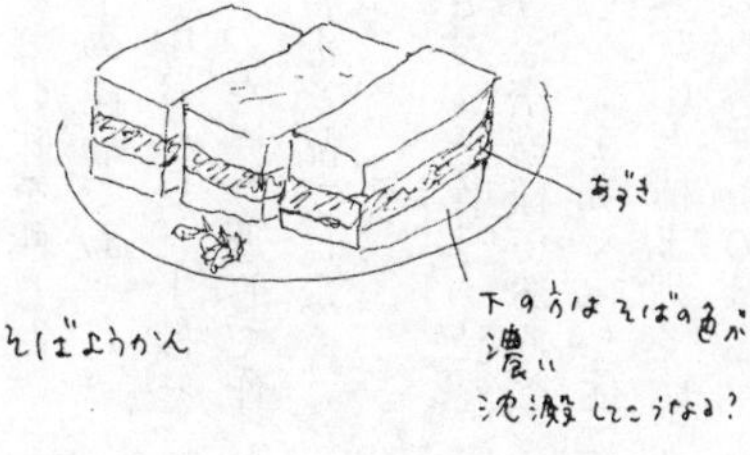
あずき
下の方はそばの色が濃い
沈殿してこうなる？
そばようかん

い。とても手のこんだ作りである。全体にそばの味を残した、ほのかな甘みでやわらかく、思っていた以上の佳品であった。お店の人によると、「下はそば湯とそば粉、中は小豆、上はそば湯だけで、それぞれの層が固まったら流す、を繰り返して作っているんです」とのことだった。決して贅沢な品ではなく、ごく質素なお菓子だけれど、そこに趣がある。

すでに満ち足りた気持ちで、深大寺をめざす。どんよりと曇った蒸し暑い日で、今にも雨が落ちてきそうな空模様である。門前には店が建ち並び、その一角にそばだんごを焼く『一休庵』があった。見ると店の横手の壁際にそば殻の入った袋が山と積まれている。我が家では夫がそば殻枕を愛用しているのだが、以前入れ替えたのは三年ほど前で、そろそろ替えなければと思っていたところであった。抱えるほどの大袋なのに、たっただんご三本分の値段である。お店の人は「うちは自家製粉ですから、そば殻が出るんです」と自慢げである。お土産にそばだんごも買う。

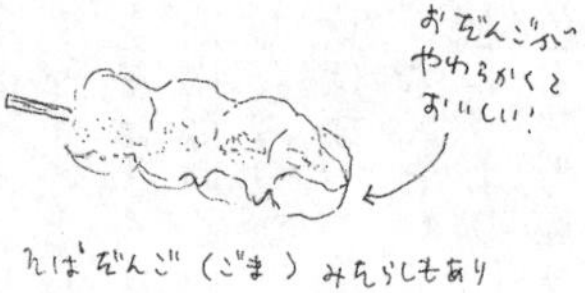

お寺にお参りし、水生植物園に入って木道を歩いていると、ついに雨になった。驟雨《しゅうう》というにふさわしい雨で、大木の下で雨宿りしながら、雨粒が水面に

円を描き続けるのを見つめる。

雨はいったん上がったので、木の下から出て植物公園の本園に向かう。小雨のぱらつくばら園を抜け、大温室で熱帯植物を観察している間に、雨雲は去っていったらしく、温室を出る頃には夏の夕方の日差しが照りつけていた。

以前植物公園に来たときに入ったおそば屋がまだあるかなと探して入る。『松の木』といって、ごく小さなお店で、とろろそばとそばがきを頼む。そばがきはふつうそばつゆにつけて食べるが、そばつゆの他に、きなこをまぶして食べてみて下さいと言われる。そばがきも今まさにそば粉を練り上げた状態のものがお碗に入って出てくる。その温かく、豊かな感じがいい。

お箸で頃合いの大きさにちぎって、きなこにつけて食べてみる。そばときなこの風味がよく合う。そばがきってこんなにおいしいのかと目が覚める思いだ。お店の人は作り方を親切に教えてくれる。「テフロン鍋に、コップ半分ほどのお水を入れて沸かして、そば粉も同じくらいの量を入れて、菜箸四本を束ねて混ぜる

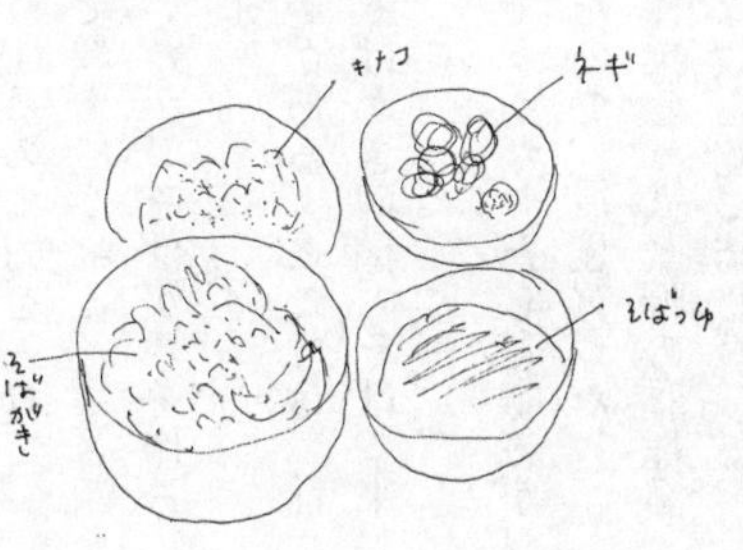

んです。勢いよくやらないと焦げたり、ダマになったりするので力を入れて。時間は三十秒から一分くらいです」と、身ぶり手ぶりで教えてくれる。菜箸四本がリアルである。先ほど厨房から結構な物音がしていたが、そばがきを作る音だったらしい。

おそばのとろろはまっ白で弾力があって、土の味わいがある。ここでは二種類の山芋を混ぜているそうだ。おそばはくせがなく、そばがき同様、そば本来の風味を楽しめる。

植物公園の閉まる時間なこともあって、店には静かでゆったりとした空気が流れている。レジではそばとともにそば粉も売っていたので、一袋買った。そば殻にそば粉にそばだんごと、荷物を抱えてバスに乗る。武蔵野の雅趣溢れる一日、とは少し違ったかもしれないが、明日はそば殻を枕に詰め直して、お昼にそばがきを作ってみようと思った。

だんごがっ
お皿にくっついて
はなれないっ!!

M氏にお皿を
押さえておいて
もらう

やっているうちに
あさっての方向に
とんでいきそうだ

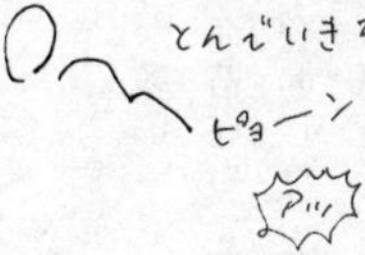

そして
あらぬところに
はりつきそうで
コワイ

（柴又のとある
おだんご屋にて）

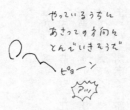

コラム 3

おいなりと海苔巻

油揚げを甘辛く煮て、中に酢飯や五目寿司を詰めた稲荷寿司、通称おいなりさんと、甘く煮た干瓢を酢飯にのせて巻いた海苔巻は、おまんじゅうやおだんごに並んで、町角の和菓子屋の定番である。

おいなりさんは、五穀の神である倉稲魂命《うかのみたまのみこと》（稲荷神）の使いであるきつねの好物が油揚げだったことから名づけられ、江戸期から庶民の軽食であった。関東は俵形だが、東海から関西は三角形が多い。

片や海苔巻も、江戸中期に四角い干海苔が登場したことから、ごはんをのせて巻き簀で巻く巻き寿司が一般に広まった。関東では海苔巻というと、干瓢の細巻が多いが、関西では、かっぱ巻か太巻が多いように思う。いずれも江戸時代から現代に続くお手頃価格のお寿司である。

それだのに、昨今は店主の高齢化もあってか、町の和菓子屋が次々となくなり、都内ではおいそれと買えなくなってきてしまった。もちろん自分で作ればよいのだし、今はコンビニやスーパーでいくらでも買えるものだが、和菓子屋のおいなりや海苔巻は、その店ならではの手作りの味があって、それがいいのだ。その証拠に、こうした店を見ていると、ひっきりなしにお客さんがやってきて、好きなものを好きなだけ買っていく。夕方ともなればすっからかんだ。こんなに気軽に買えて、誰もが好きな味が町角から消えていくのは残念なことだと思う。

◆世田谷 伊勢屋

おいなりはさっぱりとして、太巻は玉子とでんぶが甘めですが、バランスよく丁寧な味

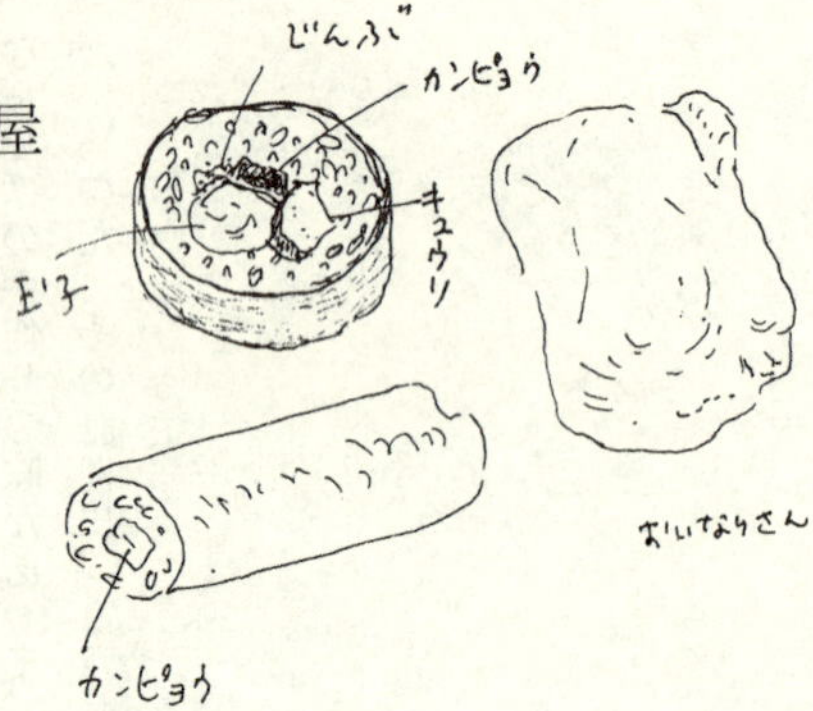

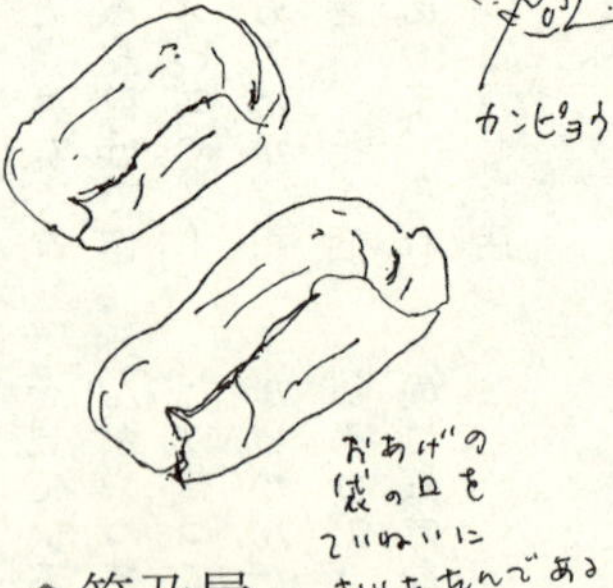

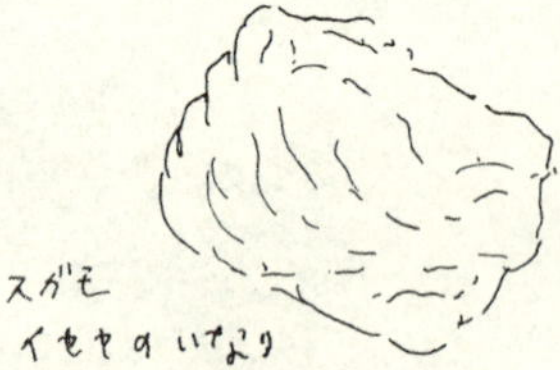

◆笹乃屋

老夫婦がひっそりと営むお店。小ぶりのおいなりの酢飯の塩梅がすばらしい職人技

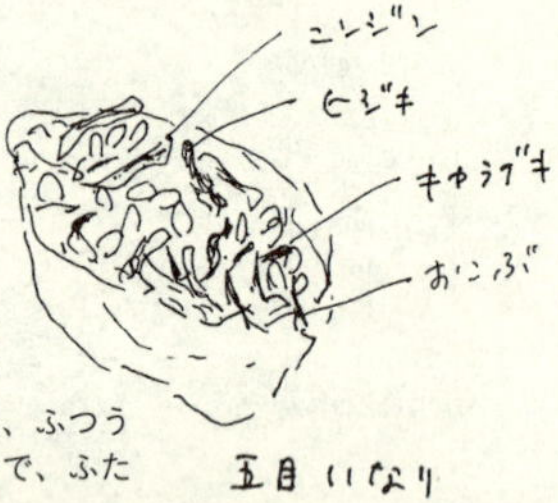

◆巣鴨 伊勢屋

五目いなりは具だくさん、ふつうのおいなりはごはん多めで、ふたつでお腹いっぱいに

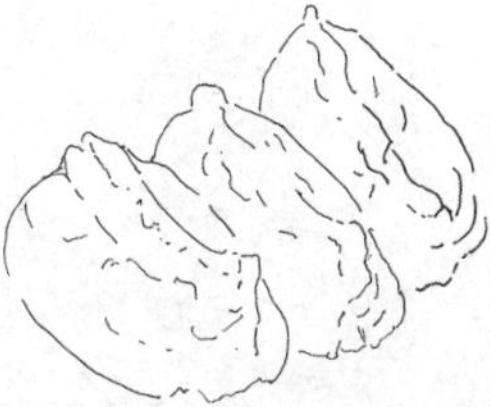

◆ 美吉

おあげは薄味で、にんじんと黒ごま入りの酢飯にしっかり味付け。ひと味違うおいしさ

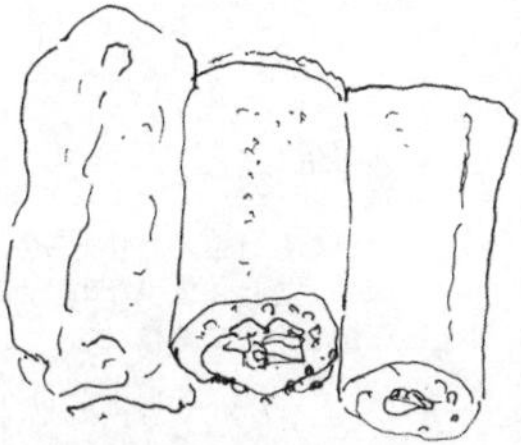

◆ 高砂家

おあげはふわふわふんわりで品よく、太巻はしそ、玉子、でんぶの三味が利いています

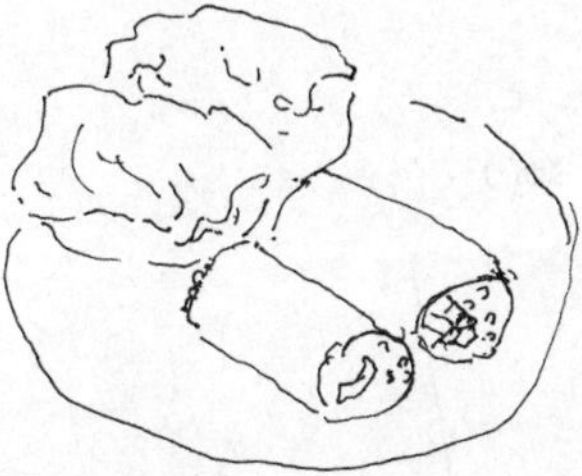

◆ 越路

おあげの味つけは濃いめ。海苔巻はその場で巻いてくれました。どちらも家庭的な味

◆ 新宿栄光堂

おいなりも海苔巻も小ぶりで食べやすく、なんでもない味でぺろりといけます

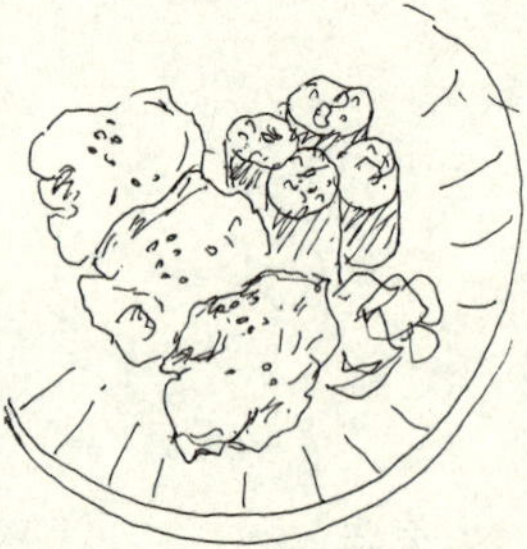

◆梅家

おいなりはふんわり丸みがあって
薄味、ごはんは少なめ。海苔巻は
干瓢と梅の二種類

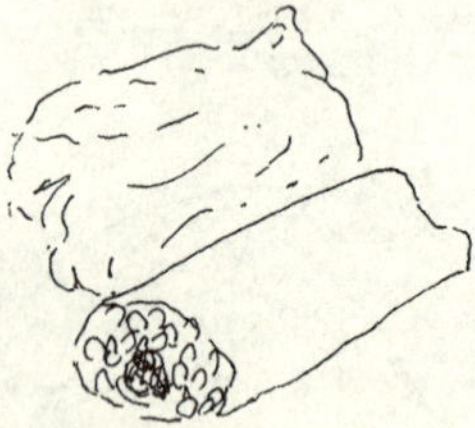

◆深川伊勢屋

誰もが好むオーソドックスな
味で安心です。おにぎりやお
惣菜類も充実しています

◆ゑちごや

おいなりのおあげは濃いめの
味で、ごはんは少なめ白ごま
入り。海苔巻はすっきり味

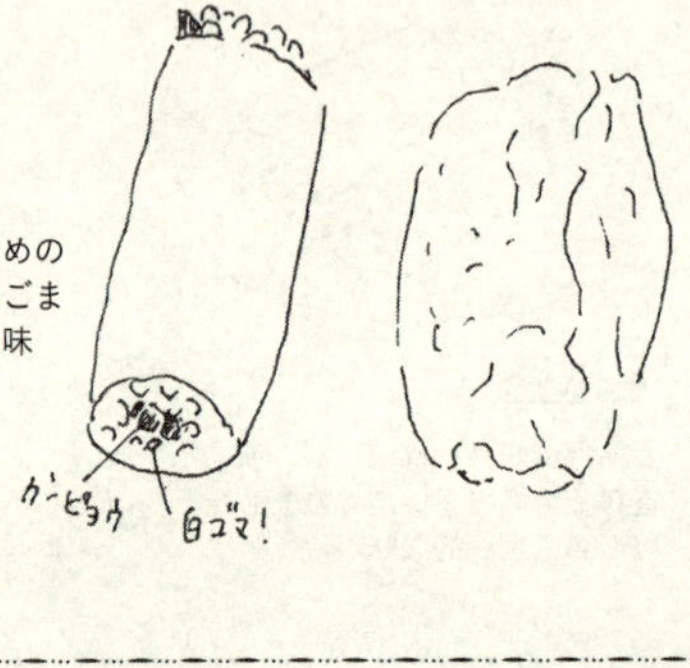

◆蒲田屋

太巻の具に注目。紅生姜とおたくあん、干瓢が織りなす意外なハーモニーに脱帽

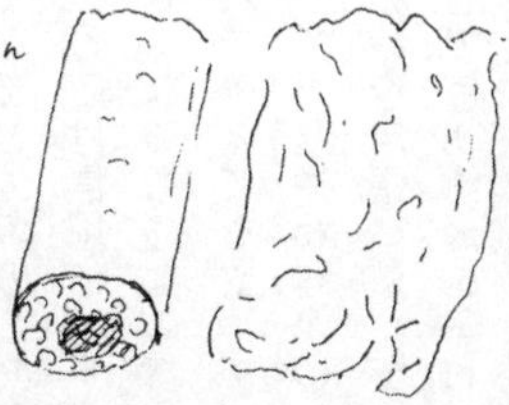

◆田原町 花家

海苔巻の干瓢もおいなりのおあげも甘めの味つけ。ごはんがおいしい。おにぎりもあり

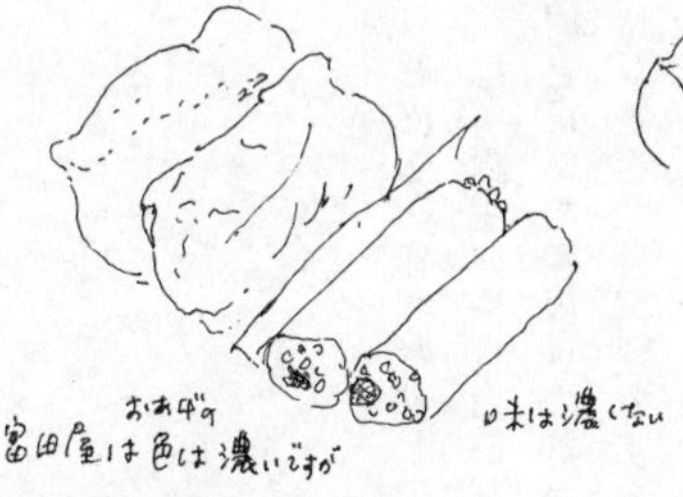

◆富田屋

おあげの色が濃いですが、味は濃くなく、ほどよいおいしさ。海苔巻の海苔はしっとり

◆西早稲田 伊勢屋

丸々とたくさんごはんを詰めたおいなりさんに愛を感じます。満腹になってね

コラム4 のし餅とお赤飯

みなさんはあまり意識されていないかもしれないが、町の甘味処や和菓子屋の隠れた主役は、のし餅とお赤飯である。

店頭で堂々と生ののし餅とお赤飯を売っている店は信用に値する。お餅は一日で固くなるものなので、よそからの仕入れではとてもやっていけない。したがってまだやわらかいお餅や、温かなお赤飯を店頭に置いている店は、自分の店で毎朝餅米を蒸し、お餅にしたりお赤飯を作ったりしているのだ。壁には、誕生餅や紅白餅、お正月には鏡餅と書いた手書きの紙が貼ってあったりもする。自家製ですので、いつでもご用命を承りますというサインである。こうしたお店は古くからその土地にあって、地域のお祭りや近所の人たちのお祝い事に寄与している場合が多い。そしてお餅を自家製で作るからには、他のお菓子や軽食もみな手作りである。生真面目なお店なのである。

小豆を炊いて、餅米を蒸して、お赤飯を家庭で一から作ろうとなるとひと仕事だし、ましてやお餅をつくことなど一般には無理である。そこをいくと、いつでも作りたてのおいしいお餅やお赤飯を買えるのは、誠に幸運だとしかいいようがない。のしたお餅のもったりと持ち重りのする手触り、小豆とごましおの香りが嬉しい、ほかほかのお赤飯。にわかに重くなった荷物を持って、うんうんいいながら帰るのである。

お赤飯おにぎり

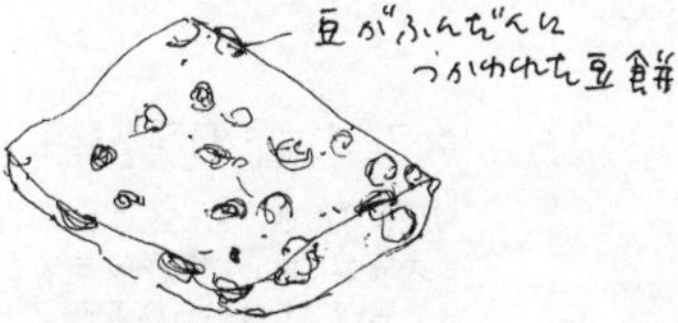
豆がふんだんにつかわれた豆餅

◆すがも園

のし餅にはあわと白があり。大変やわらかく、包丁で切ると、てろんとした切り餅に

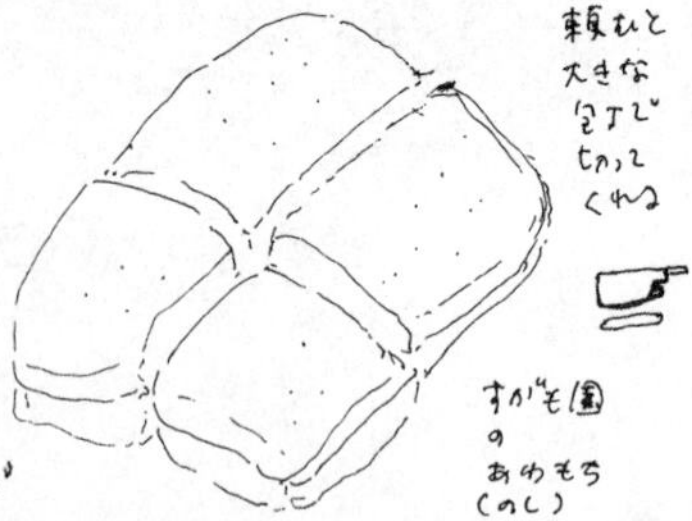
頼むと大きな包丁で切ってくれる
すがも園のあわもち(のし)

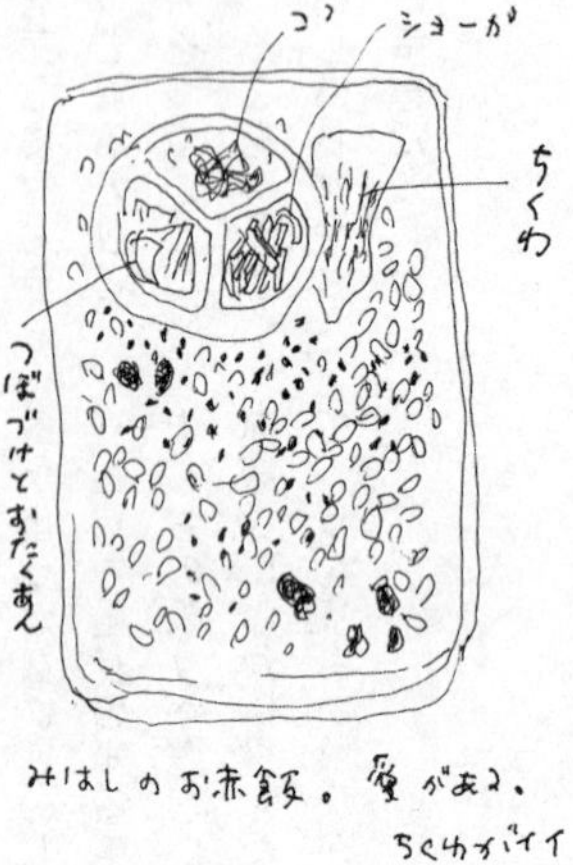
コブ
ショーガ
ちくわ
つぼづけとおたくあん
みはしのお赤飯。愛がある。
ちくわがイイ

◆あんみつ みはし

お新香やちくわ半分が入った小弁当。お赤飯もササゲも素材のおいしさが生きています

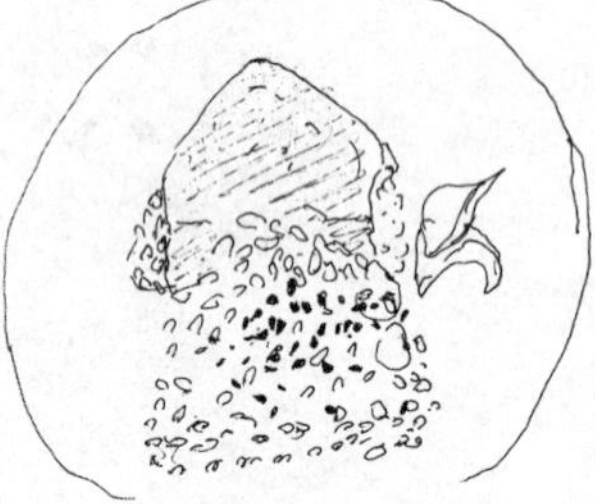

◆五の橋 伊勢屋

おにぎりの他、おだんごも豆大福もおいしい亀戸のお店。店内でも食べられます

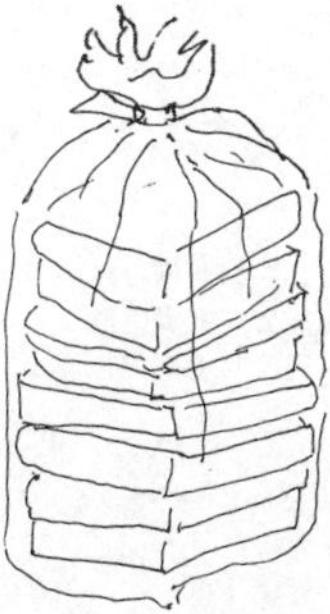

◆深川伊勢屋

白いのし餅と切り餅があり、お好みと用途で選べます。お彼岸には彼岸だんごも

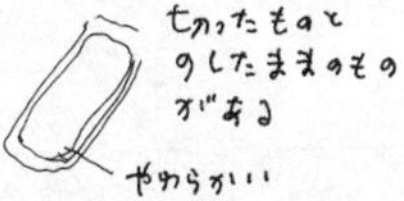
切ったものと
のしたままのもの
がある
やわらかい

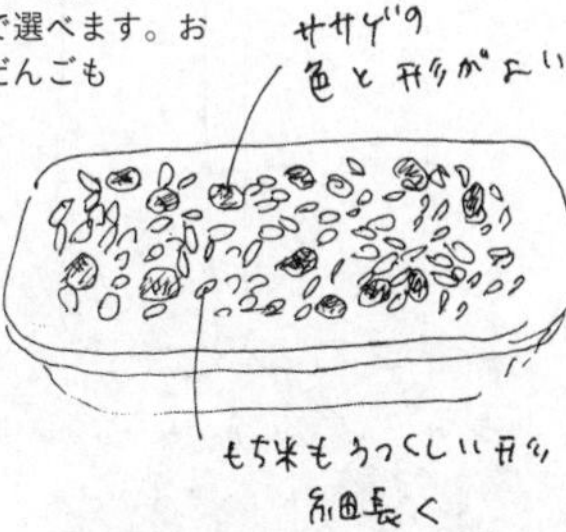
ササゲの
色と形がよい
もち米もうつくしい形
細長く

◆桜の杜 伊勢屋

餅米の粒が立っていて蒸かし方が絶妙なお赤飯。薄桃色、もちもちの食感でおいしい

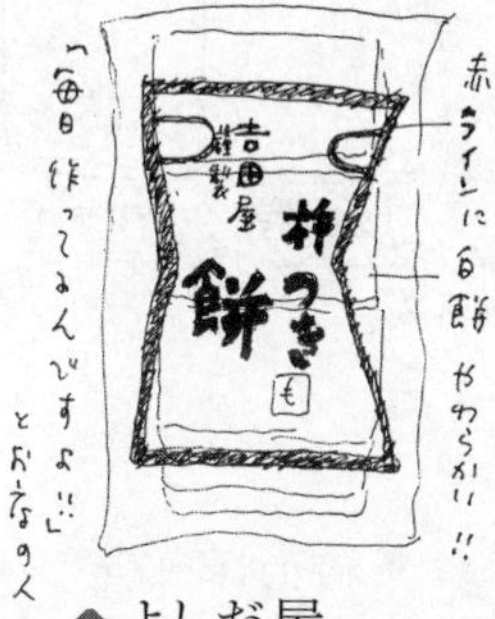
毎日作ってるんですよ!!
とお店の人
吉田屋
杵つき
餅
赤ラインに白餅
やわらかい!!

桃太郎
のし餅は切って販売

◆よしだ屋

つきたてのやわらかいお餅は、小さめのサイズで使いやすい。お店自慢の一品

◆桃太郎

のし餅も切り餅も豆餅もどれも味よい、小さいお店。季節ごとの和菓子も丹念な味

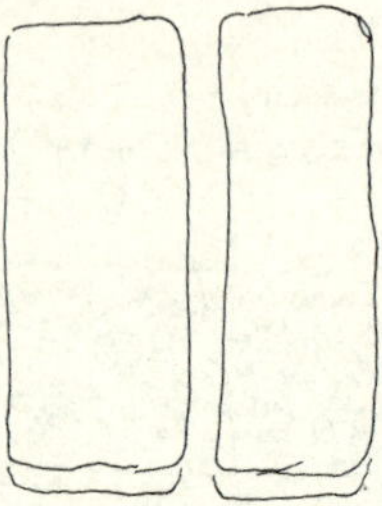

◆山長

しっかりとしたこしのあるお餅で、食べごたえ充分。細長い形は一升の半分、五合サイズでしょうか？

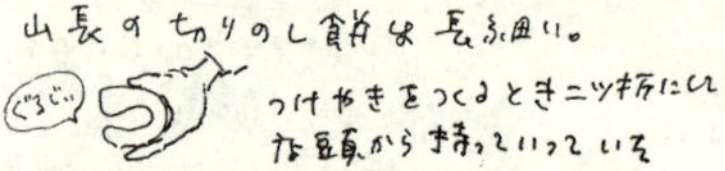
山長の切りのし餅は長細い。
ぐるぐっ
つけやきをつくるとき二ツ折にして

◆マスヤ

薄めののし餅はあわ、きび、白の三種。きびはぷちぷちした食感が味わえます

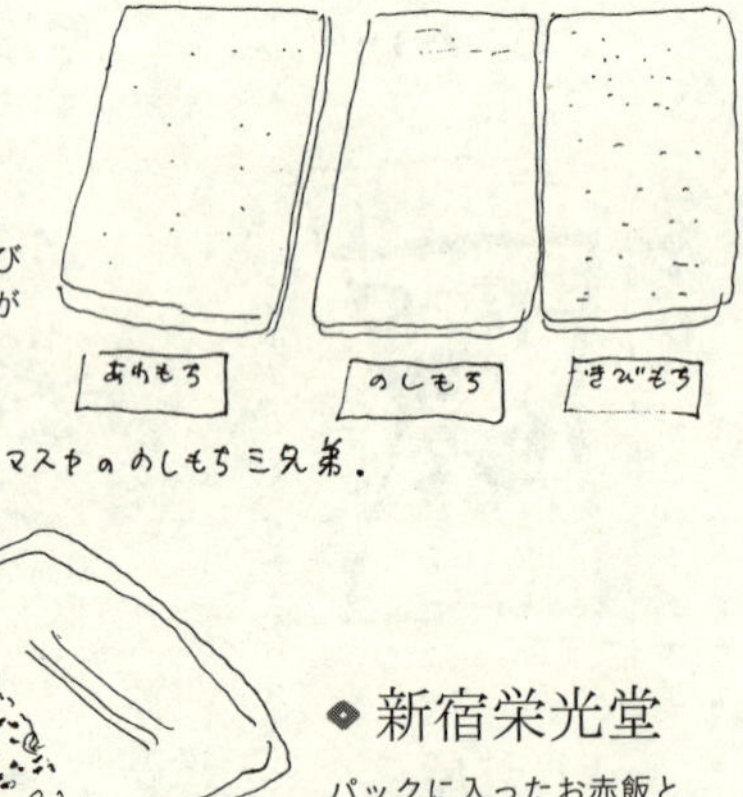
あわもち
のしもち
きびもち
マスヤののしもち三兄弟.

◆新宿栄光堂

パックに入ったお赤飯とお赤飯のおにぎりあり。他の和菓子にも共通する上品な味

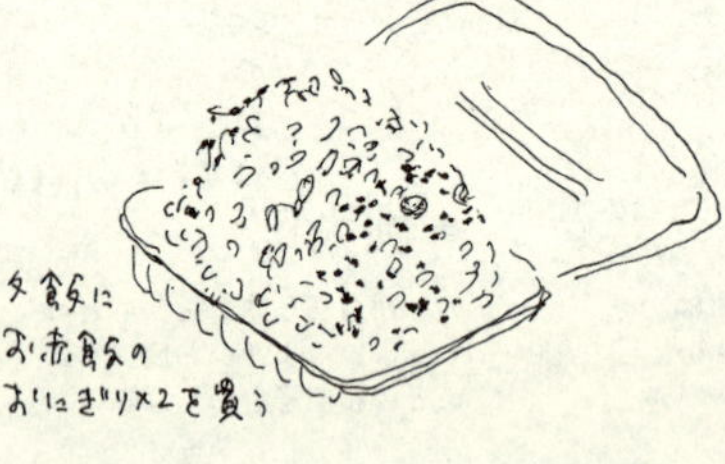
夕食に
お赤飯の
おにぎり×2を買う

新宿 ● 鶴屋吉信 茶寮TSURU

子どもの頃、母についておでかけするのが好きだった。私は子ども時代を関西の西宮で過ごしたので、行き先は大阪か神戸のデパートが多かったが、デパートにかぎらず近所のスーパーでも、私は買い物へ行く母についていろいろなものを見るのが好きだった。末っ子だったせいだろうか、私も行きたいと言うと、母はいつも連れて行ってくれた。デパートでは特に、買い物の途中に喫茶室で休憩するのが大きな楽しみのひとつだった。我が家ではふだん外食することはなかったので、外でなにかを食べるということはそれだけで特別な出来事だった。そしてそのときだけは厳しい母からお許しが出て、なんでも好きなものを頼んでよいのである。

お茶おいしい。
茶托は春慶塗

私は必ず、家では絶対に飲ませてもらえない毒々しい緑色をしたクリームソーダを頼み、母は必ずプリンかバニラアイスクリームを頼んだ。ミックスサンドをふたりで食べることもあった。今思えば、

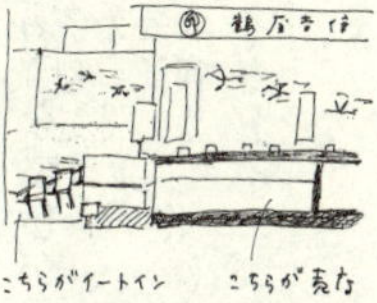
鶴屋吉信
こちらがイートイン
こちらが売店

店内には和風の甘味処もあっただろうと思うが、入るのはいつも決まって洋風の喫茶室で、甘いソーダの魅力もさることながら、そのきらきらめくような高級感が、小さい私には晴れがましく、心浮き立つものだった。

　そのせいか、今でもデパートの喫茶室や地下階のイートインは好きである。それらは昔よりもずっとしゃれているし、高品質だし、海外からの出店も多い（私の現在のお気に入りもイタリアのバルだ）が、どことなく独特の雰囲気があって、それは今も昔も変わらない。今も子ども連れの家族や年輩のご夫婦や奥様がたがデパートの紙袋を置いてちょっと休む場所で、入りやすいし静かだし落ち着いているし、幼い頃から慣れ親しんだ場所な感じが私にはする。

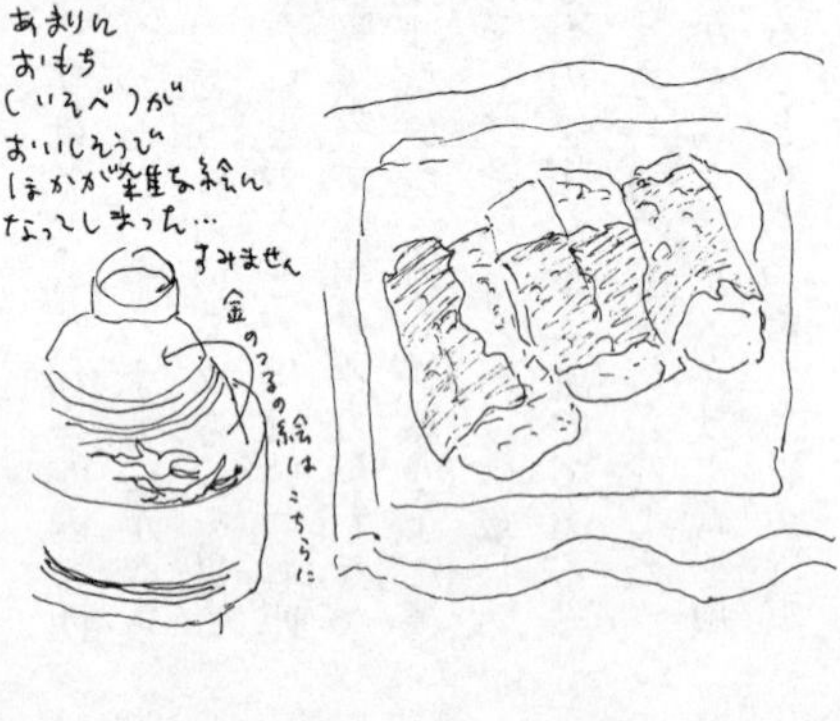
あまりにおもち（いそべ）がおいしそうでほかが雑な絵になってしまった…
すみません
金のつるの絵はこちらに

　それで新宿タカシマヤの『鶴屋吉信』併設の『茶寮TSURU』も、前から気になっていた。最近のデパートは、独立した飲食店ではなく、各店直営のイートインが多いのも特徴だ。

『鶴屋吉信』は創業享和三（一八〇三）年、二百余年続く京都の老舗菓子舗で、上生菓子や季節の和菓子を扱っている。関西育ちの人ならば、村雨《むらさめ》と呼ばれるそぼろあんでつぶあんを巻いた棹物「京観世」はおなじみの味だろう。そうしたお菓子を買うのは後にして、まず喫茶に入る。

上生菓子とお抹茶のセットを頼むと、すでに売り切れだったので、冷たいグリーンティにする。細長いグラスに、氷を浮かべて出てきたグリーンティはお抹茶をそのまま冷やしたもので、甘みはシロップで好きにつけるようになっている。入れずにお抹茶の味を楽しむ。続けて磯辺餅とぜんざいのセットも頼んでみる。厨房から海苔のよい香りが漂ってきて、こぶりの磯辺餅が三つ、お行儀よくお皿に並んで出てきた。買い物に来たおばあさんがひとりで入って食べるにはちょうどいいくらいの量だ。いや、食べきれないくらいかもしれない。

そのお行儀のよい、ぽってりしたお餅が、まるで羽二重餅のようにやわらかく、嘘のようにおいしい。焼かずにそのまま食べた方がよいのではないかと思うほどだ。お餅だけでなく、お醤油もおいしい。いや、お醤油がおいしいというべきか。香りも味も香ばしく、羽二重餅と海苔を上手に引き合わせている。こんなにおいしい磯辺餅があっていいのかというくらいおいしい。陶然としながらお餅をいただく。

お餅を食べ終わって、すでに満足しきっていたが、お食後にはぜんざいもついている。なんという豊かさ。ぜんざいには白玉が入って、小豆の味は素材の風味をごく自然に、てらいなく引き出した味である。手を加えすぎたり、甘すぎたりしない。さすが京都の老舗である。もう私は心身ともにぐったりと、満腹である。

ひとつ置いた席には、家族連れが座っている。お父さんは緑のVネックセーター、お母さんは紺のセーターを着て、丸顔でお母さん似の娘さんはもう大学生くらいだろうか、両親に向かって一生懸命話している。お父さんはやさしい表情でそれを聞き、お母さんは少し心配そうな顔をしながら聞いている。子どもの私がクリームソーダを飲み、若かった母がプリンを食べていた頃も、誰かが隣でこんなふうにして、私たちのことを見ていたのかなと、ふと思う。

ちょうど雛祭りの頃だったので、店頭にはお雛菓子がいろいろ置いてある。姉や私が小さい頃、父は三月になると毎年お雛菓子を買ってきてくれた。たいていは、リンゴやミカンやバナナなどをかたどった竹籠盛りの飴細工だったが、味はどれも同じ水飴の味だったので、もっぱら観賞用として雛壇にいつも飾ったきりになってしまっていて、父に悪かったなと今も思う。

そんなことを思いながらケースをのぞいていると、落雁や金平糖がこまごまと入った小箱に、ちっちゃな海苔巻が混じっているのを見つけた。海苔巻といっても、それはお砂糖と味《み》甚粉《じんこ》で形を模したもので、でんぶのピンク、玉子の黄色、青菜の緑がちゃんと色づけされ、海苔だけは本物を巻いてある。なんとまあ懐かしいことよ。小指の先ほどのミニチュアな愛らしさは今見ても格別である。これも父が買ってきてくれたお雛菓子に入っていた。

父は会社の帰りがけにデパートに寄って、今年はどれにしようかとあれこれ見ながら歩いていたのだろうか。飴細工のかわいらしさを父はきっと気に入っていたにちがいない。それでもうひとつ不評だから、落雁の方がいいかと思ったりもしたのだろうか。今懐かしく同じものを見るということは、『鶴屋吉信』で買うこともあったかもしれない。

変わらぬ姿のお雛菓子を見ながら、私はしばらくそこから動けずにいた。

こういうマークって
昔は日本画家が
描いたりしたのだろうか

渋谷 ● 銀亭

渋谷は今日も喧噪の街である。私は渋谷区民だが、最近は用がないかぎり渋谷駅周辺に行くことはほとんどない。区役所とか税務署とか、または東急本店に入っている書店とか、昔から使っている眼鏡店とか、そこでないと済まない用事がないかぎり行かない。常に大工事が行なわれ、愛用していた店は次々になくなり、めまぐるしく変わっていく街に、もはやついていかれないし、ついていく必要もない。それでも心惹かれるなにかがあるわけでもない。東急東横線が地下深層の複雑迷路になって以来、駅すら使わなくなった。これを老いと呼ぶのだろうか。

今日もバスを降りて信号待ちをしていると、目の前をけたたましい音楽を流しながら新人歌手の街宣車が走り抜けていった。街宣車が去った後も、百貨店の駐車場に高級車をマイクで誘導する人の慇懃な声や路面店から流れ出た音楽や渋谷警察署からのお知らせなどが入り交じった耳

障りな音の渦に巻き込まれる。そして街を歩いているのは若者ばかり。日本はすでに四人に一人の割合で高齢化社会のはずなのに、ここではそれをまったく実感できない。渋谷に来るたびに、街にやってくるのは若者だけで、人は年をとるにつれて街に出て来なくなるのだなとしみじみ思う。

これほど日々刻々と移り変わっていく街に、昔ながらの甘味処が生き残っていく隙間なんて、どこにもないでしょう。よしんば甘味処はあったとしてもそれは和カフェで（変な日本語！）、店構えも味も今様に創意工夫されていて、そうしたお店もきれいだしおいしいけれども、私が行きたいのはそういう店ではない。だから渋谷で甘味食堂を探すことは、はなから諦めていた。

しかし、それでも本日半信半疑で訪れたのは、渋谷のどまん中のセンター街にある『銀亭』というお店である。地下一階にあるその店は、入口に看板が小さく置いてあるだけで、知らないと誰も気がつかないような体である。そっとのぞくと、地下への階段の壁にはカフェ風のペインティングがしてあり、およそ甘味処にはそぐわない感じである。しかし入口に本日の定食メニューも出ていることだし、意を決して階段を下り

ていく。

するとすぐに開けっ放しの入口があり、中でおばさんがふたり、座って食事をしていた。その内装は一見して甘味処というよりカフェバーである。すると、バーカウンターに立っていたおばさまが、私の顔を見て「おひとりですか」と声をかけてくれた。そのひとことに背中を押されて奥に入ろうとして、左手に茶釜とお茶のお道具が並んでいるのが目に入った。カフェバーに茶釜。これもなにか新しい趣向なのだろうか。

どうやら夜はカフェバー、昼は定食と甘味というスタイルのお店らしい。暑い日だったので、まず冷たいお茶を出してもらい、それからランチの定食を頼んだ。使い込まれた漆のお重に入って出てきたお弁当は彩り豊かで、きちんとしたお料理である。「今日のお魚はさんまです。今年はもう召し上がりましたか」と聞かれて初めて初物だと気がつく私。さんまにはすだちと大根おろしが添えられ、初秋の味である。にんじんとごぼうとかぼちゃの煮物は薄味で、竹の皮に盛られた八穀米はぷちぷちとした食感がよい。どれもほどよく美味である。お食後のあんみつは小さく切った寒天につ

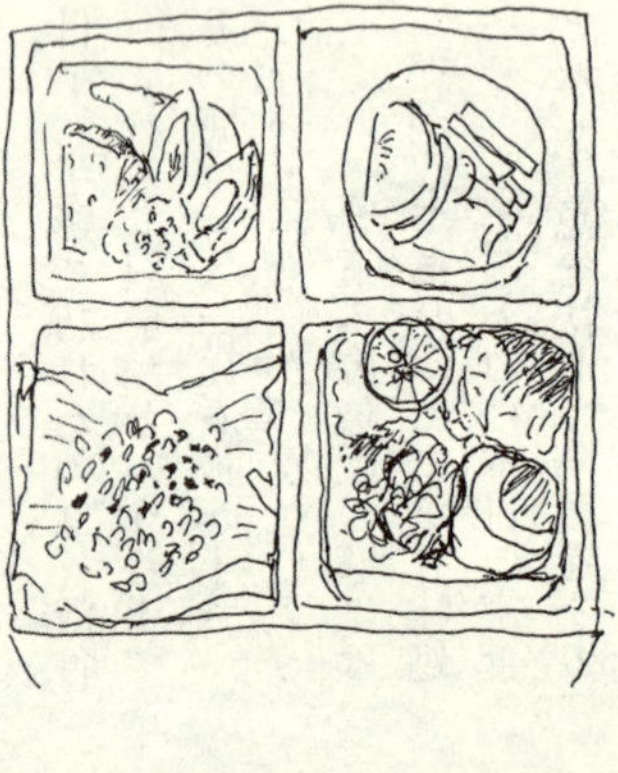

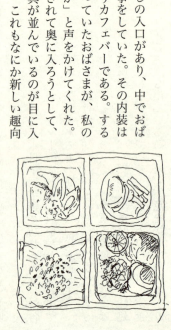

ぶあんであった。食べ終わると、茶釜でいれたお煎茶を運んできてくれた。

おばさまの話によると、『銀亭』は戦後に開業してこの地で七十一年、以前は日本料理屋だったのだそうだ。一時は企業の接待によく利用されて大にぎわい、長唄、太鼓、小太鼓、踊りのできる従業員が客をもてなし、今の店がある地下は当時洗い場だったとのこと。しかし時代の流れには逆らえず、料理屋は閉店し、ビルの上階は貸してしまったが、数年前から『銀座鹿乃子』で働いていた知人に教わって甘味処を始め、今は昼間は母であるおばさまが、夜は息子さんがカフェバーとして営業しているという。あの漆のお重は料理屋時代から使っていた輪島塗で、茶釜とお茶道具は先代からのものだとか。

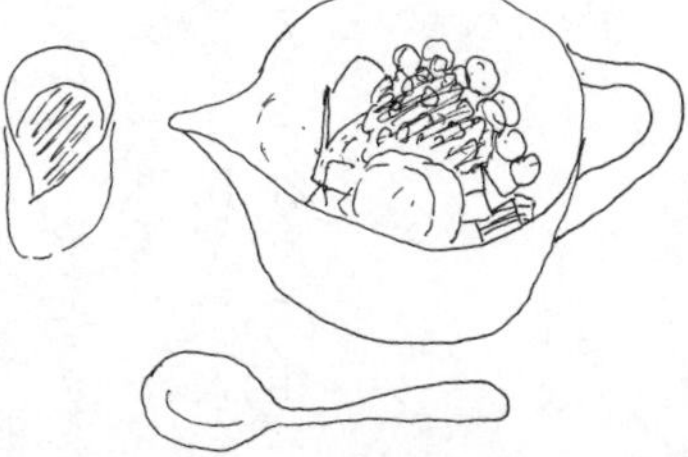

甘味とカフェバーで、全体にちぐはぐな感じではあるのだが、それでもお昼は板前さんが作ったお料理とあんみつが千円で食べられて、ゆっくり憩える店はもはや渋谷では貴重な存在といえるだろう。それが証拠にお客さんは常連さんらしきシルバー世代が多い。シルバーだけでなく、近所の店の店員とおぼしき若者も入ってきて、生ビールにみつまめに焼きうどん、みたいなオーダーをして、元気よく食べて話して去

っていったりする。夜のカフェバーのお客さんが、昼もあの店にめし食いに行こうぜと言って、やってきた感じ。

その意味では、一見さんが遠くから口コミで訪れる有名店というよりは、この地に暮らす住民や働く人々がなごみに来る店というふうで、渋谷仕様にはなっているけれども、これもこの街に残された甘味食堂のひとつのかたちなのだなと思った。

目白 ● 志むら

『志むら』は目白にある和菓子店である。目白に行くと、『志むら』に行かずにはいられない。それはもはや私にとって、身に染みついた習慣である。私は目白で学生時代を過ごしたし、社会人になってからは住んでもいたので、懐かしさにかられてというのもあるが、それだけではここまで通う理由にはならない。

その日も私は用を済ませた帰りに、『志むら』に寄った。駅から続く商店街を歩き、遠くに甘味と書かれた小さな旗がはためいているのを確認しながら、ゆっくりと近づく。なじみの店がいつもどおり開いているというのは心安らぐものである。

『志むら』は一階が和菓子店で、二階と三階が甘味喫茶になっている。喫茶にはあんみつやおしるこの他に、塗りの箱に詰められたお弁当もある。すでにどれもよく知ってはいるのだが、いつものごとく店の前に出ている

サンプルをじっくり眺めてから、中に入った。

時刻はもうお昼どきを過ぎていたので、二階はさほど混んでいなかった。いつも采配をふるっている、感じのいい女性がこちらへどうぞと案内してくれる。お昼抜きで、今日はお弁当にしようと決めていた私は、生姜焼にするかお赤飯にするか少し悩んでから、赤飯弁当を頼んだ。お弁当にはプラス三百円であんみつがつけられるのだが、後で和菓子を買って帰ることを考えると、一日に何度も甘いものを食べてはいけないだろうと今日のところは自粛する。『志むら』ではいつもそうやって自粛するので、おまけのあんみつってどんなのかなといつも思う。すると、お店の人が戻ってきて、「今日はお赤飯が終わってしまったんです」と申し訳なさそうにおっしゃり、「お赤飯と白いごはんと半々でよろしければ、ご用意できますが」と言ってくれた。私はそれでお願いしますと頼んで、見慣れた店内を見回した。

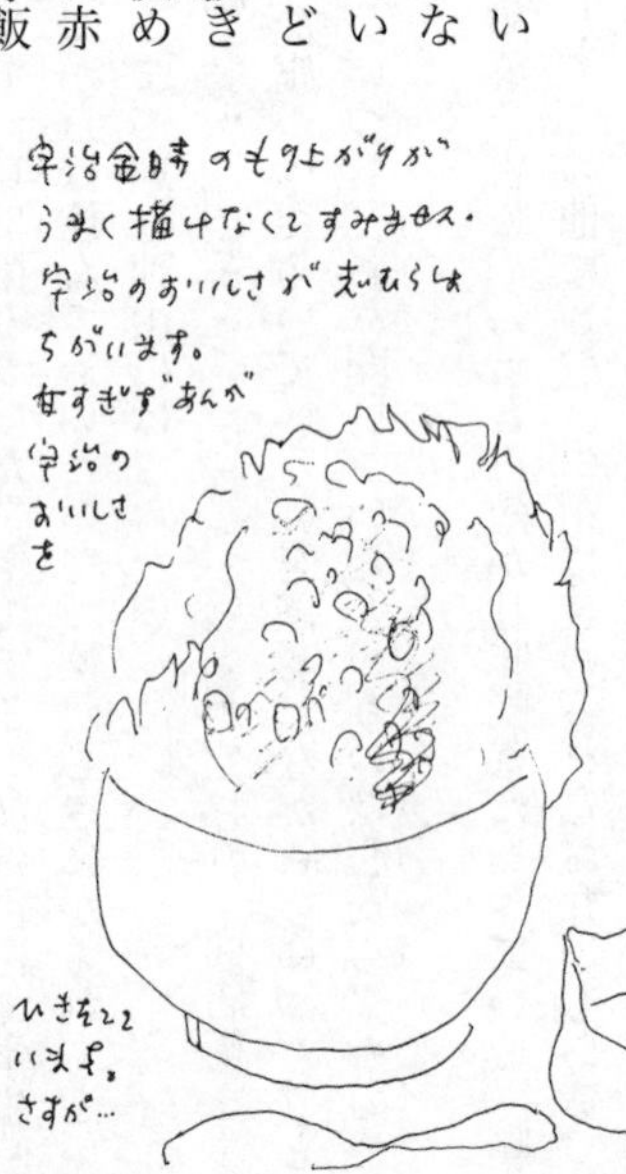

私と同じようにして、ひとりで遅い昼ごはんを食べに来た人や、気の置けない友だちと午後を過ごしに来た女の人たちが座っている。学生時代は一階で和菓子をひとつふたつ買うのがせいぜいで、こうして昼下がりに喫茶でお弁当を食べるなんて贅沢はできなかったから、ここに座っている自分も相応になったということだ。目白という場所柄か、話し声も穏やかで、落ち着いた雰囲気である。大きな窓辺からは、明るい日光が差し込んでくる。眼下に目白通りの車の流れが見えるが、音は入ってこないので、いたって静かだ。

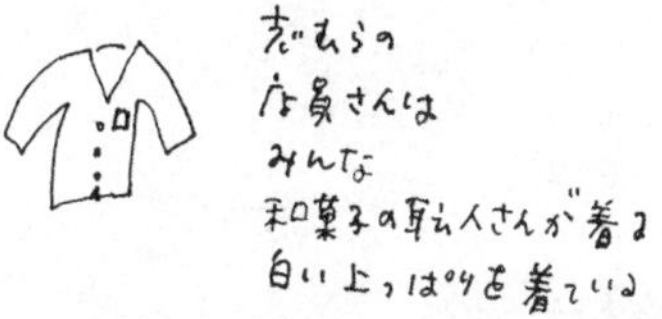
志むらの
店員さんは
みんな
和菓子の職人さんが着る
白い上っぱりを着ている

ふだんはこうしてとても静かな『志むら』だが、夏のかき氷の時期だけは別である。和菓子店だけあって、味も絶品だが、なにより氷に特徴がある。ふわりと口当たりのよい氷で、昔ながらの氷かきの機械を大事に手入れしながら使っているという。最近はネットで検索してやってきた、主に若者たちが長蛇の列を作り、運ばれてきた氷を我先に写真に撮り、大騒ぎして食べた後、階下で売っている和菓子には目もくれずに出ていく。かき氷もおいしいけど、和菓子もおいしいのに、残念なことだ。和菓子は食べ慣れていないと、そのおいしさがわからないというのもあるから、いたしかたないのかもしれない。『志むら』の和菓子は本当においしい。私の個人的番付としては、都

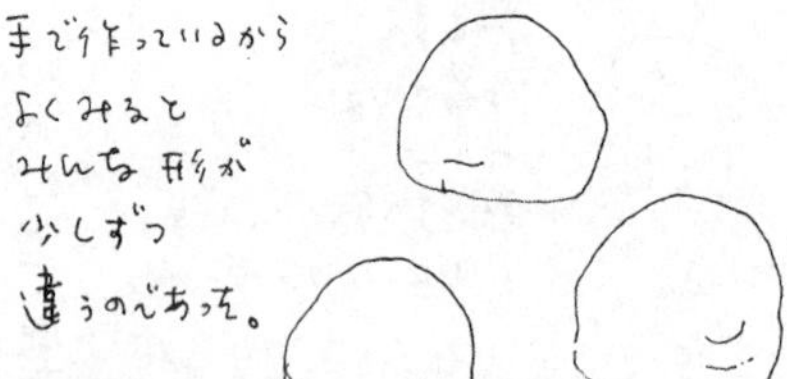
手で作っているから
よくみると
みんな形が
少しずつ
違うのであった。

内の和菓子店十指に入るおいしさだ。けれどもいわゆる有名店ではないのは、地元の人を相手に目白だけでお店をされているからだろう。実は以前私は仕事で『志むら』を取材したことがあって、そのときに女性のご主人が、「うちは小さい店ですので、百貨店への出店や催事は、全部お断りしているんです。作れる量に限りがありますし、味が落ちるといけませんので」とお話しになった。『志むら』の生菓子は全部、早朝から店の裏手の作業場で職人さんが手作りしているのだそうだ。いつみても端正で、清潔感があって、でもどこか温かみのある和菓子。どれがいちばんお好きですかと問うと、ご主人はそうですねと迷われて、「姫薯蕷《じょうよ》かな、夜にひと息ついたときにお茶と一緒にひとついただくと、おいしいなあって思いますね」とおっしゃった。姫薯蕷は、まっ白な山芋の薄皮に包まれた、一口サイズのこしあんのおまんじゅうである。

今日はお腹が減って二階に駆け上がってしまったが、お弁当を待つ間、後でなにを買おうかなあと思案する。姫薯蕷も好きだが、名物の九十九《つくも》餅も食べたいし、季節の和菓子も欲しい。年明けの大寒の頃なら、光沢ある椿の葉に挟まれた椿餅、夏の暑い盛りなら、目にも涼しい青葉にくるまれた葛桜と、季節ごとに美しい『志むら』のお菓子を見ていると、心づくしという言葉を思い出す。

ほどなくして、「お待たせいたしました」と、私のお弁当が運ばれてきた。お店の人は、「申し訳ありませんでした。でも赤と白で、紅白弁当になりました」と笑顔で言って、私の前に置いてくれた。

庚申塚 ● いっぷく亭

都電を降りるとそこは甘味食堂だった。

そんなもじりを思わずつぶやきたくなるような立地である。

ＪＲ大塚駅で都電荒川線に乗り換えて二駅めの庚申塚駅で降りると、ホーム直結で店がある。開いたドアの正面にお店の入口があるので、ここが改札かと思って、そのまま足を踏み入れてしまいそうな勢いである。あるいは駅そばにも近い感覚である。しかしこの駅で降りる人は、私の戸惑いをよそに、さっさとホームを降りていってしまった。

駅のベンチ
駅のホームから
店内へダイレクトイン!
おはぎの見本
ガラス窓になっている

私はそのまま『いっぷく亭』に入った。お店の方でも、都電が到着してお客を降ろし出発していく、一連の動きが当たり前すぎて、私が入ってきてもまったく気がつかないほどである。

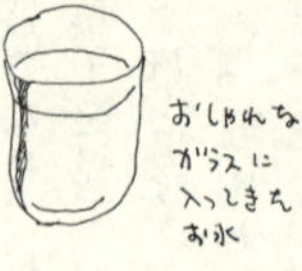
おしゃれな
ガラスに
入ってきた
お水

お店の人気メニューはこだわりセットで、焼きそばとおはぎという、

究極の炭水化物セットである。焼きそばという超定番軽食に、おはぎという懐かしの甘味。心憎いまでの黄金コンビである。他によくばりセットというのもあって、こちらにはコーヒーもつく。私は迷わずこだわりセットにした。「おはぎは選べます」と言われてメニューをよく見ると、小豆、きなこ、黒ごま、抹茶、季節ものとして桜、よもぎがある。きなこを頼む。

座って外を見ていると、都電が通る。『いっぷく亭』のあるのは三ノ輪行きのホームで、向かい側は早稲田行きである。都電は複線だが、狭い軌道を走っているので、上りと下りの駅は少しずれて位置している。そのため向かいのホームで人々が乗り降りしているのは見られないが、早稲田行きと書かれた一両のみの車両が駅を出て、ガタンガタンガタンガタンと加速して、さあっと行き過ぎていくようすは、ちょっとすがすがしい感じである。

焼きそばは野菜と豚肉がたっぷり入った細麺のおいしい焼きそばである。麺と具のバランスがとてもよく、なにより盛りつけがきれいである。面取りしたにんじんが四隅に置いてあったりして、愛がある。ざっと炒めて、ざっと皿に盛って出しました的な、雑駁《ざっぱく》な印象がなく、丁寧に作って盛りつけているのが伝わってくる。

しかしこの、焼きそばの横についてきたおはぎはどうだろうか。てらてらと丸く光って、隣席の女の子はおはぎが来るなり（彼女のは黒ごまであった）、「泥団子みたい」と、思わず口にした。しかも私はきなこを頼んだのに、きなこがかかっておらず、怪しげな薄茶色をしている。おばさん間違えたかなと思って、念のためお皿を持ち上げてくんくんと嗅いでみる。するとそこはかとなくきなこの匂いはする。きなこが練り込んであるのだろうか。隣ではもうひとりの女の子が「隕石みたい」と言っている。壮大な表現である。

それで私は泥団子にして隕石のごときおはぎにトライしたが、お箸で切るとすっと切れる。見るとあんの中のお米はしっかり粒が残った状態である。そして口に入れると、やわらかく、意外なおいしさ。白あんにきなこが混じっているのか、渾然一体とした味わいでおはぎの概念を覆される、新たなおはぎである。

おはぎを食べ終わって呆然と外を見ていると、都電が来て、人が降りて、また去っていく。カンカンカンカン、カタンコトンカタンコトン、プシュー、チンチン！　はっと気づくと、もういない。こんなふうにして電車の往来だけをただ見ていたことなんて、あっただろうか。このままここに座っていたら、いつのまにか眠ってしまうだろう。

レジでおばさんに、おはぎ変わってました、でもおいしかったと言うと、おばさんは我が意を得たりといった顔をして、「白あんを炊いて練り上げて、焦がしきなこを混ぜ込んでいるんです」と教えてくれた。きなこも焦がしきなこだと、色も濃く、香ばしくて風味がいいという。「あなたはきなこでしたよね、きなこがかかってないから驚いたでしょ」。さては私が鼻を寄せてくんくん嗅いでいたのがばれていたか。やわらかなごはんは餅米で、日に何度も炊いて、いつも温かいものを出しているそうだ。「最初にごまを食べた人は次もごまばっかり、きなこだったらきなこばっかり買っていく人が多いんですよ」と言う。話しているうちに黒ごまも食べてみたくなって、きなこと黒ごまをお土産に頼んだ。

おばさんは、「きなこと黒ごまね」と言うが早いか、あんの入ったタッパーとごはんを取り出し、魔法のようにくるりとおはぎを丸め、パックにきゅっと詰めてくれた。職人の技はいつ見ても手早く美しい。おばさんは「見せるほどのものじゃないけど」と照れ笑いをした。

『いっぷく亭』は庚申塚駅にお店を構えて二十五年になるそうだ。ここならホーム直結で便利だし、都電に乗るときはまた駅おはぎを買いに来てもいいなと思う。店を出るとそこは都電の駅である。カンカンカンカン……。駅にはもう人が並んでいて、私は持ち重りのする、まだ温かいおはぎを持っていちばん後ろに並んだ。

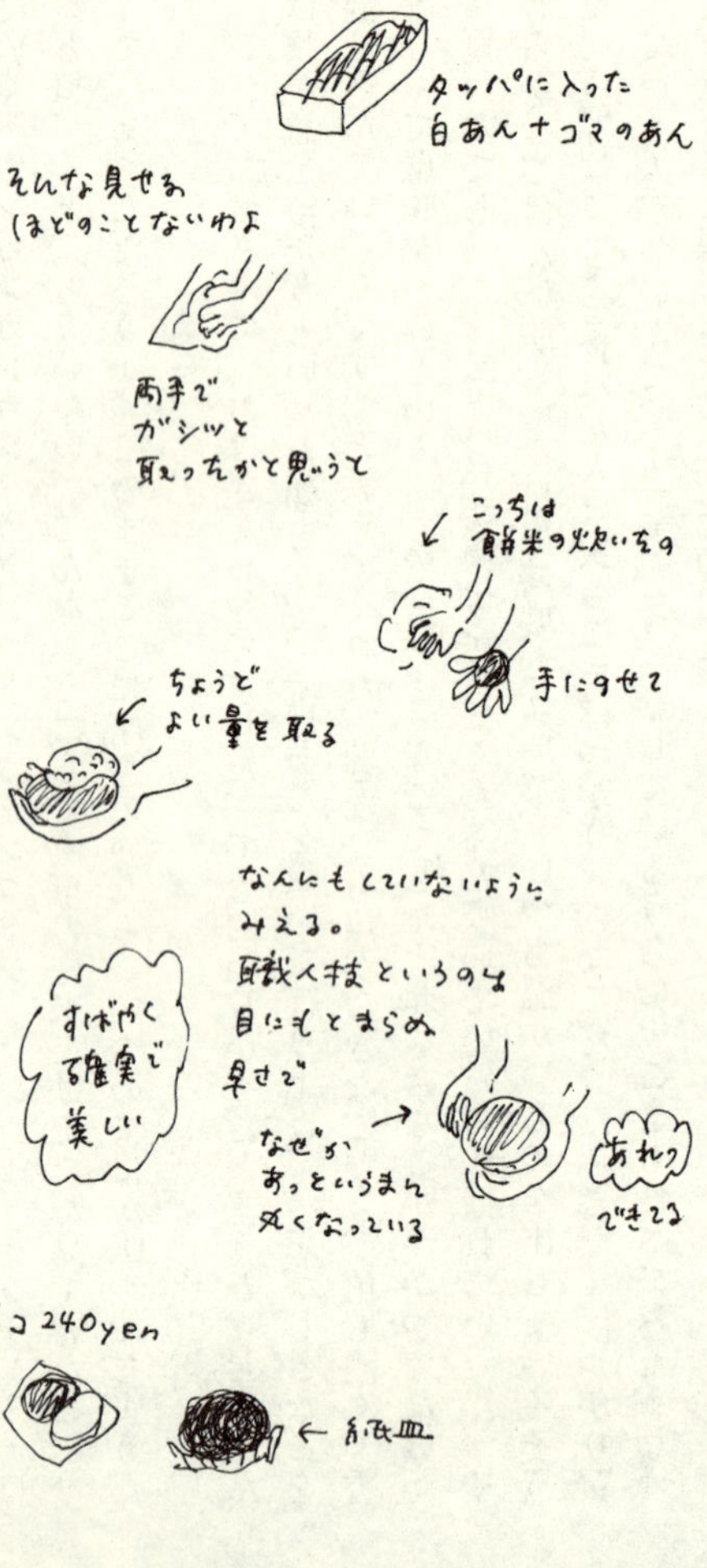
タッパに入った
白あん＋ゴマのあん
そんな見せる
ほどのことないわよ
両手で
ガシッと
取ったかと思うと
こっちは
餅米の炊いたの
手にのせて
ちょうど
よい量を取る
なんにもしていないように
みえる。
職人技というのは
目にもとまらぬ
早さで
すばやく
確実で
美しい
なぜか
あっというまに
丸くなっている
あれっ
できてる
1コ 240yen
← 紙皿

巣鴨 ● すがも園

巣鴨は以前通勤の乗換駅で使っていて、毎日通ってはいたのだが、一度も降りたことはなかった。体の痛みを取ってくれるというとげぬき地蔵で有名で、「おばあちゃんの原宿」といわれてひさしく、駅にもおばあさんの姿は多かったが、若い頃はわざわざ行ってみようとはこれっぽっちも思わなかった。けれどもおばあちゃんの原宿なんだから、甘味処は多いに決まっている。私は期待を胸に、M氏とともに巣鴨駅に降り立った。

まずはとげぬき地蔵をめざそうと、駅前の大通りを渡って商店街に入る。最低限の地理感覚もなく来ているので、とげぬき地蔵がはたしてどこにあるのか不安に思いながら歩くが、そこには確実にひとつの人の流れがある。それに逆らわず、ゆっくりとした波に乗っていくと、脇に並ぶ店がそれらしくなってきて、その名も地蔵通りという、おばあちゃんの

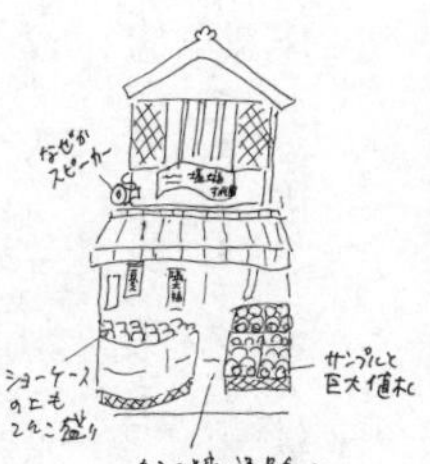

竹下通りに出た。

洋品店とか荒物屋とか大福屋とか、おばあちゃんが好きそうなものばかりである（私も好きである）。だが思ったほどふつうの商店街と違いがあるわけではない。唯一決定的な違いは、そこにあるすべての文字が大きいことである。とりわけ値札の文字が大きい。通常の三倍はある。食堂のサンプルにつけられた「天ぷらうどん８００円」も、サンプルが隠れるほど大きい。お年寄りは字が小さいのをなにより嫌うことは私も折りに触れて体験するところなので、なるほどよくわかっているなと感心する。

思っていたよりも小さなとげぬき地蔵の高岩寺《こうがんじ》にお参りして、さてどこに入ろうか逡巡した挙げ句、いちばん文字の大きい『すがも園』に入った。表に面した売店が大きく、奥まった食堂のようすがよくわからないが、食券を買って入ると、中は広くて百席もあるらしい。

おばあさんが焼きそばとまめかんを食べている。向かいに座る息子らしき人はかつ丼である。甘味食堂の食事はどこも比較的ライトだが、そこをいくと『すがも園』は

おうどんはやわらかい（巣鴨だから？）
量も多い!! おばあちゃん食べ切れるのか？
カレーうどん

甘味処というよりもむしろ食堂寄りの直球どまんなか系である。ひとくちにお年寄りといってもいろいろで、私の母などは鳥の餌のごとき少量の食事しか食べず、やきもきするが、なかには食欲旺盛な老婦人もおられるかもしれない。なんといっても巣鴨はお客様のニーズを熟知している町なのだから。

それで、私が頼んだカレーうどんも、丼の縁から溢れんばかりに大盛りである。M氏の天ぷらうどんも天丼の具がそのまま移行したようである。いいねこういうの。贅沢で幸せな感じ。おばあちゃんも「あら、大盛りだわね」なんて笑顔になるような。たまの外出、満腹して帰ってもらいたいというお店の親心だろうか。で、ついよけいな話をする。

「カレーうどんって、見ると食べたくなるんですよね」と、汁をこぼさないように注意深く麺をたぐる私。「カレー好きなんですか」と、海老天をかじりながらM氏。

「好きだけど、そんなにいうほど好きじゃない。でもカレーうどんは見ると食べたくなる。でも自分ではそのことを意識してなくて、学生時代、学食で会った部活の後輩に〝ワカナさん、いつもカレーうどん食べてますね〟って言われて、憤然と〝そんなことない〟って反論したんだけど、どうやらいつも食べてたらしいんですよ」

「ああ、わかります。自分ではなんとも思ってないのに、〝おまえ、アイツのこと好きなんだろ〟って、突然言われた感じ？」

「そう。〝ええっそんな私、別にアイツのことなんか全然好きじゃないし！　第一好みじゃないし！〟とかムキになって否定しちゃう。けど気がつくと一緒にいる」

「人に言われて初めて知る自分の好みですね」

店には幅広い年齢層の人がいて、それぞれにのんびりごはんを食べている。小太りの若いサラリーマンがひとりでうつむいて丼物を食べている。地方から出てきて、営業回りの合間に店に入って、ひと息ついているふうである。こういう店は味も家庭的だし、おばさんも親切だし、誰も急かしたりしないし、好きにさせておいてくれるから、居心地がいい。店の隅では、おばあさんたちが紅しょうがを小袋に詰める作業をずっとしている。

出がけに店頭の大量の和菓子を見ていたら、ケースの端にのし餅があった。のし餅だと言う私のつぶやきを耳ざとく聞いた店のおばさんが、「のし餅おいしいわよ！」と言ってきた。

「うちは仕入れ一切なしだから。全部ここで作ってるの、朝五時から。大変なのよ、お餅はつくし、あんこは炊くし。いろんなお菓子作ってるけど、でも、のし餅はおいしいわよ」と言う。のし餅はおばさんもいち押しのお気に入りらしい。「一度に食べきれないから、切ってタッパに入れて冷凍庫に入れておけばいいのよ。私もそうしてるの。そうやっとくと、なにもないときとか、雨で出るのが面倒なときにね、いいのよ」。言うことが親身で、説得力がある。

それで、白とあわがあったので、あわを頼むと、切るから待っててと奥に行った。当然自分で切るものと思っていたので、なんて親切なんだろうと思う。「タッパに入れて冷凍してね。いつでも使えるから」と、もう一度念押しして渡してくれる。それから「またどうぞいらして下さい」と、笑顔で言ってくれた。こちらも、また来ますと元気よく返事をする。

ここに来る人はお年寄りが多いし、いつ誰がどうなるか、明日のことはわからない。それはお年寄りにかぎったことではないけれども。だからこそ、会った人には誰にでも親身に接し、そして別れ際には、いつまでも元気で、また顔を見せてねと声をかけているのだと思う。そう感じる。おばさんは無意識で、自分ではそんなこと思ってもいないかもしれないけど。

巣鴨の町がおばあちゃんたちに人気があるのが、わかる気がする。

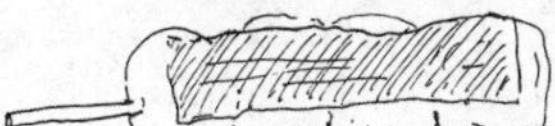

巣鴨◉みずの

はやりすたりはあるだろうが、巣鴨は今、塩大福が有名な町らしく、食堂兼売店には、ほぼ塩大福が置いてある。塩大福だらけといってもおかしくない。お年寄りってそんなに塩大福が好きなのだろうか。なかでも元祖を自称しているのが、『みずの』である。

『みずの』は、食堂主体というよりは和菓子のお店で、店内でも軽く食べられるという形式である。巣鴨の食堂はどこも食券制なので、『みずの』も売店の横に食券売場がある。食券売場の後ろにはガラスケースがあって、見本が置いてある。冷やし中華やラーメンなどの他、お赤飯やお寿司セットなど、一皿に軽くよそった食事もある。甘味はあんみつやみつまめやソーダ水もある。店頭で売っている和菓子も店内で食べられるというので、それにする。ふたつ選んで、たったの二五〇円である。塩大福ときびだんごにする。

塩大福をお土産に買って帰る人が大半なのだろう、店内はこぶりの椅子とテーブルが並ぶ、こぢんまりとしたもので、ぽつりぽつりと女の人たちが座っている。働いている人もみな女の人で、ひとりで座っていてもおかしくない感じで、ほっとする。

どの席にしようか迷っていると、後ろからお菓子のお皿が追いかけてきた。テーブルに置かれた塩大福は、丸ではなく細長い形で、少し大きめである。ぱくりと食べると、お餅にしっかりとした食感がある。中のあんにほどよい塩気があって、その塩梅《あんばい》が絶妙である。塩大福なんて（といっては失礼だが）、お店によって違うとか、おいしいとか、これまで思ってこなかったが、ここの塩大福はおいしい！　と大声で誰かに伝えたいようなおいしさである。そして食べ進むうちに、あれ、このお餅の食感はどこかで……と思う。

帰りがけに売店でお土産に塩大福（家でまた食べるつもりである）と寿甘を買い、もらってきたパンフレットを後で開くと、次のようにあった。

「『みずの』初代・龍吉の巣鴨名物をつくりたいとの一念

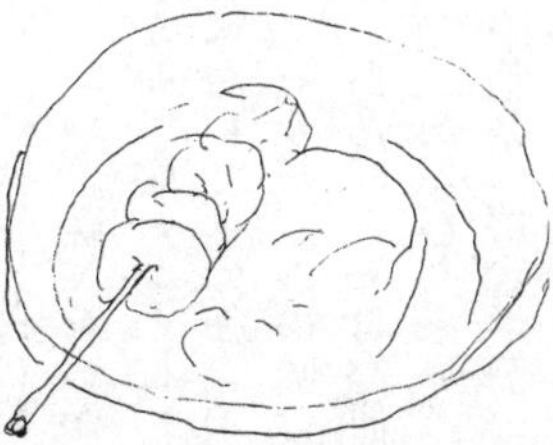

きびだんごとしお大福

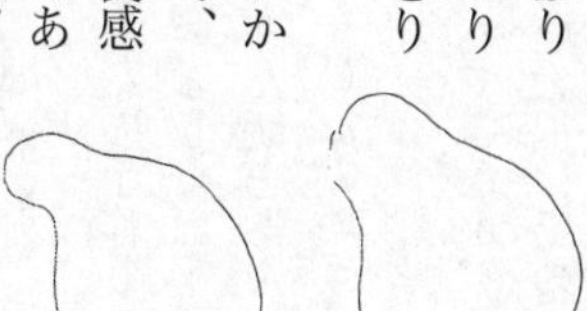

（つきのこもちも
おいしそう）

を、二代目三郎は戦後直後、千葉県九十九里浜にて製塩をしていた経験をいかし、龍吉の出身地に伝わる「塩あんびん餅」をヒントに、試行錯誤の末、さっぱりした甘さの巣鴨ならではの独自の風味の大福餅が誕生いたしました」

そうだ、この味は、あんびんの味であった！

あんびんとは餡餅のことで、中国語で餅はビンと読むので、あんびんというのだろう。私が以前食べたのは、同じ千葉県の房総半島の富里のもので、あん入りのお餅をあんびんと称して売っていた。これもやはり塩気のきいたあんをしっかりとしたお餅で包んであり、回りのお餅は従来の大福のように薄くなく、厚みがある。いかにも、田舎のおばあちゃんの手作りのあん餅であった。お餅は『みずの』の方がずっとやわらかいが、味わいとしては千葉のあんびんとよく似ている。房総から九十九里にかけては、古くからあん餅をあんびんと呼び慣わしていたのだろう。しかしなぜあんもちといわずにあんびんというのだろう。この地に中国人が移り住んでいたことがあったのだろうか。

『みずの』は、戦前から巣鴨で『だるまや』という屋号で店を開いていたが、戦後、昭和二十二年に『みずの』に改め、現在の地で再開したという。塩大福はそののちに

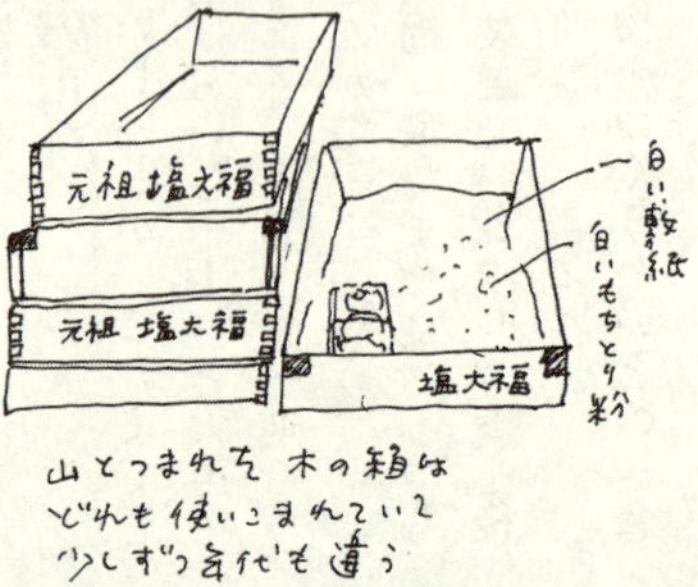

作られたもののようだが、先代の故郷のおやつがもとになっているところがいい。

作り手自身が昔から慣れ親しんだおやつだからこそ、味もよく、巣鴨を訪れるおばあちゃんたちにもおいしく、誰からも好かれ、名物となって親しまれてきたのだろう。人は誰しも、甘く懐かしい味に弱いものだ。

家に帰って包みを開けると
豆餅・豆大福・塩大福
のトリオが やわらかさで
へしゃげていた

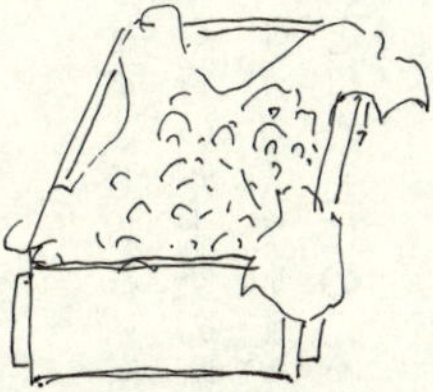

ふかしたてのお赤飯が
せいろに入ったまま
ドドーンとおいてある
量り売りもしてくれる

赤飯　&　赤飯セット　も
おいしそう…

十条●だるまや餅菓子店

十条は新宿から埼京線に乗るとすぐである。新宿から埼京線で池袋、板橋、十条と三駅で着く。あっけないほどすぐ着いた十条の駅を降りると、駅前のロータリーにはエンジンかけっぱなしのタクシーが並んでいて、運転手のおじさんたちが車に寄りかかって立ち話をしていて、なんとはなしにのんびりムードで、これがあの新宿からたった十分来た駅なのかと思う。

十条で降りるのは初めてだったが、駅前をぐるりと見渡して、目的の『だるまや』は右手に入口の見える十条銀座にあるにちがいないと、確信に満ちた足どりでそちらへ向かった。

アーケードになった商店街には昭和を感じさせる懐かしい構えの店が並んでいて、活気もあって、いい感じである。さっそく果物店の前でぶどうや栗にひっかかるが、待て待て今日は別の目的だから後で買おうと歩みを

進める。隣は『てんしょう』（天将）なる食堂で、堂々たる古看板と、おいしそうなオムライスのサンプルにまたひっかかる。ここはおいしいよ、きっと。でもとにかく今日は目的に達しなければ。

その先少し行った右手にある『だるまや』は、他のお店と同じく外観も内装も昭和時代のままで嬉しくなる。以前新聞で某誌の編集長氏が、おいしいかき氷の店として紹介していたので、またも長蛇の列ではないかと怯えていたのだが、お店はほどよく空いていた。

『だるまや』は正しくは『だるまや餅菓子店』といって、もともとはお餅の店のようなので、ここはぜひともおだんごを食べたい。でもちょうどお昼どきだし、店先のおいなりさんがおいしそうだったりするので、おいなりさんと焼きだんごとかき氷と（結局全部だ）を頼む。

かき氷はワインや旬の高級果物を使ったオリジナルレシピが並ぶ。全体に贅沢な味とお値段である。そのなかで私は迷わずいちばん高価な丹波栗にする。関西出身の私にとって栗といえば丹波栗、秋に店頭に並ぶのは丹波栗、お正月の栗きんとんも丹波栗、栗といえば丹波栗である。しかし東京に来てからはとんとお目にかからなくなり、栗こそは地元で消費されるものであり、地域

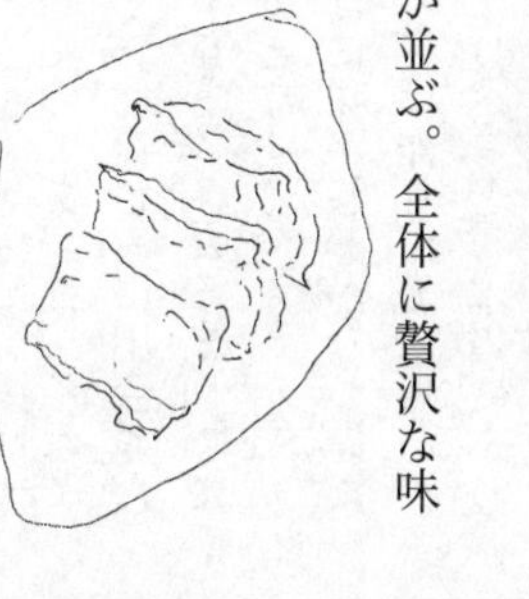

ごとに名産栗が存在することも遅まきながら知ったのであった。それでもいまだに高級果物店などで丹波栗を見つけると、幼なじみに出会ったような気持ちに襲われ、値段も構わずに買ってしまう。『だるまや』で遭遇したのもなにかの縁、ここで私が食べずしてどうする。

さて店頭からやってきたおいなりさんはおあげに味がしっかりついた細身のいなりで、すぐたいらげてしまう。おだんごは作りたてでふわっふわしてますとお店の人が言うので、来た途端に食べると、本当にふわっふわしている。さすが餅菓子店。みたらしのたれもほどよく、これは私のみたらし十選に入れてあげます（何様だ）とつぶやいてしまう。

おだんごに陶然としているところへ、本命の丹波栗がやってきた。氷も相当な量であるが、その上にかかっている丹波栗も相当な量である。クリーム状なので、氷とまったくからみ合っていないが、これでいいのだろうか。かき氷というと、シロップのしみた氷を楽しむという感覚があるが、ここの氷はそうではなく、氷と具は別物という印象である。さっそくとりかかってみると、氷と混ぜて食べてもおいしいし、そのまま食べてもおいしい。氷がなかなか溶けないのもいい。忙しなく食べなくてもいいので、味わいながらゆっくりとかき氷を楽しめる。

実際、氷の上にのった状態の丹波栗のクリームをひとくち食べると、まさに丹波栗そのものの味。思わずうなってしまう。うーんおいしい。うーん懐かしい。黄色い稲穂の広がる田圃、田圃を幾重にも囲むまどかな里の山々、山々はうっすらと青く霧を従えて、家々からは細く細く煙が立っている……丹波の栗は、そういう里の産なのである。

店頭に立っていたおばさんに聞くと、お店は戦前から荒川区の町屋で商売しており、昭和二十二年にここ北区の十条でお店を開いたそうだ。戦後すぐの頃は甘いものに飢えていた人々が列をなし、一日中あんころもちを作っては売り、作っては売りしていて、お客さんが食べたお皿を洗っている暇もなかったという。その後も夏には涼を求めてかき氷を食べる人が途切れず、夜中の十一時まで店を開け、仕込みをして寝る頃にはお豆腐屋さんが起きてきたとのこと。今はあんころもちに殺到する人もいないし、かき氷も素材勝負ですっかり贅沢な甘味になったけれど、それはそれで平和の証なのだろう。戦後からずっとこの地でお餅やおだんごやかき氷を作り続けてきたお店には、今も入れ替わり立ち替わり人が入ってきて、みんな幸せそうに甘いものを口に運んでいた。

私はというと、ひさしぶりに丹波栗を食べてもっと食べたくなったので、先ほどの果物店の栗を見に行き（当然ながら茨城産だった）、他のお店ものぞきながら帰った。

大山 ● 松屋甘味店

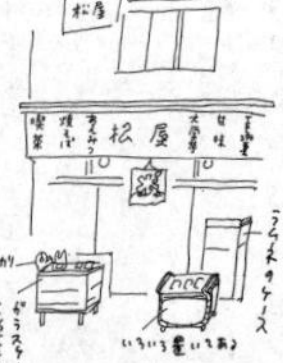

東武東上線の大山駅から続く「ハッピーロード大山」にある『松屋』には、商店街を流れる音楽がずっと聞こえている。ポンポンポンポン、ポンポンポン……。店の自動ドアは開けっ放しで、音楽だけでなく、外の空気もざわめきもそのまま入り込んでくる。「自転車は下りて通行して下さい」というアナウンスもずっと聞こえている。

外へ向いた席に座ると、店の外を歩く人が見える。いろんな人が通る。宅配便のお兄さん、小さい子を自転車に乗せた若いお母さん、よろよろ歩くおじいさん、派手な服を着たおばあさん、金髪に染めたお姉さん、制服姿の中学生。アナウンスと同じ文言を書いた看板を持って歩く、商店会のおじさんもいる。

こんなにひっきりなしに人が通る商店街も昨今珍しいのではないだろうか。こうして見ているだけでも見飽きない。「ハッピーロード」のポンポンポン、ポンポンポンポン……という音楽が、また哀愁を帯びてい

て、八月の終わりの夕暮れの気分をかきたてる。

　お店の床はタイル敷きで、机の上には星座占いのおもちゃがのっている。焼きそば、みそおでん、ところてん、くずもち。氷もスイ、メロン、レモン、イチゴ他いろいろ。壁に貼ってあるお品書きを見て氷アズキを頼む。アズキもミルクとクリームがあるが、シンプルに小豆だけにした。

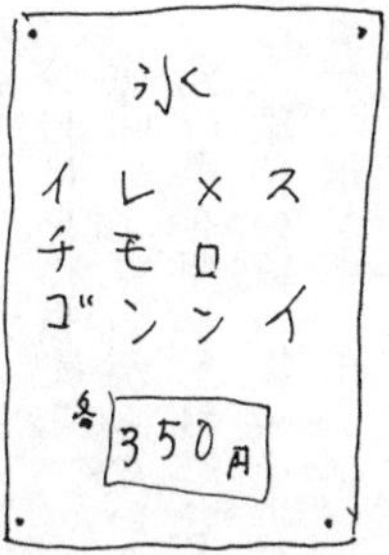

　昔ながらのガラスのうつわに入って出てきた氷も冷たくておいしいが、小豆もおいしい。品のいい薄墨色をしていて、甘さも控えめでとてもよい。手作りの小豆の味である。この調子だと、あの茶色く日焼けしたお品書きのどれもがみなおいしいのではないだろうか。クリームソーダの他にクリームジュースというのもある。気になる。
　店先では和菓子や焼きそばや大学芋を売っていて、大学芋を買っていく人が多い。

　と、「スイマセン」と大きな声で入ってきたおじさんがいた。黒いエプロンをかけて頭がちょっとはげたおじさんは、「みそおでん！」とひと言。常連さんだろうか。みそおでんの後は「焼きそば。紅しょうがいらない」「ラムネちょうだい」と、食欲旺盛である。

　花柄の三角巾をかぶったおばさんは、仕事が一段落する

と、外を見ながら端っこの席でタバコを吸っている。カートを引いたおじいさん、プール帰りの小学生の兄弟、スーパーの袋を両手に提げた、私と同い年くらいの女の人。ポンポンポン、ポンポンポンポン……。

次に入ってきたのは、おばさんふたり連れである。こちらも常連さんらしく、タバコを吸いながら座っていたお店のおばさんと話をしている。店の外には三ツ矢サイダーとコーラとスプライトの瓶の入ったケースがあって、さっきから大学芋を売っていたお姉さんが、追加で瓶を冷やしに行った。

「野菜はなに？　キャベツなら大丈夫」

「これはね、秋の花。ワレモコウとオミナエシ」

「ところてん？」

「平気でコップで飲ましちゃってるよ」

「こんな短くするなんてさ」

「今日は早く寝たら」

意味のよくわからない会話が、つながりもなく、切れ切れに聞こえてくる。

乳母車を押したお母さん、帽子をかぶったお兄さん、リュックを背負ったおじいさん、銀色の買い物袋を提げたおじさん、黒いスーツを着た大学生の女の子。ポンポンポン、ポンポンポンポンポン……。厨房からはジャーッと、なにかを炒めている音。

なんだろうかこの気持ちは。氷アズキのうつわを前に、もう三十分以上ここに座っている。溶けた水のなかに小豆が二、三粒沈んでいる。

今日はもうなにも考えられない気がする。私も大学芋を買って早く帰ろうと思った。

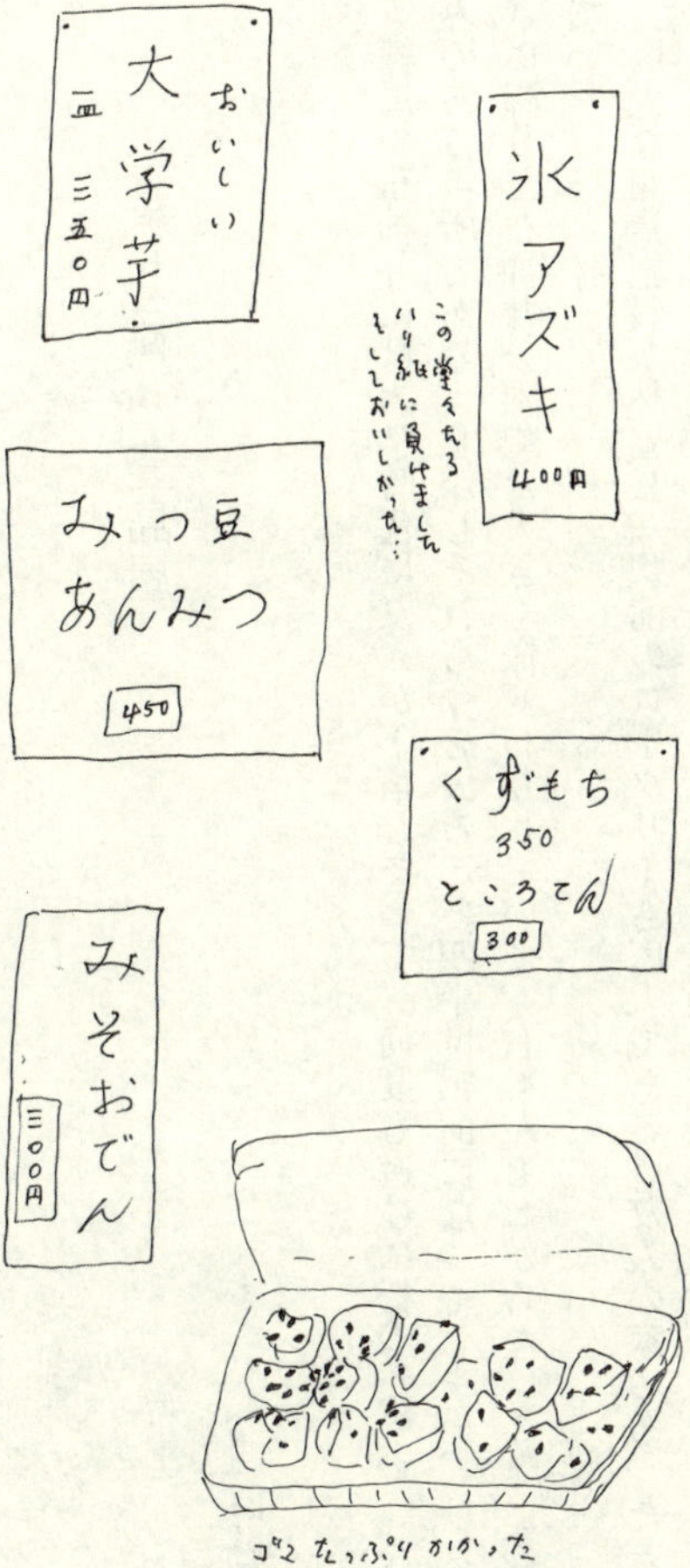

氷アズキ
400円
この堂々たる
はり紙に負けました
そしておいしかった…
おいしい
大学芋
一皿　三五〇円
みつ豆
あんみつ
450
くずもち
350
ところてん
300
みそおでん
三〇〇円
ゴマたっぷりかかった
大学芋。ひさしぶりに食べた…

石神井公園 ● 豊島屋

練馬の石神井には大学時代に友人が下宿していて、何度も遊びに行ったので、なじみのある場所である。しかしそれも今を去ること四半世紀前になってしまい、ひさびさに降りた石神井公園駅は大きく様変わりしていて、右も左もわからないことになっていた。

巨大な商業施設が林立し、駅前のロータリーも広大である。友人の家のあった方角すらおぼつかない。昔は（まったく昔という言葉がふさわしい）もっと地味でのどかな駅だったのだがなあと思う。駅前にはやけにだだっぴろい更地があって、その向こうを自転車のおじさんが走っていくのが見える。そういえば石神井には檀《だん》一雄の邸宅があって、道路拡張で取り壊しになるとかならないとか、問題になっている新聞記事を読んだことがあるが、あれも何年前だっただろうか。駅前にはぽつんと大きな木が所在なさげに立っていて、たしかこれは

あの頃もあったと思う。住宅だのお店だの人間の作るものは移り変わっていってしまうが、結局取り残された自然だけが、昔を思い出すよすがなのだ。

それで私は公園の方角もわからなくなってしまったので、駅前の案内板にかろうじて公園通りという表記を見つけ、これを歩いていけばそのうち公園に出るだろうとあたりをつけて歩き始めた。この通りだけは昔ながらの商店街で、都心とは明らかに違う郊外らしい雰囲気を漂わせている。私はほっとして、ほどなく現われるであろう公園を気にしながら歩いていった。

商店がまばらになってきた頃、左手に池の面らしき景色が見えたので坂を下っていくと、予想どおり池に出た。石神井公園はふたつの池のある公園で、私が立っているのは、地図によると石神井池である。大学時代、友人とも散歩に来たが、池が巨大で全部は歩けず、いつも石神井池どまりだった。しかも友人曰く、もうひとつの三宝池はどこか神秘的でこわいというのである。私たちはふたりともこわがりだったので、それをおしても行く気にはなれず、やめとこやめとこと言って引き返してしまった。そんなことで、ついぞ三宝池まで行ったことはなかっ

カルガモの親子が
泳いでいた

た。しかも、三宝池は正式には三宝寺《さんぽうじ》池というらしい。友人は三宝池と呼んでおり、私は今の今まで三宝池だと思い込んできたが、四半世紀経って初めて、地図を見て知ったのである。

私は石神井池の周りを歩きながら、今日は三宝寺池まで行ってみようかと思案する。池のほとりには柳の古木が並んでいて、枝先を長く長くたらしていて、その先端が池の水にひたっている。梅雨の晴れ間で、気持ちのよいお天気で、夕方の光がとにかく美しい。年に数日、たとえようもなく美しい日があるが、今日はその一日だと思う。こんなに美しくていいのかなと思う。

道路を渡って、三宝寺池側に入ってすぐのところに茶店はある。この茶店は昔もあったと思うが、もちろん貧乏学生は入ったことがない。昭和三十年代建築とおぼしき木造の建物というか掘っ建て小屋が渋い。店先でジュースやアイスやビニールボールなどを売り、奥が茶店になっているようである。「通り抜け禁止」とでかでかと貼ってある貼り紙にも威圧感がある。こわごわ入ると、中にはお座敷があり、手前には縁台もあり、そのまた奥にもつぎはぎして作ったらしき縁台がある。古色蒼然といえばいいのか、なんというか迫力なのである。

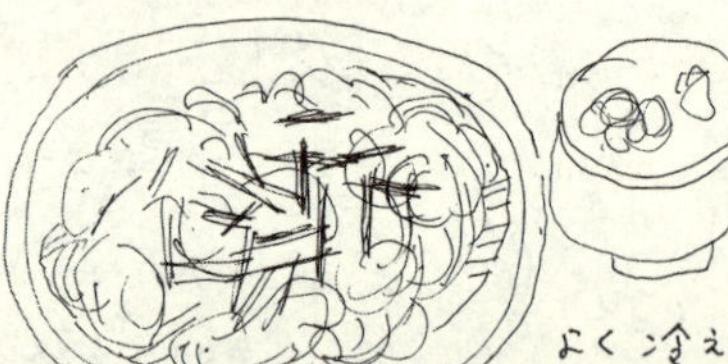

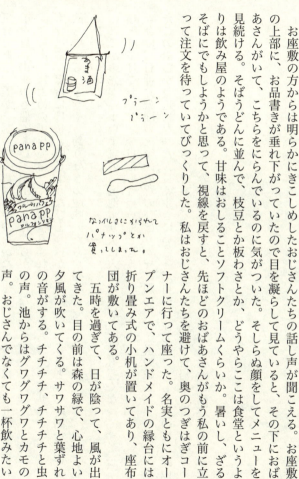

お座敷の方からは明らかにきこしめしたおじさんたちの話し声が聞こえる。お座敷の上部に、お品書きが垂れ下がっていたので目を凝らして見ていると、その下におばあさんがいて、こちらをにらんでいるのに気がついた。そしらぬ顔をしてメニューを見続ける。そばうどんに並んで、枝豆とか板わさとか、どうやらここは食堂というよりは飲み屋のようである。甘味はおしることソフトクリームくらいか。暑いし、ざるそばにでもしようかと思って、視線を戻すと、先ほどのおばあさんがもう私の前に立って注文を待っていてびっくりした。私はおじさんたちを避けて、奥のつぎはぎコーナーに行って座った。名実ともにオープンエアで、ハンドメイドの縁台には折り畳み式の小机が置いてあり、座布団が敷いてある。

　五時を過ぎて、日が陰って、風が出てきた。目の前は森の緑で、心地よい夕風が吹いてくる。サワサワと葉ずれの音がする。チチチチ、チチチチと虫の声。池からはグワグワグワとカモの声。おじさんでなくても一杯飲みたい

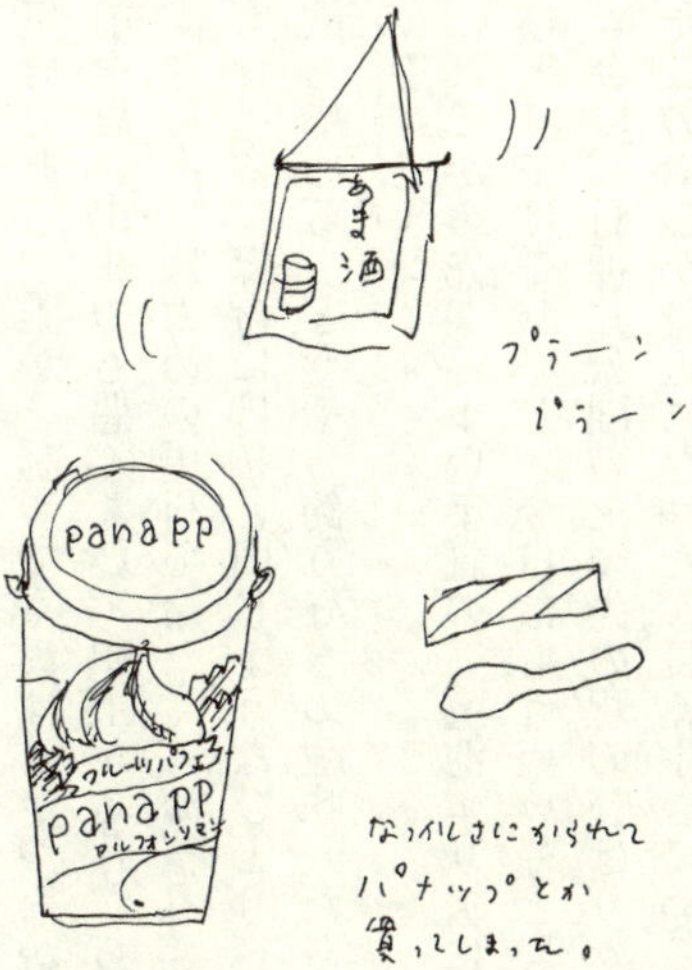
あま酒
プラーン
プラーン
panapp
panapp
なつかしさにかられて
パナップとか
買ってしまった。

気分である。誰かを誘ってくればよかったかなと思う。でも今日はひとりで四半世紀前を思い出すのも悪くない。頭上から花がらが音もなく落ちてくる。

ざるそばは太めの更科で冷たく、海苔もきれいにかけてあった。デザートにアイスも食べる。縁台には私と同じようなひとり客が多く、缶ビールひとつを時間をかけて飲んでいる。どうやら釣り好きの趣味人たちが帰りに立ち寄ってくつろぐ、お決まりの店らしい。

ここから先がいよいよ謎の三宝池エリアに入るのだが、時間も遅くなってきたし、ひとりではこわいし、今日はもういいやと思う。

今度、石神井公園の三つ先の駅のひばりヶ丘に別の友人が引っ越してきたので、またこの沿線が身近になった。長く生きていると、自分は住んだこともないのに、縁のある場所というのもあるものである。実は今日も友人宅へ行った帰りに寄ったのである。今度、友人を誘って来てみようかと思う。いつの日か、三宝池に到達する日は来るのだろうか。

新井薬師◆冨士見野

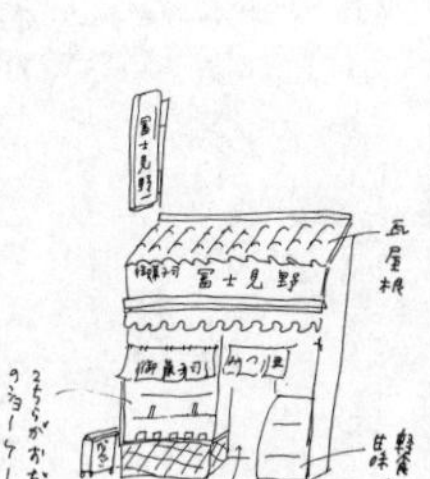

テーブルに置かれたメニューを眺めていると、隣に座っていたおじさんがラーメンを食べていたので、今日はお雑煮にしようと思っていたのに、ついつられてラーメンを頼んでしまった。お店の奥さんは、「ラーメンね」とにっこりして奥に入っていく。店内には、おじさんの他におばさんふたりがいて、その横に若いお母さんと籠に寝かされた赤ちゃんがいて、さかんにおしゃべりしている。私の頭の上で鳴っているテレビはもちろん昼下がりのミステリードラマだ。おばさんたちの話し声が、俳優の野太い「それで鑑識の結果は」なんていう声に混じって聞こえてくる。「赤ちゃんの名前はなんというの？」と聞いているところをみると、どうやら若いお母さんはこの家の娘さんで、おばさんたちはお客さんのようである。「私が子ども産んだのはもう何十年も前だから、抱き方を忘れちゃったわ」とか言いながら、赤ちゃんを渡されて、嬉しそうに抱っこしたりしている。

隣のおじさんはふうふういいながらラーメンを食べ終わると、「お愛想お願い」と言って、奥さんが持ってきてくれたお茶を飲み、「ごちそうさまね」と出ていった。

そして私の前にラーメンがやってきた。白ネギの刻んだのが全面に浮いていて、チャーシュー、メンマ、海苔、白菜の刻んだのがのっている。やや細麺の中華麺で、味はさっぱり醤油味。お昼にラーメン食べたいなと思ったときに食べるのにちょうどいい量と味である。

厨房の奥からはどっすん、どっすん。どっすん、どっすん。という大きな音が聞こえてきた。どうやら餅つき機を動かしている音のようである。どっすん、どっすん。どっすん、どっすん。

隣のおじさんと入れ替わるようにして入ってきたのもおじさんで、「そこまで来たから寄ったの。よもぎのおだんごを四本お土産にね。それからところてん下さい」と言って、ここ座っていい？　とレジの横に座った。「おひさしぶりね」と、ところてんを持ってきてくれた奥さんに、「僕は毎朝パン食なんだけど、必ずわかめの酢の物をつけるの」と話しかけ、奥さんは「男の人は酢の物ダメな人多いのに珍しいのね」なんて答えている。

おじさんは赤ちゃんをあやしている若いお母さんに気がついて、「あれ、お嬢さん？　僕はお母さんがセーラー服を着ている頃から知ってるよ」などと話している。奥さんは「ほらまたおじいちゃんが来たよ〜」と言って、赤ちゃんを抱いておじさんに見せ、「うちのお客さんはみんな、この子のおじいちゃんおばあちゃん」と笑っている。きっとあの若いお母さんも、同じようにしてこのお店で育ったんだろう。赤ちゃんから小学生になって、中学生になって、そして結婚して子どもを産んで、実家でのんびり子育てをしている。

もし私がこの店の近所に住んでいて、何度かお店に来たら、奥さんが私の顔を覚えてくれて、おしゃべりの輪に入れてもらって話をしたりするんだろうなあと思う。

どっすん、どっすん。どっすん、どっすん。餅つき機が変わらずお餅をついている。

私は奥さんたちの話が途切れたところで立って、「お愛想お願いします」と言い、そして「おだんごも下さい」と言って、外に回っ

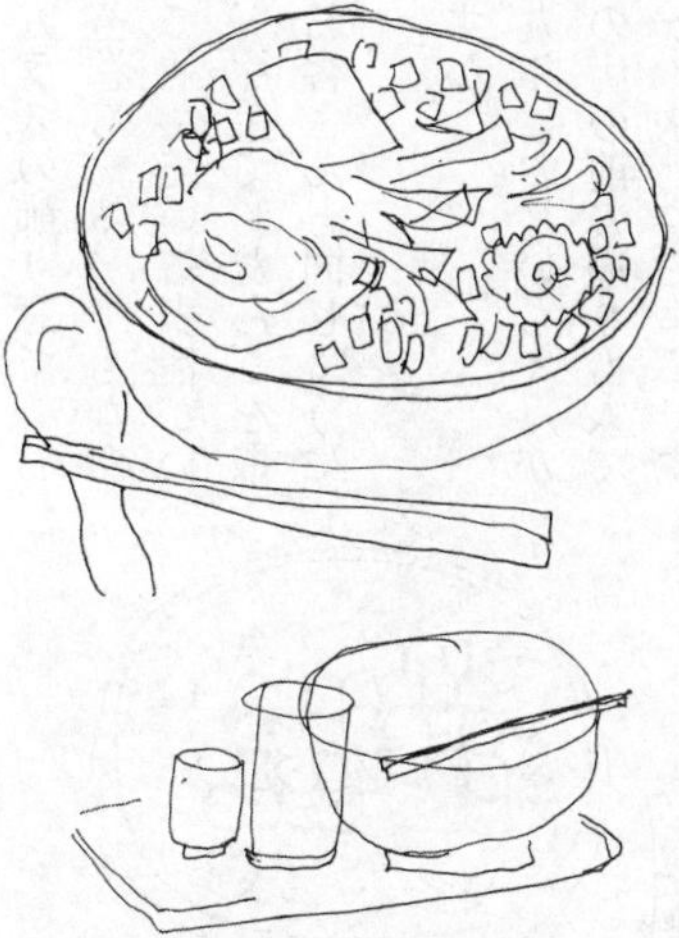

となりのおじさんの
食べた後のすいぼん

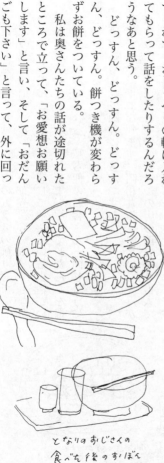

てお菓子を見た。それは昔ながらのガラスの飾り窓で、おだんごの他に、柏餅やおいなりや海苔巻もある。でもなんといってもおだんごがこなれた感じで並んでいる表情がいい。奥さんは赤ちゃんを抱いたまま、片手でおだんごを取って上手に包んでくれる。私も他のお客さんと同じように話しかけてみる。

「お店を始められて随分になるんですか」

「今年で八十一年になります。昭和九年におじいちゃんが始めたので、今三代目です。昔はこの店の前の通りも人でいっぱいで、向こうが見えなかったくらいだったんですよ」

「新井薬師のお参りの人で？」

「そう、おだんごを買う人も三列になって、ひっきりなしで。私がお嫁に来た頃はやっと二列くらいでしたけど。それでも朝から晩まで立ちっぱなしで大変でした。あの子のように、子どもが産まれた頃もずっと、ひっきりなしにおだんご売ってました。アイスクリームも戦前から売ってい

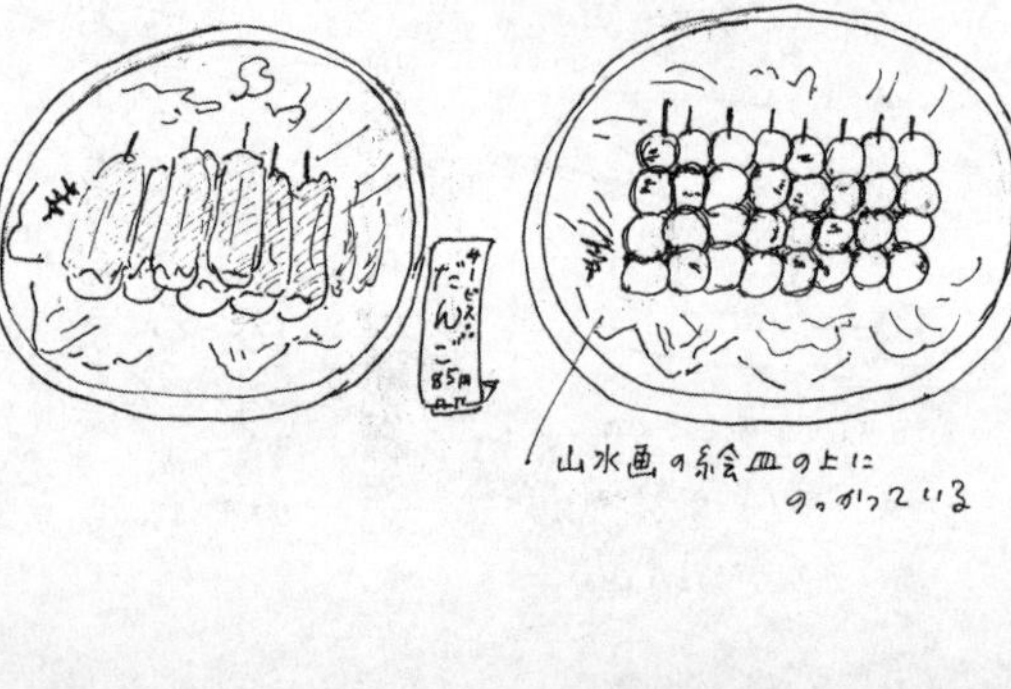
だんご
85円
山水画の絵皿の上に
のっかっている

て、当時は大変な人気だったそうですよ」

それが今はね、こんな感じですけどと笑っている。でも和気藹々《わきあいあい》としていて、いいですね。「おだんごはその頃からずっと同じ味なんですか」と聞くと、奥さんははっとしたように目を見開いて、嬉しそうに「そうです」とにっこりした。

私は奥さんに抱かれた赤ちゃんに、「またね、ありがとね、ばいばーい」と手を振って、おだんごをぶら下げて、新井薬師にお参りに行った。『冨士見野』からは歩いて五分もかからない。五叉路の交差点から奥まった位置に鎮座する、緑に包まれた小さなお薬師様で、平日の日中でも、ぱらぱらと人が参拝している。境内の片隅で包みを開く。ひとつはよもぎのあんだんごで、もうひとつはみたらしである。少し前の人も、同じおだんごを食べたんだなあと思う。お餅はどっすんどっすん、しっかりつかれた、歯ごたえのあるお餅であった。

帰りに再び『冨士見野』の前を通ると、新しくまたお客さんがいて、おしゃべりしていたので、私は会釈して帰った。

高円寺 ● 甘味 あづま

高円寺の『あづま』はなぜだかまた来たくなるお店である。なにがそう思わせるのだろう？

駅からガード沿いに細い商店街を歩いて五分ほど、店先に自転車が置いてある、小さなお店である。あんみつやかき氷やラーメンのサンプルがショーケースに並んでいて、入口のドアは磨りガラスになっているので、のぞいても中は見えない。ドアを開けたはいいけど、常連さんしかいないお店だったらどうしようと不安になるが、思い切って開けると、「いらっしゃいませ」という明るい声とともに、店の内装が目に飛び込んでくる。決して広くはないが、四人掛けと二人掛けのテーブルと椅子が整然と並んでいて、壁は落ち着いた木目と緑色、すっきりと清潔な印象で、奥から白髪のおばさまが愛想よく「お好きな席へどうぞ」と声をかけてくれる。

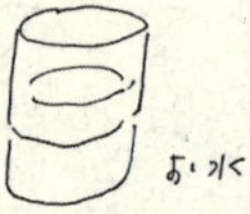

初めて入ったときは私ひとりで、隅っこに座った私におばさまはお水を持ってきてくれた。店内は静かで、緑の紙に几帳面な字で書かれたお品書きも手作りである。私はこのとき初めて見た、ストロベリーあんみつを頼んだのだが、おばさまは運んできたときに、スプーンをうつわの縁にそっと添えて、「どうぞ、ごゆっくり」と言ってくれた。あんみつは気前よく大盛りで、いちごアイスが中央にのり、驚いたことにうつわは花柄の洋食器である。あんみつにいちごアイスに洋食器と、やや意外な組み合わせだが、案外いけるのかもしれない。案の定、アイスは冷たくていちごの味がして、あんの甘さとほどよく合う。フルーツあんみつと同じ原理だろうか。くだものとあんと寒天は甘味の黄金トリオなのだ。

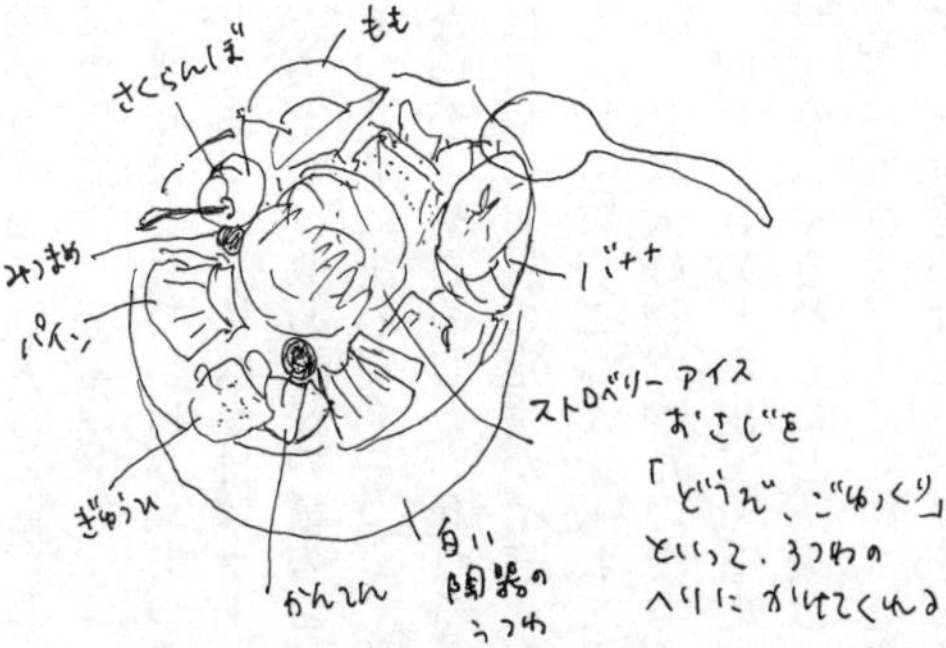
もも
さくらんぼ
みつまめ
パイン
バナナ
ストロベリーアイス
ぎゅうひ
かんてん
白い陶器のうつわ
おさじを「どうぞ、ごゆっくり」といって、うつわのへりにかけてくれる

私はなんだか嬉しい気分になって、一心にストロベリーあんみつを食べた。私の後に入ってきた女の人は、反対側の隅の席に座ってラーメンを食べている。ラーメンもおいしそうだなと思う。おそらくこの店のいちばん人気なのだろう、どのテーブルにも中央に赤

蓋のコショウ瓶だけが置いてある。私はそのときのメモに、「また来たい」と書いた。

半年ほどして、再び『あづま』にやってきたときは夫とふたりであった。私は今日はラーメンを食べると心に決めてきていたのだが、改めて緑の紙のお品書きを見ると、やきめしがあって、途端に決心がぐらつく。私はチャーハンの文字には反応しないが、やきめしといわれると心がざわつくのである。実家では日曜のお昼の定番がやきめしで、牛のひき肉とタマネギのみじん切りに白ごはんを入れて鉄のフライパンで炒めたそれが、私は大好物だったのである。

同じやきめしが出てくるとは思わないが、その響きに負けて私はやきめしにし、夫はラーメンにした。おばさまは「やきめしとラーメンね」と復唱して、厨房に快活な声で「やきめしとラーメンです」と声をかけた。おばさまは厨房の人をお父さんと呼んでいるから、ご夫婦でお店をしておられるようである。

やきめしはこれもまた洋食器の深皿に入って出てきた。ハムとタマネギと卵に、青ネギとカマボコが入って彩りよく、香りのよいぱらりとしたやきめしで、具は違うけ

れども、記憶と同じやきめしの味がする。ラーメンの方は中華の丼で、さっぱりしたスープがたっぷりの細麺によく合って、昔ふうの中華そばである。私たちはきれいに食べ終わって満足する。

気持ちがいいので、かき氷も食べようかと相談して、夫は白玉あずき、私は宇治を頼んだ。おばさんは「白玉あずきと宇治ね」と言って、「空いたお皿、下げちゃうわね」と持っていってくれて、しばらくしてかき氷がやってきた。「白玉は今作ったから。氷が回りについてるかもしれないけど、でもそれがまたおいしいのよね」とおばさまは言って、厨房に戻っていく。ガラスのうつわの下には、氷がこぼれてもいいように大きめの洋皿が敷いてある。やさしいねと夫と話す。宇治はお抹茶を溶いてお砂糖と合わせたもので、粉がまだ残っていて、お抹茶の風味を充分に味わえる。あずきも先日のあんみつと同じく、お鍋で豆を炊いて作った味である。

帰りがけにおばさまに、やっぱりラーメンが人気ですかとコショウ瓶の謎を聞くと、「うちは甘味屋だからホントは違うのよ。もとは銀座の『あづま』という甘味処の支店なの」と教えてくれた。銀座の『あづま』は閉店してしまったが、以前は新橋にも支店を出していたという。「電車通りの『新橋《しんきょう》亭』の横にあったのよ」というおばさまの言葉に、会社員時代、新橋と芝大門に通っていた私たちは、「ああ『新橋亭』！」と盛り上がる。『新橋亭』は界隈では有名な高級中華料理店なのである。いわれてみれば、そばに甘味処があったようにも思うが、惜しいことをした。行ってみたかったと思う。『あづま』は京橋にも支店があって、こちらは銀座店のご主人の妹が経営していたそうだ。しかし銀座も新橋も京橋も孫の代になり、さまざまな事情でお店をやめてしまい、残っているのは高円寺の『あづま』だけになってしまった。

メニューは銀座店と同じで、寒天だけは築地の専門店のものだが、小豆も白玉もお店で作っているという。先ほどかき氷を頼んだときに、おばさまが厨房に入っていったが、あれは自ら白玉を作っていたのであった。「そうなの、私は銀座と新橋を行ったり来たりで、お店の給仕も中（厨房）もなんでもできるのよ」と、ちょっとご自慢のようすである。おばさまもご主人も、初対面の私たちを相手に機嫌よく、またとても懐かしそうに昔話をしてくれた。

家に帰って何日かして、夫は「あの店はまた行きたい」と言った。次はカレーライスが食べたいらしい。『あづま』は不思議とまた行きたくなる店なのである。

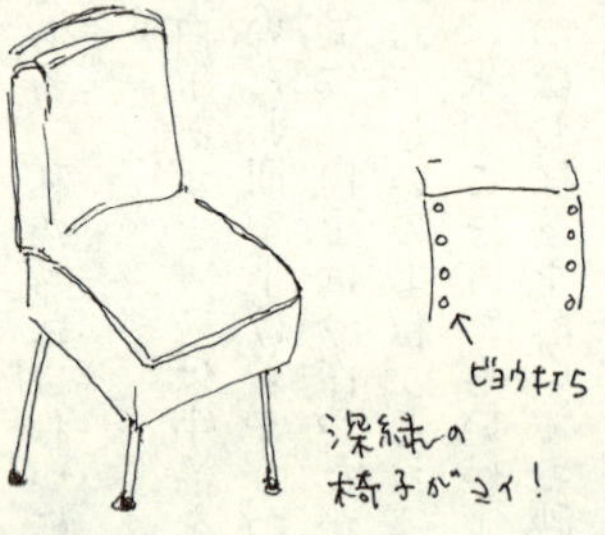

阿佐ヶ谷●とらや椿山

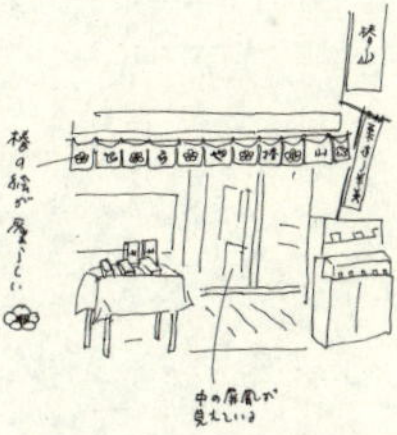

待ち合わせにはまだ時間があったので、駅前の商店街を少し先まで歩いてみることにした。初めて通る商店街だし、その商店街には朝からにぎわいがあって、きょろきょろしながら歩いていると、和菓子屋の前にショーウインドーがあった。近づいてみると、甘味がひととおり並んでいて、あんみつやかき氷に混じって、ホットケーキがある。

新年明けてすぐの寒い時期だったので、冷たいものよりも温かいものに気持ちが惹かれる。ホットケーキか……、それとも和菓子屋さんだからおしるこがいいか。向こうから厚いコートにストールを巻いたKさんがやってきた。私はKさんを誘ってこの店に入ることにした。

席は店の奥にあり、朝早かったので、お店の人がパチパチと奥の電気を点けてくれる。角のソファ席に座り、持ってきてくれたメニューをふ

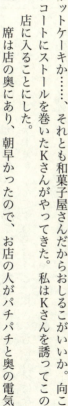

たりでのぞき込む。ホットケーキはセットにもなっていて惹かれるが、朝からホットケーキ食べるなんていいのかなと、ちょっと気が引けながら、ホットケーキあるんですねと言うと、Kさんも私も気になってたんですと言うので、ほっとして、じゃあホットケーキにしましょうかと、彼女はバニラホットケーキ、私はふつうのホットケーキにした。

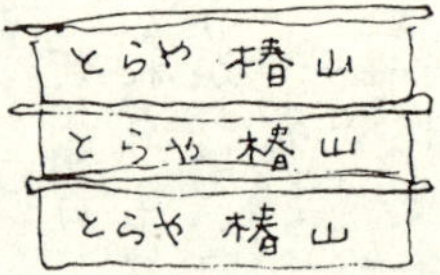

　店の内装は新しいが、置いてあるものは古い。昔からこの商店街にある古いお店だろうと思われる。掛け軸が数幅あり、椿が描かれている。角に座った私の横には大きな壺もある。この壺はここで話す人の会話をみんな吸い込んできたのだろう。

　やがて店内によい香りが漂い、こんがりきつね色をした丸い二段重ねのホットケーキが運ばれてきた。温かいホットケーキのもたらすこの幸せ感はなんだろうか。私のは四角いバターがのったシンプルな定番だが、Kさんのホットケーキにはバニラアイスと生クリームの上にサクランボがのっていて、かわいい。ナイフで切れ目を入れていくと、ふんわり焼き上がっていて、基本に忠実な、正統派の味がする。

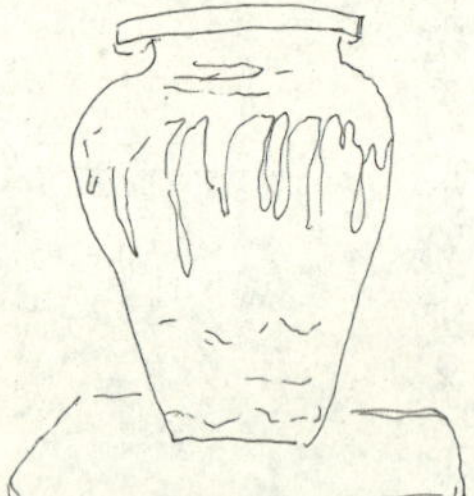

私はホットケーキを二段重ねのまま、目分量で八等分ほどの大きさに切り分けながら、少しずつ食べていくが、Kさんはまず半分に切って、それから食べやすい大きさに切って食べている。ホットケーキは食べ方も人それぞれあるところが楽しい。食べ方とともに、懐かしい思い出も人それぞれあることだろう。

今、巷ではパンケーキばやりだけれど、パンケーキの名はまだまだなじみが薄く、おしゃれな借りもの感が強い。それにひきかえ、ホットケーキはすでにすっかり日本に定着していて、どこか家庭的で親しみ深いその響きは、ふっくらとおいしそうな見た目と相まって、思い出すと食べずにはいられない。

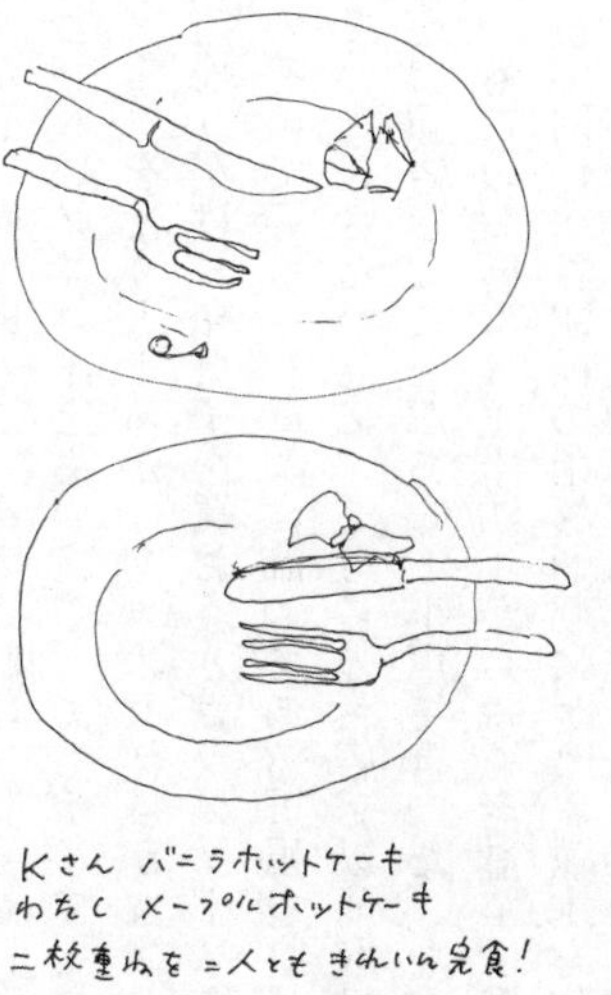
Kさん　バニラホットケーキ
わたし　メープルホットケーキ
二枚重ねを二人ともきれいに完食!

そう考えると、こうした小麦粉と砂糖と牛乳を混ぜて鉄板で焼く、単純で素朴なケーキは世界中にある。マレーシアの露店で食べるロティもそうだし、フランスのガレットやロシアのブリュヌイもそうだろう。いずれの国でも食事として、あるいは手軽なおやつとして愛されているものだ。日本においても、ホットケーキが誰にとっても懐かしい味であることを考えれば、甘味処にふさわしいメニューともいえる。でもナイフとフォークを使うところが、やっぱり洋風かな。

帰りがけに和菓子を買おうとガラスケースをのぞいていると、壁際に飾ってある屏風を眺めていたKさんが急に、こちらのお店、以前取材をお願いしたことがあると小声で言った。なんでもこのお店は大正十四年から続く老舗で、戦後、阿佐ケ谷駅前の中杉通りにケヤキ並木を作るために先代のご主人が奔走されたという。その甲斐あって、通りには今もケヤキの大木が風にそよいでいる。Kさんは用あって先代にそのお話をうかがいに来たそうだ。屏風には地元愛に満ちた文言が流麗な筆遣いでしたためられている。

そのとき買ったのは、きみ椿とあま椿というお店の名にちなんだおまんじゅうで、どちらも椿の花をふっくりとかたどったお菓子であった。季節はちょうど椿の咲く小寒の頃で、我が家の庭でも桃色がかった白い椿がどっさり咲いている。Kさんは来たときと同じように、青地に黒の大きな格子模様のコートに大ぶりのストールを巻いて

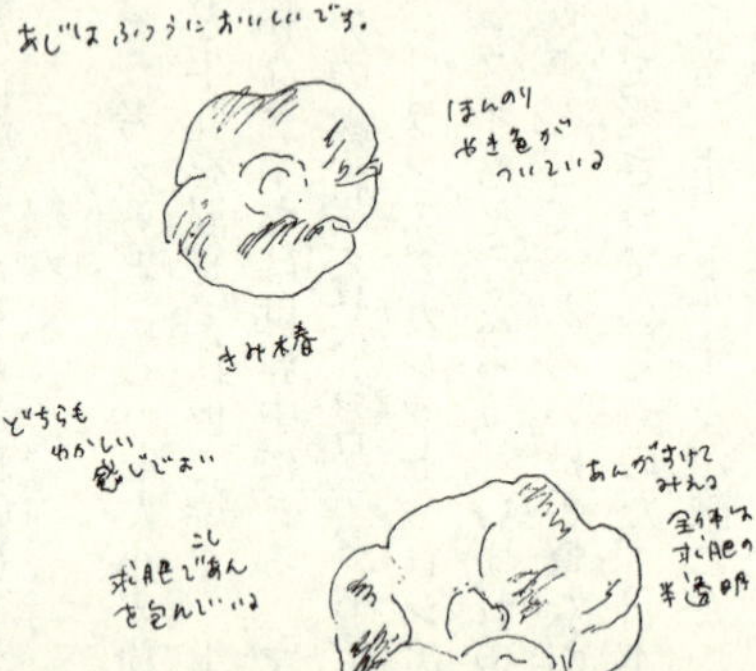
あじはふつうにおいしいです。
ほんのり
やき色が
ついている
きみ椿
あんがすけて
みえる
全体は
求肥の
半透明
求肥でこしあん
を包んでいる
あま椿

店を出た。駅に向かって歩きながら、そのコートすてきですねと言うと、毛玉ができて困るんですと照れたように言った。

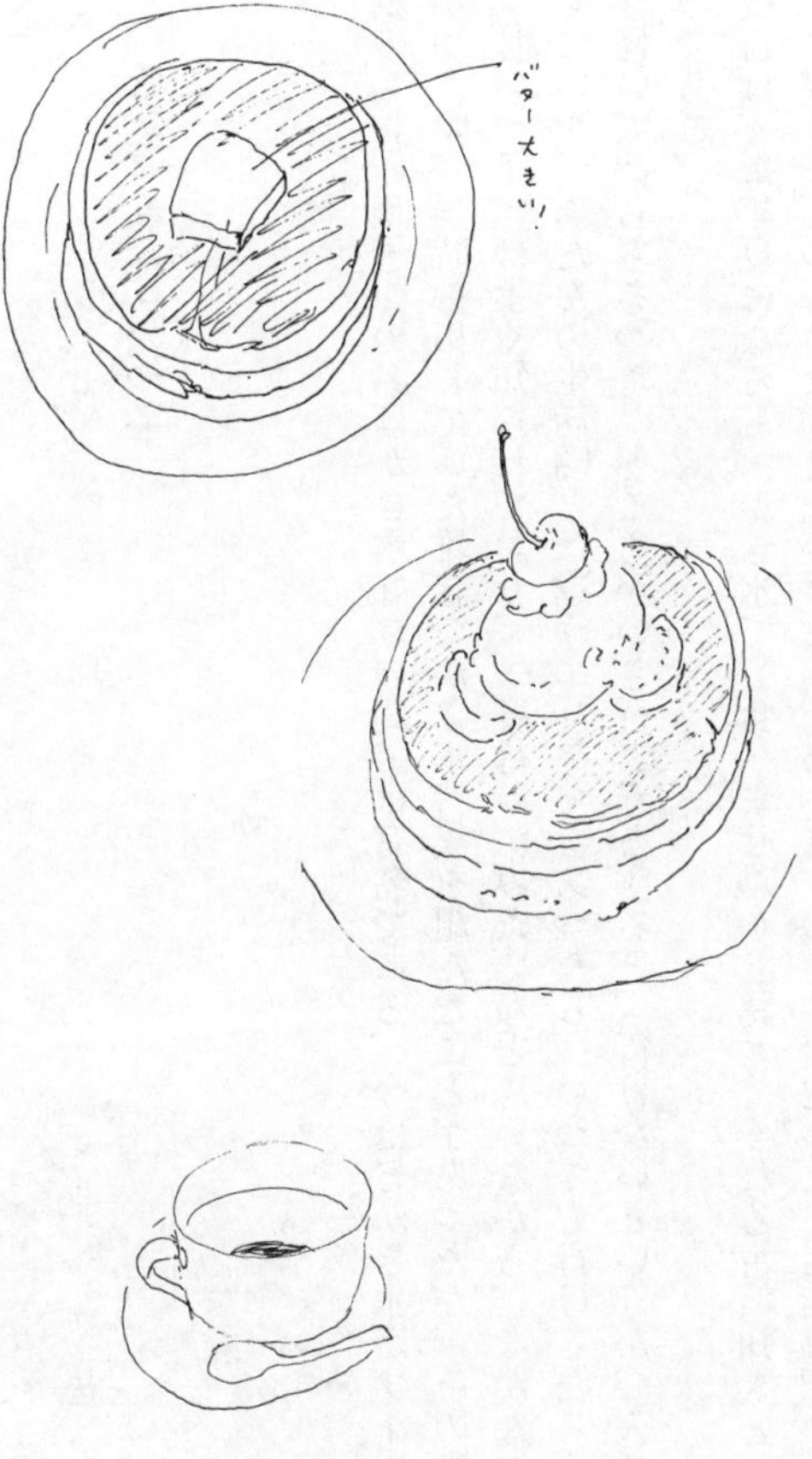

西荻窪●甘いっ子

西荻の『甘いっ子』の名はかき氷好きの間では有名である。今ほどかき氷がブームでなかった頃、当時編集していた雑誌でかき氷特集を組んだことがあったが、その頃から『甘いっ子』はよく知られており、一度行ってみたいなと思いながら、なかなか行けずにいた。ふだんの生活圏とは違うエリアでもあったし、いつでも行けるだろうという軽い気持ちもあった。ところがいざ行こうとすると、行けないというか、入れないのである。

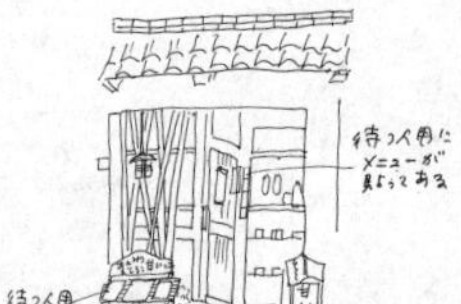

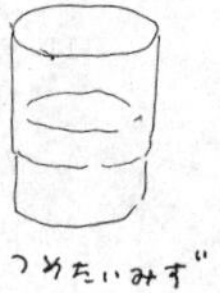

一度目は、毎年夏になると、かき氷でも食べませんかと誘ってくれる古い知人と、雨の降るなかを出かけたが、あいにくの定休日だった。お店は駅から十分ほど歩くので、私は謝りながら駅へ戻った。二度目は大学時代の友人で、かき氷ツアーと称して、真夏に一日中都内の有名店を歩き回ったが、どこも数時間待ちの長蛇の列で敗退し、最後に『甘いっ子』

の前に立つと、その日の氷は売り切れた後だった。

こうなると『甘いっ子』はなにがなんでも行かねばならない甘味屋になり、私は三度目の正直として、本来ならばあまりないことだが、仕事の打ち合わせ場所を、相手のKさんのお住まいが中央線沿線なのをいいことに、『甘いっ子』に指定した。もはや失敗は許されない。朝十一時の開店前に店の前で集合である。Kさんは私に気を遣って先に来て並んでいて下さった。さすがに私たちがいちばん乗りだが、私たちの後ろにはもう行列ができている。入ったこともないのに、店の外観も、周囲の風景もいまや見慣れたものである。努力（？）が功を奏し、私たちは開店と同時に店内に入った。

かき氷も、数年前から決めてある、念願の生いちごを頼む。以前雑誌の特集で紹介したメニューである。平たいお皿いっぱいに盛られた氷に、たっぷりかけられた赤い生いちごのシロップ。いちごの粒の残ったシロップをすくって口に入れると、子どもの頃によく食べた、いちごのシロップを思い出した。

いちごのシロップは、毎年春になると母がよく作っていた。シロップを作っていたというより、一年

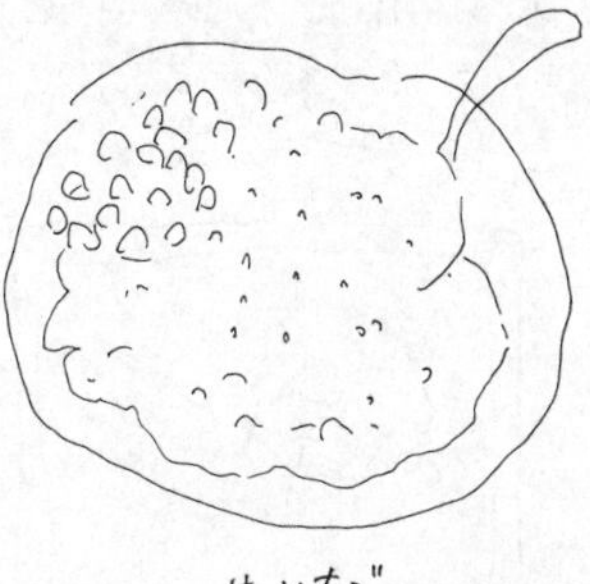
生いちご
すごくおいしい
のに上手く描けない
のがもどかしい…

分のいちごのジャムを作って、作る過程で出た果汁を、いちごシロップと呼んでいたのだが、『甘いっ子』のシロップはそれと同じ味である。そういえば、家でもかき氷にいちごシロップを使っていたなと思う。

春の終わり頃に出る、小さくて赤いいちごを大箱で買ってきて、お砂糖と一緒にお鍋で煮る。するとまず泡が出て、それからじわじわ赤いシロップが出てきて、一度はいちごが白くなるが、煮上がる頃にはまた赤く色が戻る。できあがったいちごジャムは瓶に入れて、トーストにつけて食べ、シロップは水で薄めて冷やしていちごジュースにして飲んだり、かき氷のシロップに使ったりした。あの頃はどの家にもかき氷器があって、かき氷といえば、冷凍庫の氷をがりがりかいて作るものだったよなあと思う。よそでかき氷を食べることなんて、ついぞなかった。いつから家でかき氷をしなくなったのだろうか。今も小さい子どものいる家では、かき氷器でがりがり氷をかいているのだろうか。

大人になってからは、いちごジャムも自分で作るものだったけれど、最近都会では安くて小さいいちごが出回らなくなってしまった。だからといって、高価で立派ないちごを使ってジャムを作る気持ちにはなれず、ここしばらく作っていない。いちごジ

すてきな馬の絵の類が

ャムは小さくて丸くて赤くてちょっとすっぱいようないちごをどっさり使って作るからおいしいのだ。

『甘いっ子』の生いちごは、無論我が家で作るいちごジャムよりもっといいものを使って、もっと上手に、もっと工夫して作っておられるけれども、生のいちごをふんだんに使って作った味は同じである。いちばんの違いはみずみずしく美しい、赤い生のいちごの色だ。家で煮るとどうしても黒ずんだ色になってしまうが、この明るい透明感のある新鮮ないちごの色を、どうやって残しているのだろう。お店の人に小さな声で尋ねてみたが、作り方は秘密のようだった。

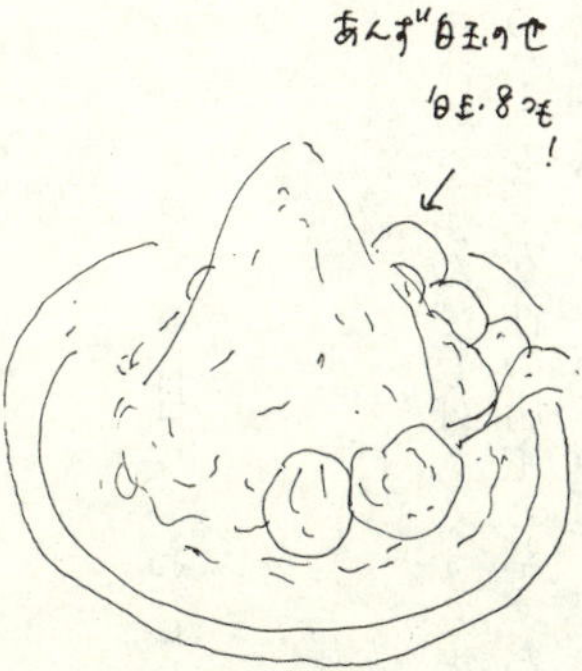
あんず白玉のせ
白玉8つも！

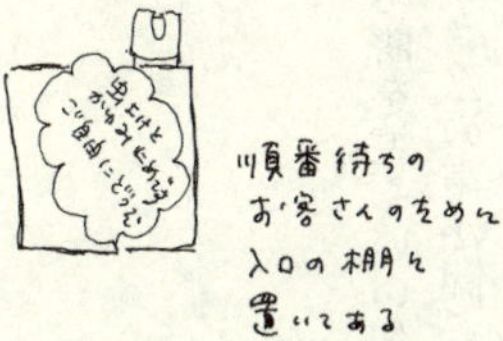
順番待ちのお客さんのために入口の棚に置いてある

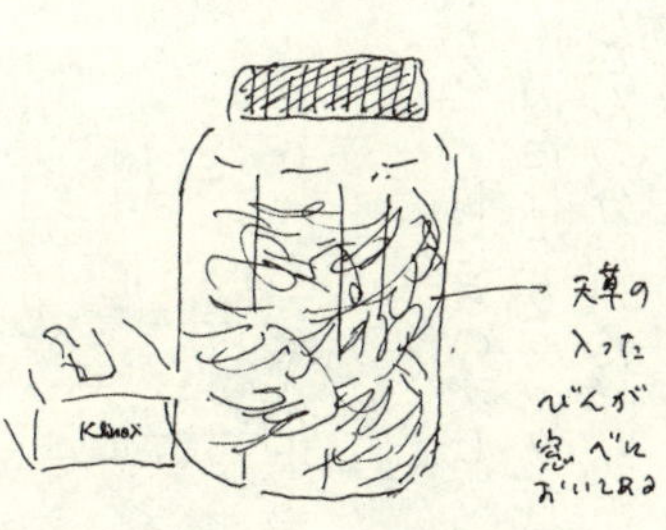
天草の入ったびんが窓べにおいてある

豪徳寺 ● 甘味 おじか

お汁粉を頼んでしばらくすると、お餅を焼くいい匂いがする。「私たちの楽しみですね？」と、女性の店主と話すおじいさんの声が聞こえる。店内にはクラシック音楽が流れている。やがて運ばれてきたお汁粉は、先客のおじいさんの分だった。

私たちはそれまで、多摩川の川べりで寝っ転がっていたのだが、思いのほか冷えてきて、じきに起き上がり、お汁粉でも食べようと、豪徳寺にある『おじか』にやってきたのであった。

店の入口には、赤い実をたっぷりつけたツルウメモドキの枝を生けた壺が飾ってある。夫はそれを見て、小学生か中学生のとき、ツルウメモドキの盆栽を育てていたと話す。その他にも、マツボックリから出てきた種を育てていたら、芽が出てきて、これも盆栽で育てていたそうだ。

お茶は ほうじ茶

私たちの机の上にも、黄色いランの枝を生けた小さな花瓶があったが、店主が注文を取りに来たときに、「邪魔でしょう」と持っていってしまった。夫があぁと小声で言う。

ツルウメモドキもいいが、壺の上に飾ってある額もいい。端切れを使った金魚の絵で、目がいい。形もよく似ている。金魚をよく見て作っているのがわかる。

この時期はもう寒いから氷はないんだろうね、と話していたら、戸が開いて入ってきたおばあさんはいちばん奥の席まで行って座って、氷ミルクを頼んだ。店主はおばあさんとも話している。ゆっくりしゃべるおばあさんで、この人も常連さんらしい。

おじいさんは、店主がカウンターの向こう側の厨房に戻ってくると、自分の日々の食事のことを話し続けている。店主は変わらず丁寧に受け答えしている。やっぱりこういう店は、お年寄りが安心して来られるのだろう。甘味の量もちょうどいい。値段も安い。店主も優しい。前に自分が話したことを覚えていてくれる。

そのうち、おじいさんは「じゃあ『おじか』さん、また来ます」と挨拶して、帽子をかぶって出ていった。

それで私の前にやってきたお汁粉は、塩気があって、小豆の味が独特である。甘すぎないけれども結構甘くて、しかも変わった風味である。ゆっくりひと口ずつ味

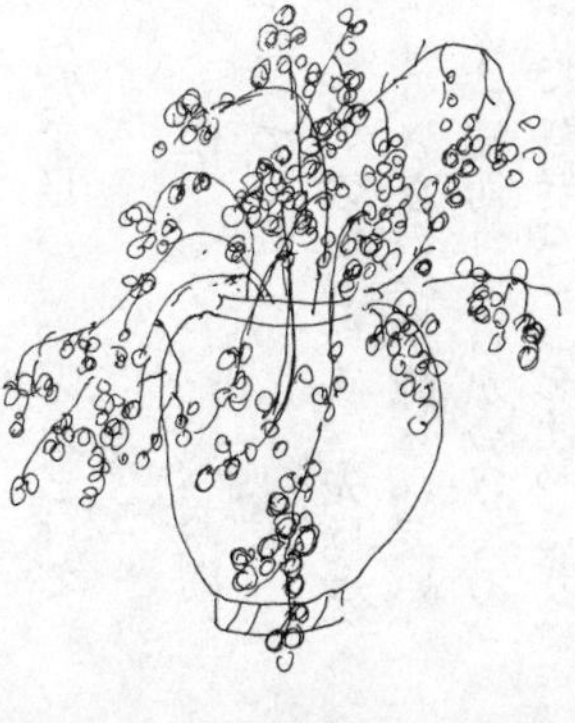

わって食べる。多摩川の寒さでかじかんだ手足がやっとほどけてきた。

お汁粉を食べ終わり、しばらくそのままゆっくりした後、お勘定を頼むと、店主が私たちのテーブルに来てくれた。

聞くと、この端切れ細工は店主が作ったものだという。先ほどおじいさんが座っていた席の横の壁にはうさぎの絵が飾られていて、灰色の端切れで体の線が描かれ、赤い端切れで目がつけてある。端切れも色がぼけていたり、そうでないところを使ったりと、工夫して作っているそうだ。金魚もいいですねと言うと、「そうですか、ありがとうございます。ランチュウという金魚なんですよ」と言ったおばさんの丸顔にも似ているなと思う。いつも思うことだが、どんなものでも作られたものは作り手にどこか似る。

それから、お汁粉おいしかったです、他とは違う味でしたと言うと、「塩味が利いてましたでしょう、うちのお汁粉の味はそうなんです。先代から継いだ味なんです」と話してくれた。お餅も毎日ついている。小豆も毎日炊いている。そうでないと出せない味だ。お汁粉もまた、先代から続くこの店の作品であった。

お店を出て、小田急の線路の南側へ少し歩いていってみる。豪徳寺には、以前取材でうかがった作家のS夫妻のおすまいがあって、木々に覆われた大きな洋館のような家だったが、室内には外界とは違う濃密な時間が流れていて、不思議な空間であった。豪徳寺というと連鎖反応で夫妻の家を思い出してしまう。

そのS夫妻のお嬢さんが子どもの頃、先代の『おじか』に通っていた話を読んだことがあるが、一度閉店したお店を今の店主である娘さんが継いで、場所も駅前に移転して続けているそうだ。

駅からS夫妻の家までは、昔ながらの商店が並んでいる通りだったと記憶していたが、今は大きなスーパーやチェーン店が並んでいて、すっかり様変わりしていた。それでも歩いている人や、古本屋や果物屋といった商店に、以前の雰囲気が淡く残っている。豪徳寺というこの土地では、時間の流れとは関係なく、目に見えぬ古いものが形を変えながらとどまっているようにも感じられる。初冬の夕暮れどきだったせいもあって、余計そう感じたのかもしれない。

このままなんとなく、S夫妻の家の方まで（きっとこの時間なら門灯がぼんやり灯っているだろう）歩いてみたいとも思ったが、随分前のことで場所もうろ覚えだし、先方には迷惑なだけだから、そのまま帰った。

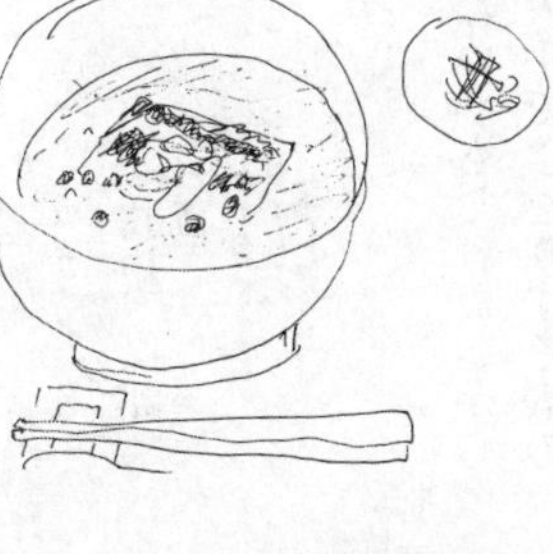

松陰神社前●松栄堂

初めてのお店に行くときは緊張する。なぜならその店がもうないかもしれないからである。きょうび、たいていの店はネットで検索すれば情報を入手できたりするものだが、当然のことながら、ネットの情報は氷山の一角でしかない。実際に訪ねていった店が、何度行きつ戻りつしても発見できず、今日だけ閉まっているのかもしれぬと電話をすると、おばあさんが出て、もうやめたんですよなどと言われると、心底がっかりする。しかしそれもしかたのないことだ。かといって、あらかじめ問い合わせるのも無粋な話である。ふらりと行ってみて、閉まっていたらそのときのこと。なにも私は甘味食堂のスタンプラリーをしているわけではないのだから。

松陰神社前は東急世田谷線の駅で、世田谷線は都内に二本しかない路面電車のひとつである。カンコンカンコンと踏切が鳴って電車が走ってきて、待ち合わせをしたM氏が降りてきた。線路をまたいで続く商店街

を松陰神社に向かって歩いていく。『松栄堂』は神社の門前にある。以前も通りすがりに見ていたのだが、ガラスの出窓におだんごやおいなりさんが並んでいて、頼むとお箸でつまんで経木に包んでくれる、昔ふうの形式が好もしかった。

どきどきしながら歩いていくと、はたしてお店はまだあって、しかも開いていた。以前のまま、出窓にお菓子が並んでいて、入口には暖簾がかかっていて、白地に赤で松栄堂と染めてある。並んでいるお菓子には手書きの札でおだんご、おまんじゅう、おもちと、個々の名称ではなく総称がついている。この店ではおだんごはあんだんごであり、おまんじゅうは白と茶と緑なのだ。私たちはガラスに顔をつけんばかりにのぞき込み、それから中に入った。

入ってすぐに小柄なおばあさんが立っていて、私たちの不審な行動を出窓のこちら側から見ていたようであった。私は臆せず、「干瓢巻をふたつと、蒸しパンと、桜餅と草餅をひとつずつもらえますか」と言って、「ここで食べてもいいですか？」とすかさず聞いた。そこにはビニールクロスのかかったテーブルと椅子が据えてあったのである。

虚をつかれたようなおばあさんは、いいですよと言って、お皿に注文の品をのせ、それから奥に行ってお茶をいれてくれた。奥といってもガス台はすぐそこにあって、それはお店用というより、おばあさんの飲む急須とたぶん同じで、おばあさんはガス台の向かいの、こちらからは見えない角度の部屋に座って、テレビを見ているようであった。画面は見えなくても音声はしっかり聞こえてきていて、奇妙な安心感をもたらしてくれる。私たちはお茶請けにまず干瓢巻をひとつつまみ、ふたつつまみ、話し続けた。巻き方はゆるいが、味はいい。

M氏はこのひと月ほどの間に沖縄と宮城に行ったという。真冬の一月、宮城の鳴子温泉は雪深く、まるでコロボックルが住んでるみたいでしたと言って見せてくれた写真は、しんしんと雪の降るなか、灰色の雪に埋もれて、ぽつーん、ぽつーんと小屋が建っていて、この世のものとも思われない光景であった。彼はしみじみと「こういうところがあるって、行ってみないとわからないですよね、東京で暮らしていると」と言った。

私は話を聞きながら、ガラスの出窓の向こうを見た。みぞれでも落ちてきそうな寒空の下、さまざまな人々が足早に通り過ぎていく。出窓のこちら側にはお菓子が並

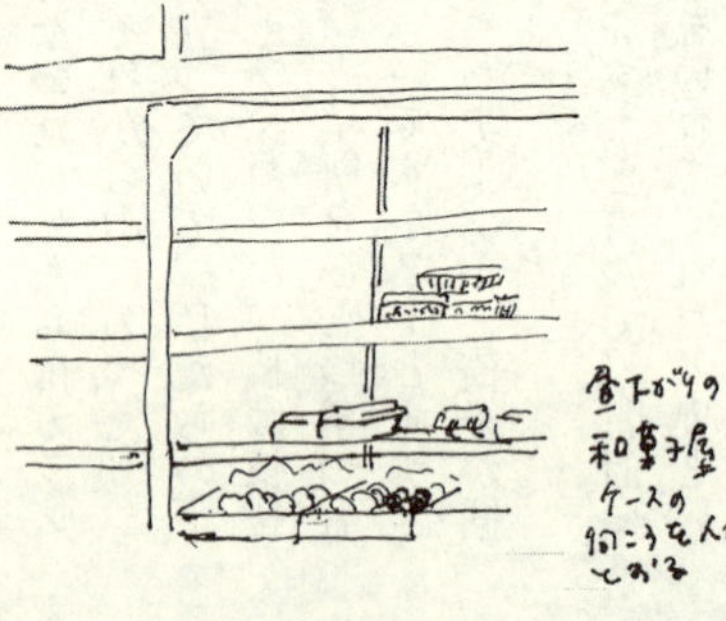
昼下がりの
和菓子屋
ケースの
向こうを人が
とおる

び、棚には紙箱が置かれ、壁には包み紙がぶら下がっている。壁際の古い木机の引き出しには伝票でも入っているのだろうか。机の上には昔大いに使っていたのであろう、松栄堂と書かれた漆塗りの菓子箱が積んである。時が止まったようなこの空間もまた、宮城の小屋と同じではないのか。

お勘定に出てきたおばあさんは言葉少なで、なにを聞いても、「今はもうなんでもあるからね」としか言わない。他に行っとくれとでも言いたげである。それでも店は昭和二年からやっていて、「おばあさんがね、始めたそうですよ」と言ったときだけ、目の表情が明るくなった。でもすぐにまた「いつまでやっているかわかりませんから」と声を落とす。私は、むしろ今はこういうお店がないんですから、また来ますから、と言うのがやっとだった。

店を出て商店街を歩きながら、M氏となぜおばあさんはあの店を続けていられるのかと話す。

「儲からないでしょう、一個百円とか」

「あれ全部売れても一万円ですよ」

「お金じゃないよね」

「そもそも食べていけないですよ」

「それでも続けるってなんでだろう。体だってしんどいだろうに」

たぶん、そういうことだろう。おばあさんはなにもしないでテレビを見ているよりも、毎日お菓子や海苔巻を作ってガラス窓に並べ、誰かが自分の作ったものを買っていくのを見るのが好きなのだ。これまでもずっとそうしてきたように。店には出窓がふたつあって、ひとつにはお菓子、もうひとつには植木の鉢がいくつも並んでいた。私たちが座っていた机の隅にも並んでいた。それはどれも生き生きと育っていた。おばあさんはずっとそうしてきたのだ。それがだんだんと、時代の流れとは離れていっただけのことだ。

こうして東京の片隅に取り残された店は、情報や流行や喧噪の渦巻くなかで超然と静かにたたずむ、貴重な異空間ではないかと思う。

「ズバッときたね」

「好きってこと？」

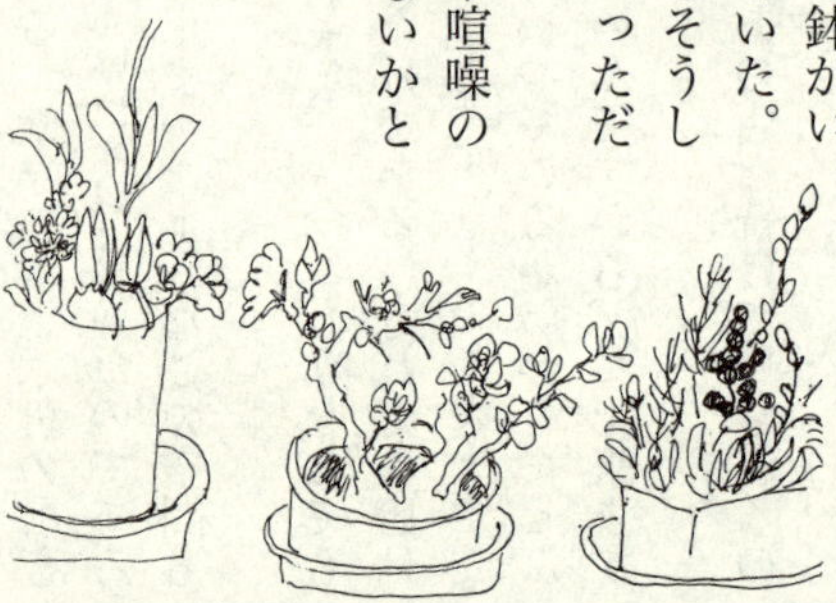

祐天寺 ● 越路

東急東横線の祐天寺駅で降りて、駅前の商店街を少し行くと、『越路』はあって、外から見た目は大きめの和菓子店のようであった。

中に入ってまず目に入ったのは、野菜の置いてある冷蔵ケースである。一般には冷たい飲料が並ぶようなケースに、生のキャベツやにんじんが置いてあって、思わず売りものかと思うが、同行の友人が「ここに置いているだけじゃない？」と冷静に言ったので、ああそうだよねと我に返って、奥に入った。

野菜と和菓子の間の通路を通ると、暖簾のかかった厨房の入口である。その前にお菓子の箱を雑然と置いた机があり、奥に十席ほどあったので、私たちはいちばん奥まった席に陣取った。

メニューには、あんみつ、みつまめなどにまじって、チョコみつまめという斬新なメニューがあったので、チャレンジする。友人は堅実に田

舎汁粉である。私たちの後におばさんふたりが慣れたようすで入ってきて、斜め向かいの席に座り、あんみつを頼んだ。

やってきたチョコみつまめには、茶色いチョコレートソースがかかっていた。想像の範囲内であったはずなのだが、思わずソースを凝視していると、お店のおばさんは「どろどろーん」と言い、「チョコがのるだけ〜。ふつうはみつがかかってる〜」と歌うように言って、行ってしまった。

田舎汁粉の方はお盆にのった朱塗りのお椀で、友人はひとくち食べるなり「やわらかーい。羽二重感があります」と、嬉しそうである。しかもお餅は二個入りでボリューム感もたっぷり。私の方はというと、チョコソースはキウイやミカンにはよく合うが、寒天には今ひとつからまず、味にやや物足りなさが漂う。平凡がいちばん、と思うのはこのようなときである。

お店には有線放送がかかっていて、歌謡曲が絶え間なく流れている。甘味を食べるのではなく、和菓子を買いに来る人たちも多い。

「おばさん、この前のお餅おいしかったわ」

「そうお、包みはビニール袋でいいー？」

「豆大福ある？」

「今日はもうないー」

おばさんの歌うようなやりとりが時折聞こえてくる。

私たちはお茶だけで延々とねばっていたが、あんみつ一杯で何時間も話し込んでいたおばさんたちも帰り、その後にラーメンを食べていた中学生の男の子と母親もとうに帰り、その後におだんごを二串頼んでいたおじさんもいつのまにか帰り、気がつくと私たちだけになっていた。

今さらのように、お茶だけだとなんだし、お腹も減ってきたからと、再びメニューを眺め、すみませんと声をかけると、おばさんに「もうなにもないよ」とつっけんどんに言われてしまう。その感じがまるで友だちのお母さんに「あんたたちいつまで話してんの、もう帰りなさい」と叱られているみたいである。小さくなって、あのう、おいなりさんと海苔巻もありませんかと聞くと、「海苔巻ないけど、作ったげる」と答えて、あったかい海苔巻を出してくれた。もうお店おしまいですか、と聞くと、おばさんは気を取り直してくれたのか、「まだ大丈夫よ、七時くらいまでだから。今お茶入れたげる」と魔法瓶ごと持ってきて、私たちの隣のテーブルにどかんと置くと、「今からおまんまの用

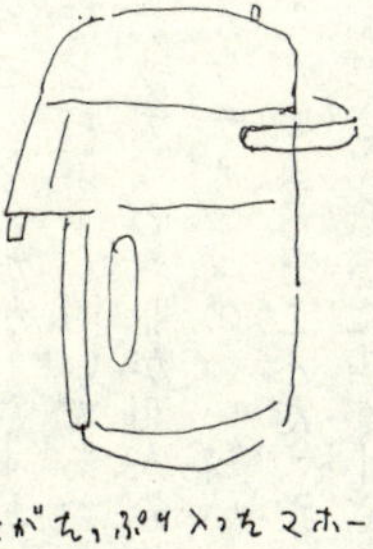

お茶がたっぷり入ったマホービンを
ドカンと机においてくれた

意だから」と言って、行ってしまった。

私たちはそれからも海苔巻をつまみつつ、しばらく居座っていたのだが、さすがにそろそろ行こうかと、席を立った。厨房の前を通ると、先ほどお菓子が置いてあった机におじいさんがひとりで座っていて、ミートソーススパゲッティのお皿が四人分並んでいた。ミートの上にはソーセージがのっている。なんかケチャップのいい匂いがするなあと思っていたら、これだったのだ。本当に夕ごはんが始まるところだった。

すみませんすみませんと何度も謝って、お勘定をする。おばさんは急に声が小さくなっている。誰だって夕方になればくたびれてくるわ。おばさん元気だなあと思っていたけど、きっと元気を出すために声を出していたのだ。謝りつつ、まだしつこくショーケースを見て、白餅がおいしそうなので買う。「つきたて。やわらかいよ」と、おばさんはちょっと元気になった声で言う。豆餅もいいなあとつぶやくと、「餅はこれがある」と、おばさんが白餅の入ったビニール袋を叩いたので、はいと返事してやめる。代わりに「やわらかいのがいいなら、笹福おいしい」と助言されてそれにする。笹に包まれた白玉まんじゅうで、白とよもぎがある。

ケースの上には、ポテトサラダ、なます、きんぴら、煮物といったパック入りのお惣菜が並んでいる。ケースの中は和菓子。上はお惣菜。みんな手作り？　と聞くと、「五時に起きて全部作る。いつだって嫁だけが大変だ」とぼやいている。夕飯の食卓についているおじいさんに聞こえてるんだか、聞こえてないんだか、お店はもう七十年もやってるんだそうだ。

　でもおばさんはくたびれても、夕飯の時間になっても、お愛想顔で長っ尻のお客を追い出したり、残りものを体よく買わせたりしない。言うことは言うけど、基本的にはやさしい。こういうのを人情というのかもしれぬ。

　私たちが出た後、やれやれ今日も終わったと嘆息しながら、座ってミートソース食べるんだな。

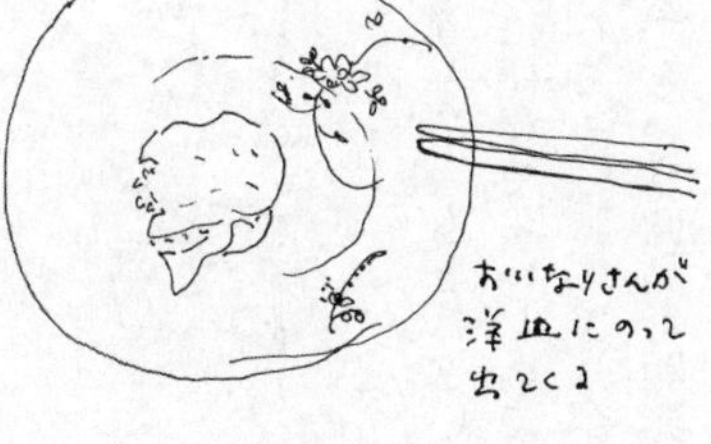

旗の台 ● 亀屋 岩崎商店

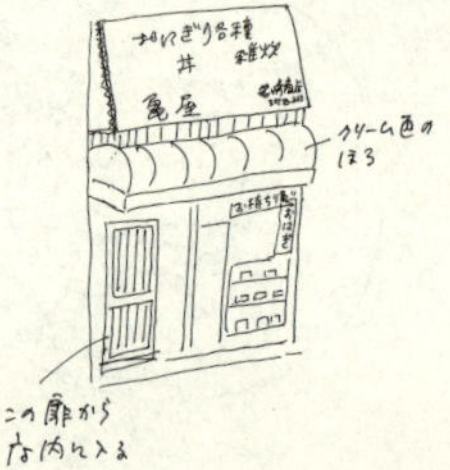
おにぎり各種
丼
雑炊
亀屋
クリーム色のほろ
この扉から店内に入る

おにぎりがコンビニで買うものになったのは、いつからだろうか？　もとはといえば、おにぎりは家で握るもので、手軽に誰でも作れて持ち運びに便利でおいしいことから、日本のお弁当の代表格として愛されてきたものだ。だからこそ、おにぎりがコンビニでも主力商品として君臨し続けるのだろうが、おにぎらずという商品も開発される今日このごろ、人の手で握ったおにぎりは気持ち悪くて食べられないと訴える子どもが増えてきたという記事を新聞で読んだ。この記事を読む十年ほど前にも、私は

一度、人に同じようなことを言われたことがある。野外の取材で大人数が集まったとき、私はおにぎりを握って持っていったのだが、喜んで食べてくれる人がいる一方で、「最近は他人が握ったおにぎりが食べられない人もいるんだよ」と、嫌みたっぷりに言う人もいた。

いつから人の手は気持ち悪く、汚いものになったのだろうか。人の手

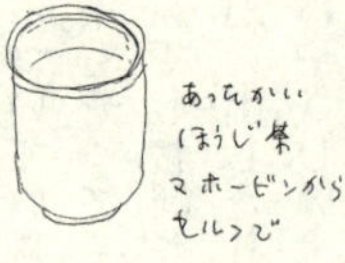
あったかい
ほうじ茶
マホービンから
セルフで

のぬくもりはどこにいったのだろうか。人間の日常生活など、人の手にかぎらずありとあらゆる菌だらけではないか。だからこそおにぎりを握るときは、きれいに手を洗って清めてから必ず塩をとって手早く握るもので、その人の手を汚いというのなら、にぎり寿司はどうなるのだろうか。家庭料理はどうなるのだろうか。それとも目に見えぬ工場で作られた加工食品だけが清潔で無菌だと思い込んでいるのだろうか。それこそ勘違いというものである。

『亀屋』はおにぎりと甘味の店で、持ち帰りが主体だが、早朝から店内でおにぎりの朝食を出してくれるという。おにぎりだけでなく、ぜんざいなどもある。時間は六時半頃から八時半頃までの出勤時間帯で、近隣に住む人たちが朝、会社や仕事場に行きがけに、ささっとおにぎりを食べていくのだろう。そうした地域密着の店に、遠くからわざわざ朝食を食べに行くのもおかしなものだが、私は早朝に家を出て、通勤客に混じって電車に乗り、お店へ向かった。朝から雨の日であった。

『亀屋』があるのは東急の旗の台駅で、池上線と大井町線が交差する駅である。他にも目黒線、多摩川線といった東急の支線には、そこに住んでいる人や通っている人しか利用しない小さな駅がいくつもある。旗の台駅のベンチはいまだに作りつけの木の腰掛けで、郊

外らしいのどかな雰囲気が残っている。女子大が近くにあるらしく、女の子たちに混じって駅を出て踏切を渡ると、すぐのところに『亀屋』はあった。

店頭では息子さんらしき人がおにぎりやおはぎを売っていて、私は中で食べられますかと声をかけて、開いていた傘を閉じて、店内に入った。

店内はカウンター形式で、入っていくと奥からおじさんが出てきた。朝食のおにぎりセットはおにぎり二個におみおつけと小鉢とお漬物がついて五百円である。おにぎりは好きなものを二個選べるようになっている。おにぎりは、さけ、たらこ、こんぶ、梅干などの定番の他に、あさり佃煮やしょうが焼き、葉唐がらし、あみ佃煮などという珍しいものもある。自分で作るときは定番の具ばかりなので、ふだん食べないものにしようと迷った挙げ句、ジャコ梅とあみ佃煮にした。注文してから、しまった、どちらも小魚だったと後悔したが、好きなんだからしかたない。

カウンターの向こうで、かたかたと音がする。「お待ちどおさまでした」と言う声とともにお盆にのったセットが渡される。貝割れ大根がたっぷり入ったおみおつけ

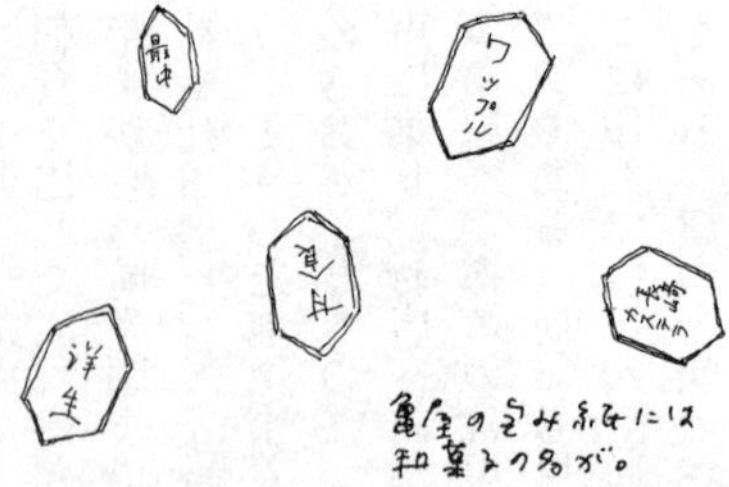
ワッフル
最中
洋生
亀屋の包み紙には和菓子の名が。

と、おにぎりふたつ、きゅうりと大根のお新香に、小鉢がついている。おにぎりは手で握ったものではなく、ごはんを木型に入れてぽんと抜いた型抜きのおにぎりであった。ぱくりと食べると温かいごはんの味がする。おみおつけもほどよい温かさで、濃いめの味つけである。なかでも逸品は小鉢で、ねぎがのっかっていたので、がんもかなと思ってめくると、さばの生姜煮であった。大ぶりに切ったさばの尻尾部分はやわらかく、ほんのり温かく、生姜の味がしみていておいしい。いかにもお鍋でことこと煮た、家庭の味である。

ゆっくりと食べる。もう八時を過ぎていたせいか、私の他にお客さんはなく、ひとり静かに朝ごはんを食べる。ラジオがずっと流れている。聞くともなしにそれを聞く。おじさんと息子さんはかたこと音を立て、時折言葉を交わしている。今は梅雨の頃で今朝も雨が降っているが、夜の明けるのが遅く、凍てついた冬の朝など、この温かさと静けさが嬉しい人もあるだろう。

もっと以前は和菓子屋だったそうで、メニューには餅玉入りぜんざいやおしるこもあったが、朝から食べすぎだろうと思って、今日はやめた。五百円玉を置いて店を出ると、外はまだ雨であった。

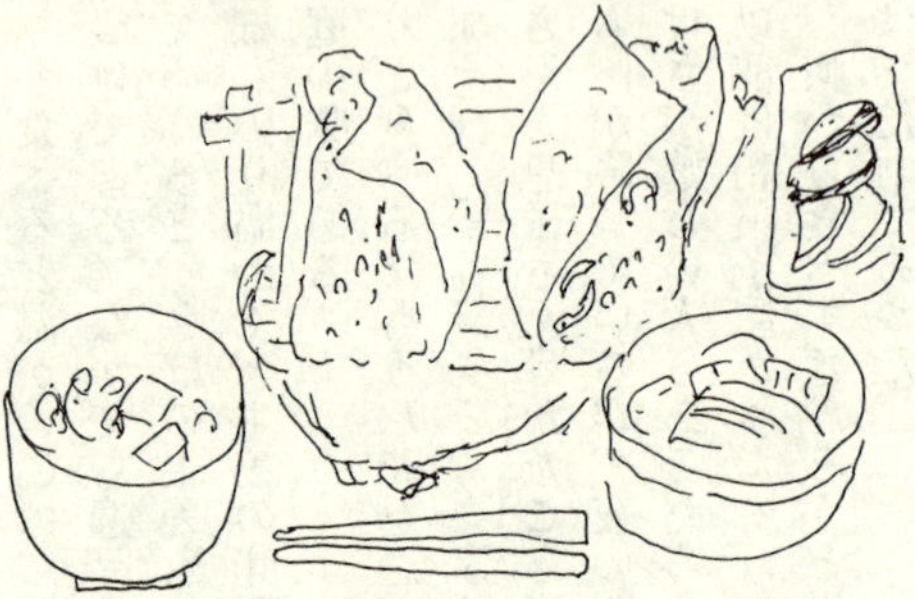

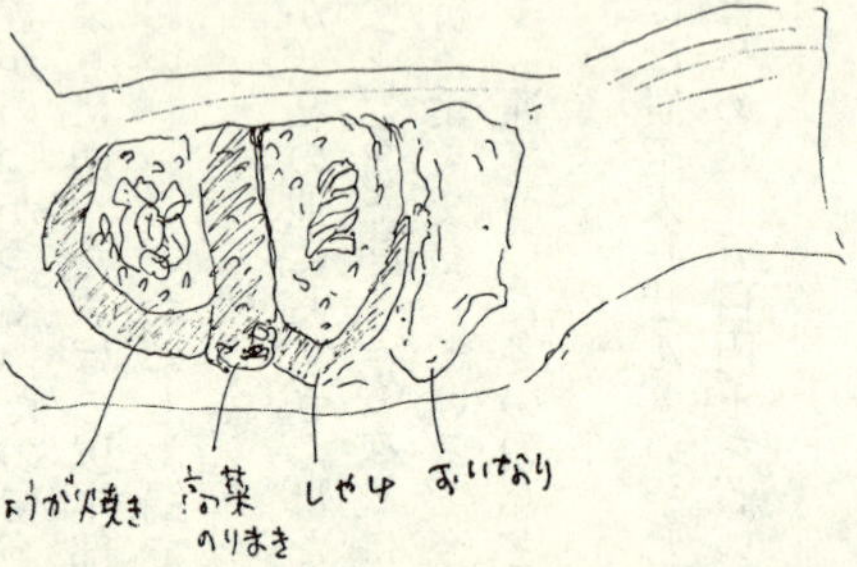
しょうが焼き
高菜のりまき
しゃけ
おいなり

梅屋敷●福田屋

今日は朝からカンカン照りの真夏日で、駅からここへ歩いてくるまでにすっかり汗だくになってしまったので、まず手始めに頼んだのは氷イチゴと氷スイだった。

開け放しの入口から暖簾をくぐって席に座ると、色白の痩せたおじいさんがすいとやってきて、お冷やと一緒に、小さな紙切れとボールペンを置いて、注文はこちらへどうぞと言われる。壁に貼ってあるお品書きを見ながら書き込むと、おじいさんはすぐにやってきて、追加がある場合はどうぞと小声で言って、書いたところだけをちぎって持っていった。

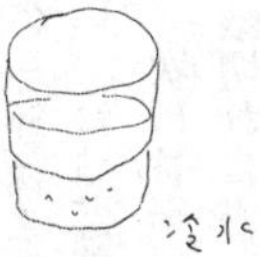

厨房から氷をかく音がする。シャカシャカシャカシャカ……。音が止んだと思ったら、すぐに運ばれてきた。ガラスのうつわにこんもり盛られた氷は、昔の氷イチゴ色で、昔の氷イチゴ味がする。スイは透明だが、甘さは濃い。氷がきーんと冷たくて一気に体が冷える。あー、最初

の一杯はこれだね。ようやくひと心地ついて、店内を見回し、お品書きを再び眺める。

次は甘辛にしようと、あんみつとお雑煮にした。私たちが紙切れに書いているのを見ていたのか、おじいさんは間髪入れずにやってきて、すぐに出てくる。お雑煮は百八十円だったので、どんなものだろうと思っていたら、四角い焼き餅に海苔、なると、かまぼこにキャベツの千切りが入ったおすましである。これがおいしいからびっくりする。あんみつのあんには豆の粒がそこここに残っている。赤えんどうもぷっくりして割れているのもある。どちらもお店のお鍋で炊いたのだろう。くだものはミカン一粒だけなのだが、それがかえって口直しになっている。

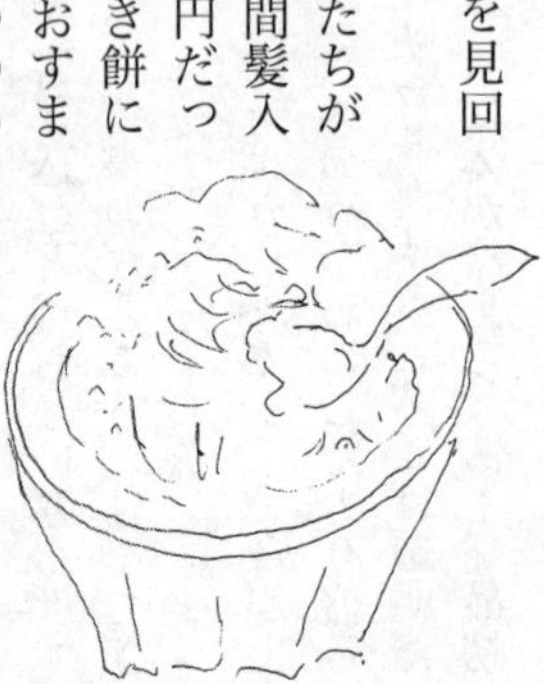

小さい紙とボールペンはまだ机の上に残っていて、さてどうしようかと考える。先ほど自転車で来たおじさんがソフトクリームを頼んで、最初は食べながら他のメニューを眺めたりしていたのだが、途中からは恍惚の表情を浮かべて夢中で食べていたので、ソフトにしようかなと逡巡する。しかもソフトはお品書きの先頭に書いてある。ちなみにソフトクリーム百二十円の次は、アイスクリーム七十円である。いまどき七十円のアイスってどんなものなのだろうか。でもこれまでに頼んだものはどれも安か

ったけれど、どれもとてもおいしかった。アイスクリームもたぶん手作りでおいしいだろうと思う。いやむしろ、おいしいという確信がある。私はソフトにすると言って、夫はアズキアイスにした。アズキアイスも七十円である。

お店には次々に人々が入ってくる。みな近所の人とおぼしき人ばかりだ。暖簾をくぐっておじいさんと女の子ふたりが入ってきた。

「ここにするかい。はい、座って。なににする？　アイスクリーム？　かき氷？」

「氷あるの」

「あるよ」

「何味があるの」

「赤と黄色と緑がある」

「青はないの」

「青はないよ」

お姉ちゃんは緑にするとすぐ決める。妹はなかなか決められない。おじいちゃんはしきりに聞く。赤にする？　イチゴだよ。いやだと妹はかぶりを振る。じゃあ黄色？　レモンだよ。妹はまたかぶりを振る。緑がいい。緑？　一緒でいいの？　いい。おじいちゃんはひとりで全部食べられるかい、と

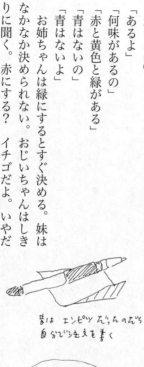

何度もふたりに念を押す。お姉ちゃんが、おじいちゃんはと聞き、おじいちゃんは、緑にするよと答える。えー、違うのにしなよ、とお姉ちゃん。お決まりですか、とお店の人。緑三つね。おじいちゃんは頑として氷メロンとは言わない。女の子たちはひとりひとつずつの緑のかき氷に喜び、食べ始めた。そしてしばらくすると、あとおじいちゃん、と言って、緑の水を押しやった。

「おじいちゃん、プール行きたい」と言うなり、姉妹は立ってさっさと出ていき、おじいちゃんはにこにこしながら孫を追って、かがんで暖簾をくぐって出ていき、少して、ひとり一台ずつの自転車に乗った三人が、開け放しの戸の向こうを走っていくのが見えた。

おじいさんがやってきて、うつわを片付け、台ふきんで机を拭いている。ちりんちりんと風鈴の音。緑の木々の茂る庭。鏡のついた店内。鉄パイプの椅子。ビニールがけのテーブル。氷の字を染め抜いた大きな暖簾。ガラスの引き戸。壁に貼られたお品書きの白い札。

ソフトは絶品であった。アズキアイスも小豆を煮ているだけあって、バー付きの市販のアズキアイスよりも数段おいしい。しかしソフトのおいしさに比べればかすんでしまうほどである。食べているうちに、今まで食べたソフトでいちばんおいしかったのはどれだろうと考える。それはいつどこでとはっきり覚えていないのだが、子どもの頃に日帰りで家族で山の牧場に遊びに行ったときだった。末っ子の私はまだ幼稚園で小さかったけれど、きょうだい三人にひとつずつソフトクリームを買ってくれて、大事にそれを食べた。あのソフトはおいしかった。

おじいちゃんに連れられて来ていた女の子たちもあんなふうだったけれど、おじいちゃんと食べた緑のかき氷を覚えていて、いつか懐かしく思い出す日が来るのかもしれない。

小さい紙は三回目の注文でおしまいだった。御代は全部でたったの九百十円だった。私たちは暖簾をくぐって、再び炎天下の外に出た。

おわりに

先日、小学校時代からの友人と電話で話していて、彼の話し方が六歳のときからまったく変わっていないことに驚愕した。大人になってからは十年に一度くらいしか声を聞かないのだが、せっかちで前のめりな、笑みを含んだ彼の話し方はいつも変わらない。もちろんその十年の間にはお互いさまざまな変遷があるのだが、しかし私たちはいつも変わらぬ幼なじみであり、私はそのことに安らぎを覚える。

あらゆることは日々移り変わっていくし、変わっていくことはとても大切なことだが、同じようにして、変わらないことのよさもあるのではないだろうか。

この本を作るにあたり、お忙しいなか、快くお話をお聞かせ下さったお店の方々、前著『地元菓子』に引き続き、落書きレベルのイラストを巧みにフォローしつつ、楽しみながらデザインして下さった大野リサさん、企画当初より常に私を励まし、最後まで伴走し続けて下さったM氏こと本の雑誌社の宮里潤さん、そして都内各所の甘味食堂行脚につき合ってくれた友人と家族に深く御礼申し上げます。

二〇一六年十月

若菜晃子

文庫版あとがき

単行本刊行から文庫化に至るまでのわずか三年で、本書に掲載している甘味食堂のうち数軒が閉店となってしまった。家族経営の小さな店も多く、高齢化や地代の上昇といった背景もあって潔く店を畳む方もあろうが、それでもやはり残念なことである。どんなことも何事もなく淡々と続いているようにみえても、やはりたゆみない人々の努力と信念がそれを続けさせているのだと思う。そのことに価値を感じるならば、私もこれまで以上に行って食べて買うしかない。なくなってからでは遅いのだ。

こうして文庫に入ることで、より多くの方々に甘味食堂の温かく素朴な味と雰囲気を楽しんでいただき、実際に足を運んで味わっていただく機会になればと願っている。

文庫化にあたっては、単行本に引き続き楽しい本にして下さったデザイナーの大野リサさん、こまやかな心配りをして下さった講談社文庫編集部の堀彩子さん、竹内美緒さんに大変お世話になりました。この場を借りて御礼申し上げます。

二〇二〇年三月

著者

掲載店一覧

●榮太樓喫茶室
　雪月花
中央区日本橋1-2-5
☎03-3273-6310

●瓢たん
千代田区鍛冶町1-9-2
☎03-3252-1096

●竹むら
千代田区神田須田町1-19
☎03-3251-2328

●天野屋
千代田区外神田2-18-15
☎03-3251-7911

●つる瀬
文京区湯島3-35-8
☎03-3833-8516

●ゑちごや
文京区本郷4-28-9
☎03-3812-7490

●大丸やき茶房
千代田区神田神保町2-9-5
☎03-3265-0740

●寿々木
千代田区九段南1-4-3
☎03-3262-4964

●甘味おかめ
千代田区麹町1-7-25
フェルテ麹町1階
☎03-5275-5368

●松月（甘味処は閉店）
港区赤坂4-3-5
☎03-3583-7307

●甘味処由はら
江東区富岡1-10-8
☎03-3641-4095

●深川伊勢屋平野店
江東区平野1-2-1
☎03-3641-4844

●よしだ屋
江東区東陽3-27-25
☎03-3647-9568

●山長
江東区亀戸3-60-21
☎03-3681-4975

●浅草浪花家
台東区浅草2-12-4
☎03-3842-0988

●花家
台東区西浅草1-1-18
☎非公開

●白根屋
台東区台東3-30-11
☎03-3831-6709

●新鶯亭
台東区上野公園9-86
☎03-3821-6306

●あんみつ みはし
台東区上野4-9-7
☎03-3831-0384

●初音
中央区日本橋人形町
1-15-6
☎03-3666-3082

●甘味かどや
足立区西新井1-7-12
☎03-3890-2360

●花家
荒川区西日暮里3-2-2
☎03-3821-3293

●あづま家
荒川区西日暮里3-2-2
☎03-3821-4946

●松邇屋
葛飾区立石1-17-10
☎080-5516-3431

●とらや
葛飾区柴又7-7-5
☎03-3659-8111

●両国國技堂
墨田区両国2-17-3
国技堂ビル1階
☎03-3631-3856

●マミー
江戸川区江戸川3-40-25
☎03-3670-3944

●冨士見野
中野区新井1-31-5
☎03-3386-5640

●甘味 あづま
杉並区高円寺北3-2-14
☎03-3339-0583

●とらや椿山
杉並区阿佐谷南1-33-5
☎03-3314-1331

●甘いっ子
杉並区西荻南2-20-4
☎03-3333-3023

●甘味 おじか
世田谷区豪徳寺1-43-2
☎非公開

●松栄堂
世田谷区若林4-27-12
☎03-3414-9570

●越路
目黒区祐天寺2-9-3
☎03-3712-4354

●亀屋 岩崎商店
品川区旗の台2-13-16
☎03-3782-4343

●福田屋
大田区大森東4-35-7
〈閉店〉

●鶴屋吉信
茶寮TSURU
渋谷区千駄ヶ谷5-24-2
新宿髙島屋B1階
☎03-5361-1111
（大代表）

●銀亭
渋谷区宇田川町24-8
銀亭ビルB1階
☎03-3477-2655

●志むら
豊島区目白3-13-3
☎03-3953-3388

●いっぷく亭
豊島区西巣鴨2-32-10
☎03-3949-4574

●すがも園
豊島区巣鴨3-20-17
☎03-3917-2450

●みずの
豊島区巣鴨3-33-3
☎03-3910-4652

●だるまや餅菓子店
北区十条仲原1-3-6
☎03-3908-6644

●松屋甘味店
板橋区大山町6-8
☎03-3956-5072

●豊島屋
練馬区石神井台1-27-19
石神井公園内
☎03-5393-6793

●虎屋菓寮 赤坂店
港区赤坂4-9-22
☎03-3408-4121

●美吉
港区元赤坂1-4-7
豊川稲荷境内
☎03-3405-9348

●大久保だんご
港区白金6-4-4
☎03-3442-5309

●紀の善
新宿区神楽坂1-12
☎03-3269-2920

●青柳
新宿区簞笥町29
☎03-3260-5691

●新宿栄光堂
新宿区若松町30-7
☎03-3202-3799

●甘味と食事 一乃瀬
新宿区西早稲田1-23-5
〈閉店〉

●伊勢屋
新宿区西早稲田2-18-20
☎03-3204-1324

●追分だんご本舗
西口メトロ店
新宿区西新宿1-1-2
☎03-3343-0805

おいなりと海苔巻

◆**世田谷　伊勢屋**
世田谷区世田谷1-15-6
☎03-3428-1530

◆**笹乃屋**
港区虎ノ門1-12-13
☎03-3501-9016

◆**巣鴨　伊勢屋**
豊島区巣鴨3-21-17
☎03-3917-3580

◆**梅家**
中野区中野5-58-6
☎03-3387-2390

◆**蒲田屋女塚支店**
大田区西蒲田5-12-7
〈閉店〉

◆**富田屋**
荒川区東日暮里1-35-10
☎03-3801-0360

のし餅とお赤飯

◆**五の橋　伊勢屋**
江東区大島2-32-13
☎03-3681-8793

◆**桃太郎**
台東区西浅草2-13-10
☎03-3841-1287

◆**マスヤ**
杉並区阿佐谷南1-32-8
☎03-3311-2823

あんみつの中身

◆**みつばち**
文京区湯島3-38-10
☎03-3831-3083

◆**小久保商店**
目黒区東山1-16-16
☎03-3713-3974

◆**桜の杜　伊勢屋**
世田谷区太子堂4-18-15
☎03-6453-2113

◆**梅園**
台東区浅草1-31-12
☎03-3841-7580

◆**銀座若松**
中央区銀座5-8-20
☎03-3571-0349

◆**梅むら**
台東区浅草3-22-12
☎03-3873-6992

◆**てん屋**
大田区蒲田3-7-6
☎03-3730-1234

みたらしだんご十選

◆**ニコニコ家**
世田谷区世田谷1-24-12
☎03-3420-5201

◆**かどや（槍かけだんご）**
足立区千住5-5-10
☎03-3888-0682

◆**高砂家**
新宿区下落合3-20-2
☎03-3951-9211

◆**葛飾　伊勢屋**
葛飾区亀有3-32-1
☎03-3602-4221

池上くず餅ツアー

◆**池上池田屋**
大田区池上4-24-1
☎03-3751-0154

◆**相模屋**
大田区池上4-25-7
〈閉店〉

◆**浅野屋本舗**
大田区池上6-2-15
☎03-3751-0238

深大寺そば甘味ツアー

◆**湧水**
調布市深大寺元町5-9-1
☎042-498-1323

◆**一休庵**
調布市深大寺元町5-11-2
☎042-482-6773

◆**松の木**
調布市深大寺元町
5-35-22
☎042-484-1855

本書は二〇一六年十一月、本の雑誌社より刊行されたものです。
取材は二〇一六年当時の状況に基づいております。

|著者| 若菜晃子　1968年兵庫県神戸市生まれ。編集者。大学卒業後、山と溪谷社入社。『wandel』編集長、『山と溪谷』副編集長を経て独立。山や自然、旅、甘味に関する雑誌、書籍を編集、執筆。著書に『地元菓子』『石井桃子のことば』（以上新潮社）、『東京近郊ミニハイク』（小学館）、『東京周辺ヒルトップ散歩』（河出書房新社）、『徒歩旅行』（暮しの手帖社）、『街と山のあいだ』『旅の断片』（以上アノニマ・スタジオ）他。「街と山のあいだ」をテーマにした小冊子『mürren』編集・発行人。

東京甘味食堂《とうきようかんみしよくどう》

若菜晃子《わかなあきこ》

講談社文庫

定価はカバーに
表示してあります

2020年４月15日第１刷発行

発行者――渡瀬昌彦
発行所――株式会社　講談社
東京都文京区音羽2-12-21　〒112-8001
電話　出版（03）5395-3510
　　　販売（03）5395-5817
　　　業務（03）5395-3615

Printed in Japan

デザイン―菊地信義
本文データ制作―講談社デジタル製作
印刷―――豊国印刷株式会社
製本―――株式会社国宝社

ISBN978-4-06-518190-4

講談社文庫刊行の辞

二十一世紀の到来を目睫に望みながら、われわれはいま、人類史上かつて例を見ない巨大な転換期をむかえようとしている。

世界も、日本も、激動の予兆に対する期待とおののきを内に蔵して、未知の時代に歩み入ろうとしている。このときにあたり、創業の人野間清治の「ナショナル・エデュケイター」への志を現代に甦らせようと意図して、われわれはここに古今の文芸作品はいうまでもなく、ひろく人文・社会・自然の諸科学から東西の名著を網羅する、新しい綜合文庫の発刊を決意した。

激動の転換期はまた断絶の時代である。われわれは戦後二十五年間の出版文化のありかたへの深い反省をこめて、この断絶の時代にあえて人間的な持続を求めようとする。いたずらに浮薄な商業主義のあだ花を追い求めることなく、長期にわたって良書に生命をあたえようとつとめるところにしか、今後の出版文化の真の繁栄はあり得ないと信じるからである。

同時にわれわれはこの綜合文庫の刊行を通じて、人文・社会・自然の諸科学が、結局人間の学にほかならないことを立証しようと願っている。かつて知識とは、「汝自身を知る」ことにつきていた。現代社会の瑣末な情報の氾濫のなかから、力強い知識の源泉を掘り起し、技術文明のただなかに、生きた人間の姿を復活させること。それこそわれわれの切なる希求である。

われわれは権威に盲従せず、俗流に媚びることなく、渾然一体となって日本の「草の根」をかたちづくる若く新しい世代の人々に、心をこめてこの新しい綜合文庫をおくり届けたい。それは知識の泉であるとともに感受性のふるさとであり、もっとも有機的に組織され、社会に開かれた万人のための大学をめざしている。大方の支援と協力を衷心より切望してやまない。

一九七一年七月

野間省一